Schritte PLUS NEU 4 Niveau A2.2

Deutsch als Zweitsprache
für Alltag und Beruf
Kursbuch und Arbeitsbuch

Silke Hilpert
Daniela Niebisch
Angela Pude
Franz Specht
Monika Reimann
Andreas Tomaszewski

Hueber Verlag

Beratung:
Ulrike Ankenbrank, München
Annette Decker, Neu-Isenburg

Für die hilfreichen Hinweise danken wir:
PD Dr. Marion Grein, Johannes Gutenberg-Universität Mainz
sowie allen Teilnehmerinnen und Teilnehmern an den Kursleiter-Workshops

Foto-Hörgeschichte:
Darsteller: Philip Krause, Constanze Fennel, Marget Flach,
Astrid Dorothea Hasse, Marie-Anne Lechelmayr, Alexander Merola,
Alvaro Ritter, Kirsten Schneider u. a.
Fotograf: Matthias Kraus, München

Unter Mitarbeit von:
Katja Hanke

Die Audio- und Videodateien finden Sie in der *Hueber Media*-App. Die Audiodateien stehen zusätzlich auch unter www.hueber.de/schritte-plus-neu zur Verfügung.

7. 6. 5. | Die letzten Ziffern
2026 25 24 23 22 | bezeichnen Zahl und Jahr des Druckes.
Alle Drucke dieser Auflage können, da unverändert, nebeneinander benutzt werden.
1. Auflage

Umschlaggestaltung: Sieveking · Agentur für Kommunikation, München
Zeichnungen: Jörg Saupe, Düsseldorf
Gestaltung und Satz: Sieveking · Agentur für Kommunikation, München
Druck und Bindung: Firmengruppe APPL, aprinta druck GmbH, Wemding
Printed in Germany
ISBN 978-3-19-601083-1

Art. 530_20030_001_05

Aufbau

Symbole und Piktogramme

Kursbuch

4 🔊 8 Hörtext

Film

Aktivität im Kurs

Einsatz mobiler Geräte (fakultativ)

ÜG Verweis auf Schritte Neu Grammatik (ISBN 978-3-19-011081-0)

Grammatik:

du	lässt
er/es/sie	lässt

Hinweis:

Warum?
Wegen ...

Kommunikation:

Wie wäre es mit ...? Hast du Lust?
Gute Idee. Das machen wir!

Audios und Videos zum Einschleifen und Üben der Redemittel:

4 | 16–18 AUDIO-TRAINING

VIDEO-TRAINING

Arbeitsbuch

2 🔊 12 Hörtext

B2 Verweis ins Kursbuch

◇ Vertiefungsübung zum binnendifferenzierenden Arbeiten

❖ Erweiterungsübung zum binnendifferenzierenden Arbeiten

Inhaltsverzeichnis **Kursbuch**

D	E	Wortfelder	Grammatik
Wochenendaktivitäten und Veranstaltungen • einen Veranstaltungskalender verstehen	**Veranstaltungstipps** • Veranstaltungstipps in Anzeigen und im Radio verstehen	• Freizeitaktivitäten • am Wochenende • Wünsche und Pläne	• Konjunktiv II: *wäre, hätte, würde, könnte* • Konjunktion *trotzdem: Morgen habe ich eine Prüfung. Trotzdem lerne ich nicht.*
Interviews im Radio • eine Statistik ergänzen • Gespräche über das Kaufen verstehen • über das eigene Kaufen sprechen	**Meine Lieblingssachen** • einen Text über persönliche Gegenstände verstehen	• Gegenstände und Materialien • Kaufen • Vorlieben und Wichtigkeit	• Adjektivdeklination *indefiniter Artikel: ein neuer Laden, einen neuen Laden, ...* • Komparation: *groß – größer – am größten* • Vergleichspartikel *als, wie: lieber als, genauso gern ...* • Wortbildung Adjektive: *-los* → *arbeitslos...*
Kontakt und Kommunikation • Ein Quiz zu Gewohnheiten in Deutschland • eine Kursstatistik zum Thema Kommunikation erstellen	**Sprachnachrichten auf der Mailbox** • Sprachnachrichten verstehen und sprechen	• auf der Post • Kommunikation und Medien	• Passiv – Präsens: *Das wird reingeschrieben.* • Frageartikel: *Was für ein ...?* • Adjektivdeklination *bestimmter Artikel: grüner Schal, grünen Schal, grünem Schal, ...* • Wortbildung Nomen *-ung:* senden → *die Sendung* • Wortbildung Adjektive *un-: interessant* → *uninteressant*
Bei jedem Wetter unterwegs • Verkehrsnachrichten und Berichte über das Wetter verstehen	**Verkehr** • über Verkehr in der Heimat berichten • einen interkulturellen Vergleich mit Deutschland machen	• Wegbeschreibungen • Verkehr • Wetter	• lokale Präpositionen *aus, von, an ... vorbei, bis zu, durch, ... entlang, gegenüber, über, um ... herum* • Konjunktion *deshalb: Tommy mag Tiger. Deshalb möchte er in den Zoo gehen.* • Wortbildung Adjektive *-bar, -ig, -isch: der Sturm* → *stürmisch*
Nachrichten schreiben • Einladungen per Kurznachricht verstehen • jemanden per Kurznachricht zu sich einladen	**Einen Wochenendausflug planen** • ein Gespräch über einen Ausflug verstehen • einen Ausflug planen	• Reisen und Reisen buchen • Reiseziele • Aktivitäten im Urlaub	• lokale Präpositionen *an, auf, in: am Meer – ans Meer, in den Bergen – in die Berge* • Adjektivdeklination ohne Artikel: *Hotel mit günstigen Zimmern, ...* • temporale Präpositionen *von ... an, über: über eine Stunde Aufenthalt* • modale Präposition *ohne: ohne lauten Verkehr*
Kontoeröffnung, Kreditkarten und Geldautomat • ein Gespräch am Bankschalter verstehen • am Bankschalter um Hilfe bitten	**Rund ums Geld** • Gespräche zum Thema Geld verstehen • ein Gespräch zum Thema Geld schreiben	• Bank • Bankgeschäfte • Dienstleistungen	• indirekte Fragen mit Fragepronomen *was, wo ...: Wissen Sie noch, was ich gesagt habe?* • indirekte Fragen mit Fragepronomen *ob: Weißt du, ob man hier in Raten zahlen kann?* • Verb *lassen: Sie lässt ihr Konto prüfen.*
Kosenamen • einen Text über Kosenamen verstehen	**Ich würde gern ... machen.** • über Wünsche und Träume sprechen	• ich und andere • Urlaub und Freizeit • Wünsche und Träume	• Wiederholung Nebensatzverbindungen mit *wenn, weil, dass* • Wiederholung Perfekt und Präteritum: *Gestern war ein schöner Tag! Ich bin ganz früh aufgestanden.* • Wiederholung Konjunktiv II: *Ich hätte gern ...* • Wiederholung Wortbildung Adjektive *-ig, -bar, -los, un-* • Wiederholung Wortbildung Nomen *-er, -in, -ung*, Komposita • Diminutiv: *-chen*

Inhaltsverzeichnis **Arbeitsbuch**

Liebe Leserinnen, liebe Leser,

mit *Schritte plus Neu* legen wir Ihnen ein komplett neu bearbeitetes Lehrwerk vor, mit dem wir das jahrelang bewährte und erprobte Konzept von *Schritte plus* noch verbessern und erweitern konnten. Erfahrene Kursleiterinnen und Kursleiter haben uns bei der Neubearbeitung beraten, um *Schritte plus Neu* zu einem noch passgenaueren Lehrwerk für die Erfordernisse Ihres Unterrichts zu machen. Wir geben Ihnen im Folgenden einen Überblick über Neues und Altbewährtes im Lehrwerk und wünschen Ihnen viel Freude in Ihrem Unterricht.

Schritte plus Neu ...

- führt Lernende ohne Vorkenntnisse in 3 bzw. 6 Bänden zu den Sprachniveaus A1, A2 und B1.
- orientiert sich an den Vorgaben des Gemeinsamen Europäischen Referenzrahmens sowie an den Vorgaben des Rahmencurriculums für Integrationskurse des Bundesamts für Migration und Flüchtlinge.
- bereitet gezielt auf die Prüfungen *Start Deutsch 1* (Stufe A1), *Start Deutsch 2* (Stufe A2), den *Deutsch-Test für Zuwanderer* (Stufe A2–B1), das *Goethe-Zertifikat* (Stufe A2 und B1) und das *Zertifikat Deutsch* (Stufe B1) vor.
- bereitet die Lernenden auf Alltag und Beruf vor.
- eignet sich besonders für den Unterricht mit heterogenen Lerngruppen.
- ermöglicht einen zeitgemäßen Unterricht mit vielen Angeboten zum fakultativen Medieneinsatz (verfügbar im Medienpaket sowie im Lehrwerkservice und abrufbar über die *Hueber Media*-App).

Der Aufbau von *Schritte plus Neu*

Kursbuch (sieben Lektionen)

Lektionsaufbau:

- Einstiegsdoppelseite mit einer rundum neuen Foto-Hörgeschichte als thematischer und sprachlicher Rahmen der Lektion (verfügbar als Audio oder Slide-Show), sowie einem Film mit Alltagssituationen der Figuren aus der Foto-Hörgeschichte
- Lernschritte A–C: schrittweise Einführung des Stoffs in abgeschlossenen Einheiten mit einer klaren Struktur
- Lernschritte D+E: Trainieren der vier Fertigkeiten Hören, Lesen, Sprechen und Schreiben in authentischen Alltagssituationen und systematische Erweiterung des Stoffs der Lernschritte A–C
- Übersichtsseite Grammatik und Kommunikation mit Möglichkeiten zum Festigen und Weiterlernen sowie zur aktiven Überprüfung und Automatisierung des gelernten Stoffs durch ein Audiotraining und ein Videotraining sowie eine Übersicht über die Lernziele
- eine Doppelseite „Zwischendurch mal ...“ mit spannenden fakultativen Unterrichtsangeboten wie Filmen, Projekten, Spielen, Liedern etc. und vielen Möglichkeiten zur Binnendifferenzierung

Arbeitsbuch (sieben Lektionen)

Lektionsaufbau:

- abwechslungsreiche Übungen zu den Lernschritten A–E des Kursbuchs
- Übungsangebot in verschiedenen Schwierigkeitsgraden, zum binnendifferenzierten Üben
- ein systematisches Phonetik-Training
- ein systematisches Schreibtraining
- Aufgaben zum Selbstentdecken grammatischer Strukturen (Grammatik entdecken)
- Aufgaben zur Prüfungsvorbereitung
- Selbsttests am Ende jeder Lektion zur Kontrolle des eigenen Lernerfolgs der Teilnehmer
- fakultative Fokusseiten zu den Themen Alltag, Beruf und Familie

Anhang:

- Lernwortschatzseiten mit Lerntipps, Beispielsätzen und illustrierten Wortfeldern
- Grammatikübersicht

Außerdem finden Sie im Lehrwerkservice zu *Schritte plus Neu* vielfältige Zusatzmaterialien für den Unterricht und zum Weiterlernen.

Viel Spaß beim Lehren und Lernen mit *Schritte plus Neu* wünschen Ihnen

Autoren und Verlag

Die erste Stunde im Kurs

1 Stellen Sie sich vor. Wie heißen Sie?

Ich heiße Marianne Sicinski. Ich bin 79 Jahre alt und habe als Schneiderin gearbeitet. Ich war dreimal verheiratet. Jetzt bin ich Witwe und lebe allein. Meine Nachbarn hier in der Düsterstraße 7 mag ich alle, besonders Tim.

Ich bin Betty. Paul und ich haben uns vor sechs Jahren kennengelernt. Wir haben damals eine Ausbildung als Webdesigner gemacht. Paul ist dann zu mir gezogen. Wir arbeiten heute beide als Webdesigner.

Hallo! Ich bin Dimi Kaiopoulos. Meine Eltern sind aus Griechenland nach Deutschland gekommen. Ich bin hier geboren. Das ist Eva, meine Frau, und das ist unser Sohn Niki. Er ist 15 und interessiert sich leider zu wenig für die Schule. Tim hilft Niki bei den Hausaufgaben und ich zeige Tim, wie man griechisch kocht. Kochen ist mein Hobby.

Ich bin Tim Wilson. Ich komme aus Kanada. Ich arbeite in einem Hotel im Stadtzentrum, wohne aber fast am Stadtrand. Hier ist die Miete nicht so teuer. Die Leute im Haus kenne ich alle und fühle mich sehr wohl hier.

Ich heiße Sandra und bin Tims Kollegin im Hotel. Tim ist sehr lustig. Seit er hier ist, macht die Arbeit viel mehr Spaß. Auch unsere Chefin Karla finde ich total nett. Ach ja, noch was: Mein Hobby ist Tanzen.

2 Sehen Sie das Bild an und sammeln Sie Informationen zu einer Person.

Machen Sie Notizen und erzählen Sie dann.

Frau Sicinski
Alter: 79
Beruf: Schneiderin
...

Ich stelle Frau Sicinski vor. Sie ist ...

3 Was möchten Sie über sich erzählen?

Sprechen Sie mit Ihrer Partnerin / Ihrem Partner über sich. Ihre Partnerin / Ihr Partner stellt Sie im Kurs vor.

Das ist Sophia. Sie kommt aus ...

Am Wochenende

Folge 8: Wo er recht hat, hat er recht.

1 Wörter raten: *Scharade*

Lesen Sie die Spielanleitung. Kennen Sie das Spiel? Wie heißt es in Ihrer Sprache?

> Arbeiten Sie in Gruppen. Jede Gruppe/Person denkt sich ein Wort aus zwei Teilen (Baumhaus, Blumentopf, ...) aus und spielt das Wort pantomimisch vor. Die anderen Mitspieler raten. Für jedes richtige Wort gibt es einen Punkt. Gewonnen hat die Gruppe/Person mit den meisten Punkten.

2 Sehen Sie die Fotos 3, 4, 6 und 8 an.

a Was meinen Sie? Welche Wörter „spielen" die Freunde? Kreuzen Sie an.

Tim:	○ eine Salatschüssel	○ eine Teekanne
Betty:	○ einen Hausmann	○ ein Hausdach
Niki:	○ Geschenkpapier	○ eine Modezeitschrift
Eva:	○ einen Holzhammer	○ einen Werkzeugkoffer

4 1–8 **b** Hören Sie und vergleichen Sie.

Tims Film

4 🔊 1–8

3 Hören Sie noch einmal und ergänzen Sie die Namen.

Betty Eva Niki Paul Tim

Es ist Sonntag. Betty und Paul hören Musik. Tim kann nicht lernen, denn die Musik ist zu laut. Er ist sauer und geht nach oben zu Betty und Paul. Sie trinken zusammen Tee. Dann hat Betty eine Idee: Sie möchte etwas spielen. Niki kommt auch. Er braucht einen Werkzeugkoffer für Eva und spielt dann mit. Eva, seine Mutter, sucht ihn. Am Ende spielt Eva auch Scharade mit. Alle haben viel Spaß!

4 Spielen Sie gern? Welche Spiele mögen Sie? Erzählen Sie.

Ich spiele gern Karten.

Und ich Schach!

A Ich **hätte** gern ein bisschen Ruhe!

A1 Wer sagt was? Wer wünscht sich was? Ordnen Sie zu und verbinden Sie.

A

B

C

◯ Ich muss lernen. Aber die Musik ist so laut.	Wir würden gern etwas zusammen spielen.
◯ Ich soll den Werkzeugkoffer leihen.	Ich wäre lieber bei Betty, Paul und Tim.
◯ Heute ist doch Sonntag!	Ich hätte gern ein bisschen Ruhe!

ich	bin	→ wäre	ich	habe	→ hätte	ich	spiele	→ würde	
du	bist	→ wär(e)st	du	hast	→ hättest	du	spielst	→ würdest	
er/es/sie	ist	→ wäre	er/es/sie	hat	→ hätte	er/es/sie	spielt	→ würde	... spielen
wir	sind	→ wären	wir	haben	→ hätten	wir	spielen	→ würden	
ihr	seid	→ wär(e)t	ihr	habt	→ hättet	ihr	spielt	→ würdet	
sie/Sie	sind	→ wären	sie/Sie	haben	→ hätten	sie/Sie	spielen	→ würden	

A2 Was wünschen sich diese Personen? Sprechen Sie.

Sie/Er hätte gern ... | Sie/Er wäre gern ... | Sie/Er würde gern ...

A

Sie hätte gern mehr Freizeit. Und sie ...

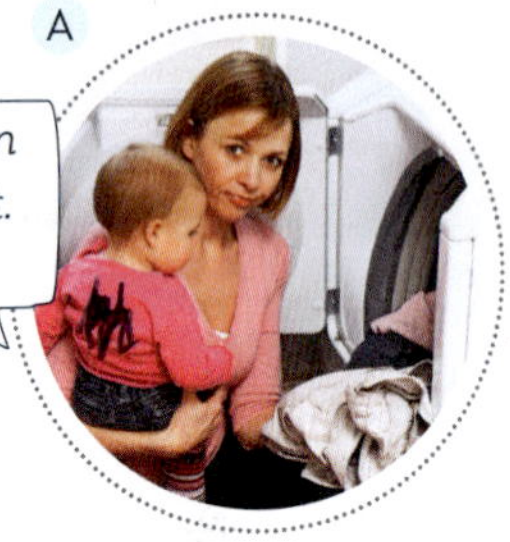

mehr Freizeit haben – einen freien Abend haben – einmal ausschlafen

B

Rad fahren – Yoga machen – joggen

C

im Wald spazieren gehen – in der Disko sein – Urlaub haben

A3 Freizeit-Wünsche

a Lesen Sie die Texte auf Seite 97. Wer sagt das? Kreuzen Sie an.

	Barbara	*Lorenzo*	*Agnieszka*
1 Ich habe sehr wenig Zeit für mich.	◯	◯	◯
2 Ich muss arbeiten, wenn andere frei haben.	◯	◯	◯
3 Ich muss nach der Arbeit zu Hause viel machen.	◯	◯	◯
4 Im Moment habe ich weniger Zeit als früher.	◯	◯	◯
5 Meine Arbeitszeiten gefallen mir nicht.	◯	◯	◯
6 Meine Freunde machen viel ohne mich. Ich bin zu müde.	◯	◯	◯

Das wünsche ich mir!

Freizeit? Das ist für mich wie ein Fremdwort. Ich bin Sekretärin und arbeite jeden Tag von 8.30 bis 17.30 Uhr. Auf dem Weg nach Hause hole ich meine Tochter vom Kindergarten ab. Zu Hause koche ich, wir essen und dann bringe ich meine Tochter ins Bett. Ich würde gern mal wieder abends mit Freunden ausgehen, aber ich muss jeden Morgen sehr früh aufstehen. Ich hätte gern mal zwei oder drei Monate Urlaub. Dann würde ich jeden Tag ausschlafen und wäre nicht mehr so müde. Ich würde viel Zeit mit meiner Tochter verbringen. Denn auch an den Wochenenden habe ich einfach nicht genug Zeit: Ich muss einkaufen, sauber machen und Wäsche waschen.

Barbara Schmidt

Seit drei Monaten arbeite ich als Kellner in Deutschland. Weil ich noch neu in diesem Job bin und keine Frau und Kinder habe, muss ich die ersten sechs Monate immer an den Wochenenden arbeiten. Das gefällt mir gar nicht. Meine Freunde unternehmen viele schöne Dinge und ich kann nie mit. Ich hätte gern mal wieder ein Wochenende frei. Dann würde ich meine Freunde einladen und vielleicht in ein Konzert gehen. Das wäre toll.

Lorenzo Martelli

Ich studiere Medizin und lerne gerade für meine Prüfungen. Jeden Tag sitze ich von früh bis spät zu Hause und lerne. Draußen ist Sommer und die Sonne scheint. Da wäre ich viel lieber im Schwimmbad oder an einem See. Aber ich muss lernen. Und abends, wenn meine Freunde anrufen und fragen: „Möchtest du etwas unternehmen?“, bin ich zu müde. Ich würde gern mit ihnen im Park grillen. Aber das geht nicht. Ach, gerade wäre ich gern wieder 18 Jahre alt und würde lieber wieder in die Schule gehen. Das war viel einfacher.

Agnieszka Nowak

b Lesen Sie die Texte noch einmal. Notieren Sie drei Wünsche von einer Person auf einem Zettel.

1 mal wieder abends mit Freunden ausgehen ...

c Geben Sie den Zettel Ihrer Partnerin / Ihrem Partner. Sie/Er sagt: Wer von den Personen wünscht sich das?

Barbara würde gern mal wieder abends mit Freunden ausgehen. Sie hätte gern ...

A4 Wünsche raten

a Notieren Sie drei Wünsche auf einem Zettel.

- Wo wären Sie jetzt gern?
- Was hätten Sie gern?
- Was würden Sie gern mal machen/lernen?

Ich wäre jetzt gern am Meer.
Ich hätte gern viel Geld.
Ich würde gern Gitarre spielen.

Wo?	Was?	Machen/Lernen?
am Meer	viel Geld	Gitarre spielen
in meiner Heimat	einen Hund	Motorrad fahren
...	...	...

b Mischen Sie die Zettel und verteilen Sie sie neu. Lesen Sie vor. Die anderen raten: Wer hat diese Wünsche?

B Trotzdem habe ich gewonnen.

B1 Was passt? Wissen Sie es noch? Verbinden Sie.

a Eva hat keine Zeit.
b Betty hat beide Wörter gewusst.
c Tim muss lernen.

Trotzdem spielt er mit Betty und Paul.
Trotzdem hat Paul gewonnen.
Sie soll trotzdem reinkommen.

Eva hat keine Zeit.	Sie soll trotzdem reinkommen. Trotzdem soll sie reinkommen.

B2 Spielen Sie Gespräche.

Radtour machen | schwimmen gehen | auf den Flohmarkt gehen | arbeiten | ...

- ◆ Was machst du denn heute?
- ○ Ich mache eine Radtour.
- ◆ Aber du bist doch erkältet!
- ○ Na und? Ich mache trotzdem eine Radtour.

B3 Was soll Niki tun? Was tut er wirklich? Sprechen Sie.

Niki soll nicht so lange schlafen. Trotzdem bleibt er bis 10 Uhr im Bett.

Lieber Niki,

ich komme erst gegen 22 Uhr zurück.

Bitte nicht vergessen:
– Schlaf nicht so lange.
– Üb am Vormittag mit Tim Englisch.
– Iss mittags nichts Süßes.
– Mach am Nachmittag ein bisschen Sport.
– Leg Dein Handy auch mal weg!

♡ Mama

bis 10 Uhr im Bett bleiben

spielen

viel Kuchen essen

auf dem Sofa liegen und fernsehen

ständig mit Freunden chatten

B4 Kettenspiel: Was machen Sie trotzdem?

Lesen Sie das Beispiel und finden Sie mit Ihrer Partnerin / Ihrem Partner passende Sätze mit *trotzdem*.

Morgen habe ich eine Prüfung. Trotzdem lerne ich nicht.

Ich lerne nicht. Trotzdem kann ich alle Wörter.

Ich kann alle Wörter. Trotzdem mache ich viele Fehler.

C Du **könntest** auch mitmachen.

8

C1 Welche Vorschläge machen Tim und Paul? Wissen Sie es noch? Kreuzen Sie an.

Wir könnten ...
- ○ zusammen lernen.
- ○ Scharade spielen.

ich	könnte	
du	könntest	... spielen
wir/Sie	könnten	

Eva, du könntest ...
- ○ reinkommen und mitmachen.
- ○ die Spülmaschine reparieren.

4 ◀)) 9–11 **C2 Pläne**

a Was ist richtig? Hören Sie drei Gespräche und kreuzen Sie an.

1 ○ Bettina möchte nicht ins Kino gehen.
2 ○ Andreas hat Sabine schon lange nicht mehr angerufen.
3 ○ Andreas freut sich, dass seine Eltern kommen.

b Wer sagt was zu wem? Hören Sie noch einmal und verbinden Sie.

	Wir könnten essen gehen.	
1 Andreas	Wir könnten uns ja mal wieder treffen.	Andreas
2 Bettina	Wir könnten doch am Samstag zusammen frühstücken.	Bettina
3 Sabine	Wir könnten ins Kino gehen.	Sabine
4 Gertrud	Ihr könntet aber auch einfach eine Stadtrundfahrt machen.	Gertrud
	Wir könnten doch mal wieder etwas zusammen unternehmen.	

C3 Ihre Wochenendpläne

a Ordnen Sie zu.

○ Schade, das geht leider nicht. ○ Gute Idee. Das machen wir! ○ Ich habe leider keine Zeit. ○ Einverstanden. ○ Ja, das geht bei mir. 1 Ich würde gern ... Hast du Lust? ○ In Ordnung. ○ Da kann ich leider nicht. Aber ...

1 Vorschläge machen Wir könnten am Samstag/... (mal wieder) ... / Wie wäre es mit ...?

2 positiv reagieren ☺	3 negativ reagieren ☹
Ja, gern. / Ich komme/mache gern mit.	Tut mir leid, aber ...
Warum nicht?	Ich würde gern kommen/mitmachen, aber ...
Um wie viel Uhr ...? / Wann ...? / Dann bis ...	Ich würde eigentlich lieber ...

b Arbeiten Sie zu zweit. Machen Sie Vorschläge und reagieren Sie.

- ◆ Wir könnten am Samstag ein Fußballspiel ansehen.
- ○ Ich würde eigentlich lieber einkaufen gehen. Hast du Lust?
- ◆ Warum nicht? Wann sollen wir uns treffen?
- ○ ...

am Samstag
ein Fußballspiel ansehen
gemeinsam einkaufen gehen
in eine Bar gehen
...

D Wochenendaktivitäten und Veranstaltungen

D1 Was kann man am Wochenende unternehmen? Sammeln Sie.

am Wochenende

- Kultur
  - die Oper
  - das Museum
- Stadt
  - die Stadt besser kennenlernen
  - eine Rundfahrt machen
- Natur
  - draußen grillen
- (Haus-)Arbeit
  - die Wohnung putzen
  - bügeln
- Zu Hause
  - nichts tun
  - lange schlafen
- Freunde / Familie
  - mit Freunden etwas unternehmen
  - zu ... gehen

D2 Wählen Sie aus Ihren Ideen in D1 drei Aktivitäten aus.

Wann machen Sie das am Wochenende? Fragen Sie und antworten Sie.

- Was machst du gern am Freitagabend?
- Wofür nimmst du dir am Samstag Zeit?
- Und am Sonntag, was machst du da?

- Am Freitagabend ... ich gern ....
- Am Samstag ... ich am liebsten ...
- Am Sonntag ... ich oft ...

D3 Veranstaltungskalender

Wann finden welche Veranstaltungen statt? Lesen Sie und ordnen Sie zu.
Markieren Sie dann: Wo? und Wann?

~~Spaziergang~~ Konzerte Kurse Sport

Donnerstag	Freitag	Samstag	Sonntag
			Spaziergang

VERANSTALTUNGSKALENDER

Do 24.08.

Skate-Night
So haben Sie Ihre Stadt noch nie erlebt! Von 21 bis 23 Uhr ist die Ringstraße rund ums Zentrum nur für Inlineskater frei. Treffpunkt: Rathaus. Teilnahme kostenfrei.

Fr 25.08.

Lange Nacht der Musik
Von 20 bis 3 Uhr
Mehr als 100 Musiker/-innen treten in der ganzen Stadt auf: Von Soul über Jazz bis hin zu Rock und Pop ist für alle etwas dabei.
Tickets: 20 €; Ermäßigung: 16 €; das Ticket gilt auch als Fahrkarte für alle Busse und Bahnen.

Sa 26.08.

Tag der offenen Tür
in der Volkshochschule, 10 bis 18 Uhr.
Sie interessieren sich für Politik, Gesundheit, Fotografie, Literatur oder Sprachen? Bei unserem Tag der offenen Tür können Sie mehr zu diesen Themen erfahren. Keine Anmeldung erforderlich. Jetzt einschreiben fürs Herbstsemester!

So 27.08.

Kräuterwanderung
Gesunde Kräuter für Tees, Salate, Suppen, ... finden Sie überall in der Natur. Auf dieser zweistündigen Wanderung bekommen Sie viele Informationen rund um das Thema Wildkräuter.
Treffpunkt: 11 Uhr am Waldparkplatz; Teilnahmegebühr: 20 €, Anmeldung unter 0171/55 6376

SCHON FERTIG? Und was machen Sie am Wochenende? Schreiben Sie Ihren Veranstaltungskalender.

E Veranstaltungstipps

E1 Lesen Sie die Anzeigen. An welchen Wochentagen sind die Veranstaltungen? Notieren Sie.

A

Kino im Ziegenstall

Schillerstraße 12 | www.kinoimziegenstall.de
Neu im Programm: Kinderkino – jeden Donnerstag, Freitag und Sonntag.
Tolle Filme zum halben Preis!
Die Sommerpause ist zu Ende! Endlich wieder Kino für alle Film-Fans.

B

Insel-Fest für Groß und Klein!

Samstag, 12. Juni
30 Straßenkünstlerinnen und -künstler aus ganz Europa zeigen ihr Können.

C

NICHT VERPASSEN!

Großer Theresien-Flohmarkt

Wann? Samstag und Sonntag, 19. und 20. August
Wo? Burgstraße 45
Neu: großer Bereich für Kinder und Familien – Spielzeug, Kinder- und Babykleidung, Bücher, CDs und vieles mehr

D

TECHNIK-MUSEUM

Die Renovierung ist abgeschlossen.
Wir feiern Wiedereröffnung **am Montag, 7. Mai.**
Neue Abteilung zu Luft- und Raumfahrt
365 Tage im Jahr geöffnet!

Anzeige	A	B	C	D
Tag	*Donnerstag, Freitag, …*			
Uhrzeit	*15.00 Uhr*			

4 12–15 **E2 Veranstaltungstipps**

a Hören Sie vier Tipps im Radio. Ergänzen Sie die Uhrzeiten in E1.

b Hören Sie die Tipps noch einmal. Was ist richtig? Kreuzen Sie an.

A ☒ Kinder bis 12 bekommen Ermäßigung.
○ Nur Wochentags gibt es ein Programm für Kinder.

B ○ Das Fest findet im Zentrum statt.
○ Es gibt kostenlose Parkplätze.

C ○ Der Theresien-Flohmarkt findet zum ersten Mal statt.
○ Man soll früh zum Flohmarkt kommen.

D ○ Das Museum war ein Jahr lang geschlossen.
○ Man kann dem Radiosender schreiben und Eintrittskarten gewinnen.

E3 Machen Sie ein Plakat zu einem „Tag der offenen Tür" in Ihrer Sprachenschule.

Tag der offenen Tür!
Wann? Am 28.11. von 9 bis 20 Uhr
Eintritt frei!

Programm:
9.00 Uhr: Begrüßung durch den Schulleiter
…

Grammatik

1 Konjunktiv II: Konjugation ÜG 5.17

ich	wäre	ich	hätte
du	wär(e)st	du	hättest
er/es/sie	wäre	er/es/sie	hätte
wir	wären	wir	hätten
ihr	wär(e)t	ihr	hättet
sie/Sie	wären	sie/Sie	hätten

ich	würde	... spielen
du	würdest	
er/es/sie	würde	
wir	würden	
ihr	würdet	
sie/Sie	würden	

ich	könnte	... spielen
du	könntest	
er/es/sie	könnte	
wir	könnten	
ihr	könntet	
sie/Sie	könnten	

Schreiben Sie drei Wünsche.

sein: Ich wäre gern ...
haben:
gern machen:

Mehr Spaß im Kurs. Was könnten Sie machen? Schreiben Sie.

in der Pause Kuchen essen
längere Pausen
weniger Hausaufgaben
ein Café aufmachen
deutsche Musik hören ...

Wir könnten in der Pause Kuchen essen.
Wir könnten ...

2 Konjunktiv II: Wunsch ÜG 5.17

Ich	wäre	gern	am Meer.	
Sie	hätte	gern	viel Geld.	
Wir	würden	gern	Gitarre	spielen.

3 Konjunktiv II: Vorschlag ÜG 5.17

Du	könntest	ins Kino gehen.
Wir	könnten	

4 Konjunktion: *trotzdem* ÜG 10.05

	Position 2		
Eva hat keine Zeit.	Trotzdem	soll	sie reinkommen.
	Sie	soll	trotzdem reinkommen.

Was machen Sie trotzdem? Schreiben Sie.

Es sind –20 °C.
Trotzdem ....

Meine Wohnung ist zu klein.
Trotzdem ....

Ich habe kein Geld.
Trotzdem ....

Kommunikation

ÜBER WÜNSCHE SPRECHEN: Ich wäre jetzt gern am Meer.

Wo wären Sie jetzt gern?	*Ich wäre jetzt gern am Meer.*
Was hätten Sie gern?	*Ich hätte gern viel Geld.*
Was würden Sie gern machen/lernen?	*Ich würde gern Gitarre spielen.*

VORSCHLÄGE MACHEN UND ÜBER PLÄNE SPRECHEN: Hast du Lust?

Wir könnten am Samstag / … (mal wieder) …
Wie wäre es mit …?
Ich würde gern … Hast du Lust?
Was machst du gern am Freitagabend?
Wofür nimmst du dir am Samstag Zeit?
Und am Sonntag, was machst du da?

EINEN VORSCHLAG ANNEHMEN: Gute Idee.

Ja, gern. | Warum nicht? | Um wieviel Uhr …? | Wann …?
Einverstanden. | Ja, das geht bei mir.
Gute Idee. Das machen wir! | In Ordnung. | Dann bis …
Ich komme/mache gern mit.

EINEN VORSCHLAG ABLEHNEN UND BEDAUERN AUSDRÜCKEN: Schade, …

Schade, das geht leider nicht.
Tut mir leid, aber …
Ich würde gern kommen / mitmachen, aber …
Da kann ich leider nicht. Aber …
Ich habe leider keine Zeit.
Ich würde eigentlich lieber …

Was würden die Personen gern machen?

(A)

(B)

(C)

(D)

Der Abend ist so schön.
Ich würde gern …

Antworten Sie.
Kommst du zu Antons Geburtstagsfeier?
Gehst du mit zum Filmfest?

Tut mir leid, aber …

Sie möchten noch mehr üben?

4 | 16–18 AUDIO-TRAINING

VIDEO-TRAINING

Lernziele

Ich kann jetzt …

A … Wünsche ausdrücken: *Sie hätte gern mehr Freizeit.* ______ ☺ 😐 ☹
B … Gegensätze ausdrücken:
Ich mache trotzdem eine Radtour. ______ ☺ 😐 ☹
C … Vorschläge machen: *Wir könnten ein Fußballspiel ansehen. Hast du Lust?* ______ ☺ 😐 ☹
D … über Wochenendaktivitäten sprechen: *Was machst du gern am Samstagabend?* ______ ☺ 😐 ☹
E … Veranstaltungstipps verstehen: *Neu im Programm: Kinderkino* ______ ☺ 😐 ☹

Ich kenne jetzt …

… 5 Freizeitaktivitäten:
eine Radtour machen, …

… 5 Wörter zum Thema *Veranstaltungen und Kurse:*
die Teilnahme, …

FILM

Der Freizeit-Killer

1 Wunsch und Wirklichkeit: Sehen Sie die Fotos an. Was meinen Sie? Was würde der Mann am Wochenende gern machen? Was muss er in Wirklichkeit tun? Ordnen Sie zu.

A

B

C

D

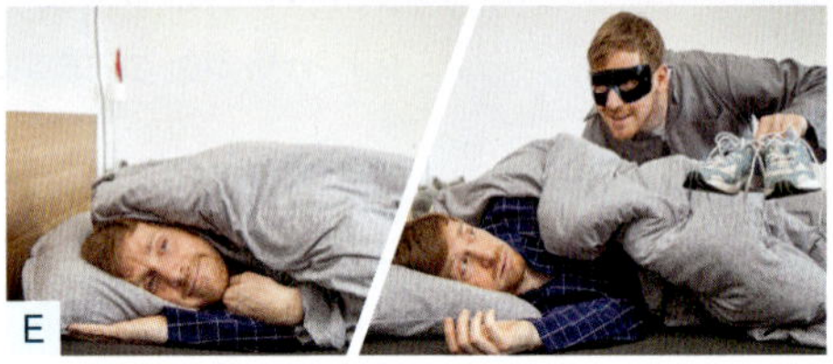
E

F

	Er würde gern ...	Aber er muss ...
1	◯ tanzen gehen.	Hemden bügeln.
2	◯ kochen.	den Schrank reparieren.
3	◯ lange ausschlafen.	Morgensport machen.
4	◯ spazieren gehen.	das Auto waschen.
5	(A) frühstücken.	einkaufen.
6	◯ in den Biergarten gehen.	den Keller putzen.

2 Sehen Sie den Film an und vergleichen Sie.

3 Ihr Wochenende: Was würden Sie gern machen? Was müssen Sie machen? Erzählen Sie.

Ich würde samstags gern lange ausschlafen, aber ich muss früh aufstehen und den Haushalt machen.

SPIEL

Wenn ich mir etwas wünschen könnte, dann ...

Wählen Sie eine von drei Aufgaben:
Spielen Sie pantomimisch vor.
Wer errät Ihren Wunsch am schnellsten?

1 „Dieses Ding hätte ich gern."
2 „Das würde ich gern perfekt können."
3 „Diesen berühmten Menschen würde ich gern mal treffen."

Das würde ich gern perfekt können.

Ah! Ich weiß es! Du würdest gern Gitarre spielen.

LESEN

Der siebte Tag

Sechs Tage lang hat Gott gearbeitet, dann war die Welt fertig. Am Tag danach hat er Pause gemacht. In Europa ist der Sonntag dieser siebte Tag. Der Sonntag ist ein Ruhetag, an dem die meisten Menschen nicht arbeiten. Vor hundert Jahren sind noch fast alle Menschen am Sonntag in die Kirche gegangen. Heute machen das nur noch wenige. Aber ein paar zusammengesetzte deutsche Wörter zeigen: Der Sonntag ist immer noch ein besonderer Tag.

Sonntag

○ **„Sonntagsbraten"**
Früher konnten nur reiche Leute oft Fleisch essen. Für die meisten Menschen war es viel zu teuer. Wenn sie mal Fleisch hatten, dann nur am Sonntag: einen Sonntagsbraten.

(E) **„Sonntagssachen"**
Früher hatten die meisten Menschen sehr einfache Kleidung. Nur für den Kirchgang am Sonntag und für besondere Feste hatte man die Sonntagssachen: die Männer oft einen Sonntagsanzug und die Frauen ein Sonntagskleid.

○ **„Sonntagsspaziergang"**
Früher hat die ganze Familie einen gemeinsamen Sonntagsspaziergang gemacht, meistens am Sonntagnachmittag.

○ **„Sonntagsruhe"**
Bis heute bleiben am Sonntag die meisten Geschäfte geschlossen und man darf auch keine lauten Arbeiten machen. Wer die Sonntagsruhe stört, kann Ärger mit der Polizei bekommen.

○ **Der „Sonntagsfahrer"**
So nennt man einen unsicheren, ungeübten Autofahrer. Der kann es nicht, der hat keine Übung, denkt man. Wahrscheinlich fährt er nur sonntags ein bisschen spazieren.

1 Lesen Sie den Text und ordnen Sie die Fotos den Texten zu.

A

B

C

D

E

2 Was machen Sie am Sonntag? Erzählen Sie.

a Was essen Sie sonntags? Gibt es bei Ihnen ein spezielles Essen für Sonntage oder Feiertage?
b Wann ziehen Sie sich besonders schön an? Was ziehen Sie dann an?
c Wie sieht Ihr „perfekter Sonntag" aus? Machen Sie auch einen Spaziergang?
d Wo gehen Sie hin, wenn Sie sonntags etwas einkaufen möchten?
e Hatten Sie schon mal Stress mit Ihrem Nachbarn wegen der „Sonntagsruhe"?
f Haben Sie sich schon mal über einen „Sonntagsfahrer" oder eine „Sonntagsfahrerin" geärgert?

Meine Sachen

Folge 9: Schauen wir mal ...

1 Sehen Sie die Fotos an.

a Wo sind Tim und Sandra?

Foto 1, 7, 8: bei Tim zu Hause
Foto 2: bei Sandra zu Hause
Foto 3–6: in einem Geschäft

4 19–26 b Was meinen Sie? Wer möchte die Wohnung neu einrichten? Tim oder Sandra? Wer soll wen beraten? Hören Sie dann und vergleichen Sie.

2 Was kauft Tim im Möbelladen?

a Sehen Sie die Fotos 3–6 an und zeigen Sie.

• das Poster • der Kerzenständer • die Kerze • die Plastiktischdecke • der Wandteppich • die Saftgläser

b Wie gefallen Ihnen diese Sachen?

Das Poster ist ganz schön, finde ich.

Hm. Ich finde es scheußlich.

4 🔊 19–26

3 Erzählen Sie die Geschichte mit Ihren Worten.

Hören Sie dann noch einmal und vergleichen Sie.

Sandra möchte ...
Tim soll ...
Im Möbelgeschäft kauft Tim ...
Er findet die Sachen ... und sehr billig.
Er sagt: „Heute ist ein richtig guter Einkaufstag."
Sandra gefallen die Sachen ...
Nach dem Einkauf gehen Tim und Sandra ... und trinken ...
Da fällt Tim ein: Er muss ... und sich schnell umziehen.
Aber nächste Woche will er mit Sandra ...

Sandra möchte Sachen für ihre Wohnung kaufen.

Tims Film

A Das ist ja eine **tolle** Wohnung!

4 🔊 27 **A1 Hören Sie und ergänzen Sie.**

a

◆ Wow! Du, das ist ja eine tolle Wohnung! Was brauchst du hier denn noch?

○ Och, ich weiß nicht. Ein toll___ Kerzenständer wäre schön, ein paar bunt___ Kerzen vielleicht, ein interessant___ Bild, ... so was, verstehst du?

b

◆ Guck mal hier: Das sind ja toll___ Saftgläser! Sechs Stück kosten 8,99 Euro.

○ Jaja.

c

◆ Was ist besser: Eine groß___ Kerze oder zwei kleine? Was meinst du, Sandra?

○ Tja, ich weiß nicht. ...

• der Kerzenständer	ein toller Kerzenständer
• das Bild	ein interessantes Bild
• die Kerze	eine große Kerze
• die Saftgläser	– tolle Saftgläser

auch so nach: mein-, kein-;
aber: ⚠ meine/keine tollen Saftgläser

A2 Spielen Sie Gespräche.

◆ Schau mal, hier: Das ist ja eine tolle Tasche!

○ Tja, ich weiß nicht.

• die Tasche • der Bikini 
• die Kamera  • der Bildschirm
• die Brieftasche  • das Feuerzeug 

billig teuer schön hübsch toll praktisch interessant gut ...

Tja, ich weiß nicht. / Hm, findest du?
Ja, wirklich? / Bist du sicher?
Na ja, geht so. / Also, ich weiß nicht ...

A3 Was ist Ihnen wichtig?

a Ergänzen Sie die Endungen.

	... ist/sind mir wichtig		... ist/sind mir nicht so wichtig	
	Ich	Meine Partnerin / Mein Partner	Ich	Meine Partnerin / Mein Partner
• zuverlässige Freunde	○	○	○	○
• ein gut___ Deutschlehrer	○	○	○	○
• eine hübsch___ Wohnung	○	○	○	○
• ein interessant___ Beruf	○	○	○	○
• eine gut___ Ausbildung	○	○	○	○
• ein gut___ Verdienst	○	○	○	○
• lang___ Reisen	○	○	○	○
• ein teur___ Handy	○	○	○	○

b Kreuzen Sie in a an und sprechen Sie mit Ihrer Partnerin / Ihrem Partner.

◆ Mir sind zuverlässige Freunde sehr wichtig. Und dir?

○ Die sind mir auch wichtig. Ein interessanter Beruf ist mir auch wichtig. Dir auch?

◆ Ja, der ist mir auch wichtig. Wie wichtig ist dir ...?

○ ... ist mir überhaupt nicht wichtig.

B Wohin gehst du? In einen **neuen** Laden?

B1 Lesen Sie und markieren Sie wie im Beispiel.

Ergänzen Sie dann die Tabelle.

a Wohin gehst du? In einen neuen Laden?
b Ich habe schon schöne Gläser.
c Kerzen machen so ein schönes Licht!
d Hier, guck mal: Ist das nicht ein hübsches Poster? – Ja, ganz nett. Aber es passt nicht zu meinen braunen Möbeln.

Ich gehe in … Ich habe …	● einen *neuen* Laden ● ein ______ Licht ● eine schöne Wohnung ● – ______ / braune Möbel/Gläser

auch so nach: mein-, dein-, kein-;
aber: ⚠ meine/keine braunen Möbel

mit/bei/in/zu/…	● einem neuen Laden ● einem schönen Licht ● einer schönen Wohnung ● – ______ / schönen Möbeln/Gläsern

B2 Online-Auktionen

Lesen Sie die Anzeigen und ergänzen Sie.

A

Ich habe keinen Platz mehr in meiner neu*en* ● Wohnung und verkaufe einen schön____ ● Küchentisch aus Holz. Der Tisch hat eine ca. 3,5 cm dick____ ● Platte und eine groß____ ● Schublade.

B

Biete ein bunt____ ● Geschirr-Set. Das Set ist neu, aber mit klein____ ● Fehlern. Eine grün____ ● Müslischale gibt es kostenlos dazu!

C

Verkaufe eine modern____ ● Tischlampe aus Glas. Höhe: 30 cm. Die Lampe ist fünf Jahre alt, aber in einem gut____ ● Zustand.

D

Versteigern unsere vier Jahre alt____ ● Espressomaschine. Top-Qualität! Sie funktioniert einwandfrei, hat aber ein paar klein____ ● Kratzer auf der Rückseite.

E

Verkaufe eine neu____ ● Salatschüssel aus Plastik mit einem passend____ ● Salatbesteck.

aus Holz  /Glas  /Plastik  /Metall  /Stoff  /…

B3 Eine Auktion

Was möchten Sie verkaufen? Schreiben Sie eine Anzeige wie in B2. Lesen Sie Ihr Angebot dann im Kurs vor. Wer möchte das kaufen? Wer bietet am meisten?

- ◆ Ich brauche ein Fahrrad. Ich biete 8 Euro.
- ○ Das Fahrrad ist schön. Ich biete 10 Euro.
- ▲ Das Fahrrad gefällt mir auch sehr gut, ich biete 12 Euro.
- □ Gut, dann bekommt Zarina das Fahrrad für 12 Euro.

Verkaufe mein zwei Jahre altes Fahrrad. Es ist/hat …

C Am schönsten finde ich den Teppich.

C1 *schön – schöner – am schönsten*

a Lesen Sie die Nachrichten: Was findet Tim schön, was findet er noch schöner? Was findet er am schönsten? Sprechen Sie.

Tim findet den Kerzenständer schön.

Hi Lara, schau mal, ich habe heute eingekauft. Der Kerzenständer ist doch schön, oder?

SCHÖN!? Na ja, er ist ziemlich hoch.

Noch schöner finde ich aber die Tischdecke!

Na ja. Die ist aber sehr groß!

Und am schönsten finde ich den Teppich!

Ja, den finde ich auch am interessantesten.
Sag mal, hast du allein eingekauft?

Allein? Nein, ich war mit Sandra einkaufen. Leider konnten wir nicht lange in dem Laden bleiben, weil ich arbeiten musste.

Oh nein, schade! Wie dumm!

Und was noch dümmer ist: Ein Gast kommt. Ich kann nicht weiterschreiben.

b Markieren Sie in a wie im Beispiel. Ergänzen Sie dann die Tabelle.

+	++ -er	+++ am ...-sten
schön	schöner	am schönsten
interessant	interessanter	....
⚠	größer	am größten
⚠ .... /lang	länger	am längsten
⚠	....	am dümmsten
⚠	höher	am höchsten

C2 Spielen Sie Gespräche.

- Koffer / Rucksack – praktisch
- Handy / Tablet  – toll
- Mütze / Hut  – modern
- Konzertticket / Theaterticket – interessant
- Liebesroman  / Krimi  – spannend

◆ Was soll ich Peter denn zum Geburtstag schenken? Was meinst du? Einen Koffer vielleicht?

○ Also, ich finde einen Rucksack praktischer als einen Koffer.

... praktischer als ...

C3 Dorina hat viele Interessen.

a Was mag sie? Was macht sie gern/lieber ...? Sprechen Sie.

Ausgehen:	Theater ++	Kino ++	Fußballstadion +++
Musik:	Jazz +	Rock ++	Hip-Hop +++
Sport:	Tischtennis +	Tennis ++	Fußball ++
Essen:	Pizza +	Salat ++	Pudding +++
Städte:	London +	Prag ++	Istanbul +++

... schöner als ...	≠
... (genau)so gern wie ...	=

Dorina geht genauso gern ins Kino wie ins Theater.

Sie mag Rockmusik lieber als Jazz. Am liebsten mag sie Hip-Hop.

b Dorina hat Geburtstag. Was schenken Sie ihr? Sie haben 40 Euro. Arbeiten Sie zu dritt. Wählen Sie mindestens drei verschiedene Dinge aus dem Schaufenster und sprechen Sie.

- ◆ Also, ich schlage vor, wir kaufen eine Karte fürs Kino.
- ○ Aber sie geht doch lieber ins Stadion. Und ein Fußballticket ist nur zwei Euro teurer als eine Kinokarte.
- ▲ Ja, und einen Musikgutschein finde ich auch gut. Sie mag am liebsten Hip-Hop.
- ◆ Ja, genau. Und sie mag ...

SCHON FERTIG? Was mögen Sie gern/lieber/am liebsten? Schreiben Sie.

C4 Im Kurs: Machen Sie ein „Plakat der Superlative“.

Finden Sie weitere Fragen.

Wer ist ... (groß/jung)? | Wer ist ... (lange) verheiratet? | Wer wohnt ... (weit) entfernt? | Wer kocht ... (häufig) selbst? | Wer fährt ... (lange) zum Deutschkurs? | ...

- ◆ Wer fährt am längsten zum Kurs? Amir, brauchst du nicht eine Stunde?
- ○ Ja, aber ich glaube, Milena fährt noch länger.
- ▲ Ja, das stimmt, ich fahre eine Stunde und 20 Minuten.

Wer fährt am längsten zum Kurs?
Milena: 1:20 Stunden

D Interviews im Radio

D1 Was meinen Sie: Wofür geben die Leute in Deutschland am meisten Geld aus?
Ergänzen Sie die Statistik. Vergleichen Sie im Kurs und mit den Ergebnissen auf Seite 115.

Körper und Gesundheit | Miete | Versicherungen | Kleidung | Nahrungsmittel

Ich glaube, auf Platz 3 ist/sind …

So viel Geld geben die Deutschen aus (monatliche Konsumausgaben privater Haushalte in Prozent):

1	....	34,5 %
2	Auto	12,6 %
3	....	12,2 %
4	Unterhaltung (Urlaub, Kultur, Freizeit …)	10,6 %
5	....	5,9 %
6	Möbel und Haushaltsgeräte	5,5 %
7	....	4,6 %
8	....	4,2 %
9	Kommunikation (Internet, Telefon …)	2,5 %
10	Tabak und alkoholische Getränke	1,7 %

4 28–31 **D2 Wofür geben die Personen ihr Geld aus?**
Hören Sie die Interviews und kreuzen Sie an.

a
Sie gibt ihr Geld am liebsten … aus.
○ für Kleidung
○ im Internet
○ für Lebensmittel

b
Er gibt am meisten für … aus.
○ seine Kinder
○ den Urlaub
○ Miete, Auto, Versicherung, Gas

c
Sie müssen einen Kredit für … aufnehmen.
○ ein neues Auto
○ einen langen Urlaub
○ eine eigene Wohnung

d
Was ist ihr am wichtigsten?
○ Urlaub
○ ihre Enkel
○ ihr Auto

D3 Wofür geben Sie Ihr Geld aus?
Sprechen Sie mit Ihrer Partnerin / Ihrem Partner.

Lebensmittel | Urlaub | Kleidung | Elektrogeräte | Miete/Wohnung | Auto | …

Am meisten gebe ich für meine Miete aus. Und du?

Ja, ich auch. Aber am liebsten gebe ich Geld für … aus.

Am meisten / Sehr viel gebe ich für … aus. | Ich kaufe am liebsten … | Ich gebe (nicht) viel Geld für … aus. | Das ist mir wichtig. / nicht wichtig. / Da spare ich (nicht).

SCHON FERTIG? Wofür geben Sie nicht gern Geld aus?

E Meine Lieblingssachen

E1 Drei von meinen Sachen

a Lesen Sie nur die Einleitung und die Überschriften im Text in b. Was meinen Sie? Von wem hat Valentina die Sachen bekommen? Lesen Sie dann den ganzen Text und vergleichen Sie.

b Lesen Sie den Text noch einmal. Schreiben Sie zu zweit sechs Sätze. Zwei Sätze sind falsch. Tauschen Sie die Sätze mit einem anderen Paar und korrigieren Sie die falschen Sätze.

1 Die Tänzerin ist aus ~~Holz~~ Porzellan
…

Drei von meinen Sachen

Haben Sie zu Hause auch so viele Sachen? Manche erinnern uns an etwas, sie erzählen eine Geschichte. Es können ganz unterschiedliche Erinnerungen sein: lustige, traurige oder schöne.

Valentina May ist 28 Jahre alt, in Triest geboren und lebt jetzt in Hamburg. Sie zeigt drei von ihren Sachen und erzählt uns auch die Geschichten dazu.

Die finde ich am hässlichsten …

Diese Tänzerin aus Porzellan hat mir meine Tante zum 18. Geburtstag geschenkt. „Das ist ein altes und sehr teures Kunstwerk“, hat sie gesagt. Mein erster Gedanke war: Oje, ist die hässlich! Ich wollte aber meiner Tante nicht wehtun, also habe ich die Tänzerin ins Regal gestellt. Da steht sie immer noch, denn meine Tante sieht bei jedem Besuch nach: Steht ihr „wertvolles“ Geschenk noch da?

… die ist am schönsten …

Den kleinen Harlekin hat mein Neffe Ernesto für mich gemacht. Das war vor fünf Jahren. Damals ist es mir ziemlich schlecht gegangen. Ich war arbeitslos und hatte Probleme mit meiner Gesundheit. Eines Tages hat mir Ernesto diesen Harlekin geschenkt. „Der ist für dich“, hat er gesagt. „Er ist ganz lieb zu dir und deshalb musst du jetzt mal wieder lachen.“ Ist das nicht süß?

… und die finde ich am lustigsten.

Den grünen Drachen hat mir Alexander geschenkt. Das war bei unserem zweiten Treffen. Wir sitzen in einem Restaurant und plötzlich stellt er diesen Drachen neben meinen Teller und sagt: „Drachen bringen Glück.“ Später, zu Hause, sehe ich mir den Drachen noch einmal an und da sehe ich ein Papier in seinem Mund. Darauf steht: „Hallo Valentina! Ich glaube, Alexander liebt Dich.“ Ich habe den Zettel wieder reingesteckt. Er ist heute noch drin.

arbeits**los** = ohne Arbeit

E2 Welche von Ihren Sachen finden Sie besonders hässlich, schön oder lustig?

Bringen Sie die Sachen mit oder zeigen Sie ein Foto. Erzählen Sie im Kurs.

- Wie oder von wem haben Sie die Sache bekommen?
- Warum finden Sie sie hässlich, schön oder lustig?

Diesen/Dieses/Diese … habe ich von … bekommen. / habe ich in … gekauft.
… hat mir … geschenkt.
… ist mir besonders wichtig, weil …
… gefällt mir so gut / gar nicht, denn …
Er/Es/Sie …, deshalb mag ich ihn/es/sie so gern.

Grammatik

1 Adjektivdeklination: indefiniter Artikel ÜG 4.01

Nominativ	Akkusativ	Dativ
● ein neuer Laden	● einen neuen Laden	● einem neuen Laden
● ein schönes Licht	● ein schönes Licht	● einem schönen Licht
● eine schöne Wohnung	● eine schöne Wohnung	● einer schönen Wohnung
● – braune Möbel	● – braune Möbel	● – braunen Möbeln

auch so nach: mein-, dein- ...; kein-;
aber: ⚠ meine/keine braunen Möbel

der → ein groß**er** Topf

das → ein groß**es** Bild

die → eine groß**e** Kerze

Welche Sachen sind in Ihrer Tasche/Ihrem Rucksack?

ein alter Stift, eine große Geldbörse, ...

2 Komparation ÜG 4.04

Positiv +	Komparativ ++	Superlativ +++
schön	schöner	am schönsten
interessant	interessanter	am interessantesten → ⚠ -d/-t + esten
⚠		
groß	größer	am größten
lange/lang	länger	am längsten
dumm	dümmer	am dümmsten
hoch	höher	am höchsten

größer – am größten

3 Vergleichspartikel: *als, wie* ÜG 4.04

schöner/praktischer/... als ... Dorina mag Rockmusik lieber als Jazz.	≠

(genau)so gern/schön/... wie ... Sie geht genauso gern ins Kino wie ins Theater.	=

4 Wortbildung ÜG 11.02

Nomen	→	Adjektiv
die Arbeit		arbeitslos (= ohne Arbeit)

Ergänzen Sie.

ohne Herz: herzlos

ohne Fehler: ...

ohne Schlaf: ...

ohne Wunsch: ...

ohne Wolken: ...

Kommunikation

SKEPTISCH REAGIEREN: Tja, ich weiß nicht.

Tja, ich weiß nicht. | Hm, findest du? | Ja, wirklich?
Bist du sicher? | Na ja, geht so. | Also, ich weiß nicht …

VORLIEBEN AUSDRÜCKEN: Am meisten gebe ich für … aus.

Ich finde … praktischer/schöner/besser als … | Am praktischsten/schönsten/besten finde ich … | Sie/Er geht genauso gern ins Kino wie ins Theater.

Am meisten / Sehr viel gebe ich für … aus. | Ich kaufe am liebsten …
Ich gebe (nicht) viel Geld für … aus. | Da spare ich (nicht).

WICHTIGKEIT AUSDRÜCKEN: Mir ist … wichtig.

Mir ist/sind … wichtig. Und dir?

Wie wichtig ist dir …?

Das ist / Die sind mir auch wichtig, aber nicht sehr wichtig.
… ist/sind mir überhaupt nicht wichtig.

VON EINEM GEGENSTAND ERZÄHLEN: Diesen … hat mir … geschenkt.

Diesen/Dieses/Diese … habe ich von … bekommen. / habe ich in … gekauft.
… hat mir … geschenkt. | Er/Es/Sie ist mir besonders wichtig, weil …

Er/Es/Sie gefällt mir so gut / gar nicht, denn … | Er/Es/Sie …, deshalb mag ich ihn/es/sie so gern.

Heute ist ein richtig guter Einkaufstag. Findest du nicht?
Na ja, geht so.

Schreiben Sie drei Sätze.
…: Das finde ich wichtig.
…: Das ist mir noch wichtiger.
…: Das ist mir am wichtigsten.

Nicht zu viel arbeiten: Das finde ich wichtig.

Sie möchten noch mehr üben?

4 | 32–34 AUDIO-TRAINING

VIDEO-TRAINING

Lernziele

Ich kann jetzt …

A … Wichtigkeit ausdrücken: *Ein interessanter Beruf ist mir wichtig.* ☺ 😐 ☹
… etwas beschreiben: *Das ist ja eine tolle Tasche!* ☺ 😐 ☹

B … Anzeigen verstehen und eine Anzeige schreiben:
Verkaufe eine neue Salatschüssel aus Plastik. ☺ 😐 ☹

C … Sachen/Personen miteinander vergleichen:
Dorina mag Rockmusik lieber als Jazz. ☺ 😐 ☹

D … von meinem Konsumverhalten erzählen:
Am meisten gebe ich für meine Miete aus. ☺ 😐 ☹

E … Gegenstände beschreiben: *Den kleinen Harlekin hat mein Neffe Ernesto für mich gemacht.* ☺ 😐 ☹

Ich kenne jetzt …

… 10 Gegenstände:
die Brieftasche, …

… 4 Materialien:
Holz, …

Auflösung zu S. 112/D1: 1 Miete, 3 Nahrungsmittel, 5 Versicherungen, 7 Kleidung, 8 Körper und Gesundheit

LANDESKUNDE

Flohmarkt

Gebrauchte Dinge kann man verschenken oder wegwerfen. Man kann die alten Sachen aber auch verkaufen. Ganz einfach geht das im Internet. Immer mehr Menschen bestellen online. Das geht schnell und ist bequem. Aber es ist auch ein bisschen schade, denn im Internet bleibt man allein.

Ein großer Flohmarkt ist viel lustiger und bunter. Dort trifft man viele Leute, man spricht und man handelt miteinander. Das macht Spaß und man kann die verschiedenen Angebote auch viel genauer prüfen als im Internet. Außerdem bekommt man die Sachen auf dem Flohmarkt meist noch günstiger. Auch für die Umwelt ist es besser, wenn man die gebrauchten Dinge nicht einfach auf den Müll wirft. Normalerweise funktionieren sie ja noch prima. Flohmärkte sind in vielen Ländern sehr beliebt. Auch in Deutschland gibt es sie in den meisten Orten. In den großen Städten kann man an Sommerwochenenden oft sogar zwischen mehreren Flohmärkten wählen.

So ist das Wort „Flohmarkt“ entstanden: Früher hat es auf solchen Märkten vor allem alte Kleider gegeben. Und da hat man manchmal wohl auch ein paar Flöhe mitgekauft.

Lesen Sie den Text. Was ist richtig? Kreuzen Sie an.

a ○ Immer mehr Menschen kaufen im Internet ein.
b ○ Auf dem Flohmarkt kann man mit den Verkäufern handeln.
c ○ Die Sachen kosten auf einem Flohmarkt oft mehr als im Internet.
d ○ Flohmärkte gibt es in Deutschland nur in großen Städten.

PROJEKT

Ein kleiner Kurs-Flohmarkt

Ein blauer Pulli. Er ist sauber und völlig in Ordnung, aber Sie ziehen ihn nicht mehr an. Ein altes Spiel. Sie haben es schon oft gespielt. Jetzt liegt es in der Schublade.
Solche und viele andere Dinge liegen zu Hause herum. Wir brauchen sie nicht, wollen sie aber auch nicht einfach wegwerfen. Dann verkaufen wir die Sachen doch auf einem Flohmarkt! Mit diesem Projekt können wir das ein bisschen üben. Jeder bringt ein bis drei gebrauchte Sachen mit. Und jetzt machen wir aus dem Kursraum einen Flohmarkt.

1 Arbeiten Sie in Gruppen. Jede Gruppe macht einen eigenen Flohmarkttisch.

2 Teilen Sie Ihre Gruppe: Eine Hälfte bleibt als Verkäufer am Tisch. Die andere Hälfte besucht als Käufer die anderen Tische und fragt nach den Preisen.

Die Hose ist ja schön! Wie viel kostet die?
Die kostet 10 Euro.

GEDICHT

Keine Asche in der Tasche?

Du hast so viele Wünsche, deine Einkaufslust ist groß,
aber leider, leider, leider ist ja ohne Moos nichts los.
Du hättest so gern das, du hättest so gern dies,
doch nichts davon bekommst du – ohne Kies.

Wenn das nette kleine Auto so prima zu dir passt,
dann kannst du's gerne haben, ... wenn du Kohle hast.
Du kriegst auch einen wunderschönen Schrank.
Doch dazu brauchst du Mäuse auf der Bank.

Parfüm und eine Kamera und ein Bratentopf:
So viele tolle Sachen hast du schon im Kopf.
Ohne Knete kriegst du nicht mal eine Mütze
und schon gar nicht einen Urlaub in der Südsee.

Dunkelbraune Schuhe, eine Hose und ein Tuch,
ein schicker heller Mantel, ein interessantes Buch.
Du hättest so gern dies, du hättest so gern das,
doch ohne Schotter macht der Einkauf keinen Spaß.

Asche ....
....
Kies ....
....
....
....
....

4 35 1 In der deutschen Umgangssprache gibt es sehr viele Wörter für *Geld*. Hören und lesen Sie das Gedicht und markieren Sie die Wörter.

2 Sehen Sie die Fotos an und ergänzen Sie.

3 Welche Wörter für *Geld* gibt es in Ihrer Sprache? Erzählen Sie.

Kommunikation

1
2
Folge 10: Immer auf den letzten Drücker

1 Sehen Sie die Fotos an.

a Was sehen Sie? Markieren Sie.

• die Post • das Paket • der Briefumschlag • die Briefmarke • das Geschenk • der Bierdeckel • die Postkarte • der Karton • das T-Shirt • die Schere

b Was meinen Sie? Sprechen Sie.

– Was verschickt Tim?
– An wen?
– Warum?

Er schickt das Paket an Lara.

Das glaube ich nicht. ...

4 🔊 36–43

c Hören Sie und vergleichen Sie.

4 ◀)) 36–43 **2 Hören Sie noch einmal. Welches Foto passt? Ordnen Sie zu.**

Tims Film

Foto

a ◯ Wir müssen es als „Maxibrief International" versenden.
b ◯ Warum bin ich so unordentlich?
c ◯ Die Geschenke sind genau an Bens Geburtstag angekommen.
d ◯ Ich muss noch ein Paket zur Post bringen. Mein Bruder hat Geburtstag.
e ◯ Diese Sendung soll in fünf Tagen in Kanada sein.
f (7) Das ist ja ein teurer Brief.
g ◯ Dann müssen Sie das Formular CN 22 ausfüllen.
h ◯ Er sammelt Bierdeckel.

3 „Immer auf den letzten Drücker"

a Was bedeutet das? Kreuzen Sie an.

○ Etwas immer im letzten Moment machen.
○ Immer pünktlich sein.

b Was machen Sie oft „auf den letzten Drücker"? Erzählen Sie.

Ich gehe immer erst einkaufen, wenn die Geschäfte fast schon geschlossen sind.

A Hier **wird** das **reingeschrieben**.

4 44 A1 Hören Sie und ordnen Sie zu.

wird ... reingeschrieben | wird ... gesprochen

Dann müssen Sie das Formular CN 22 ausfüllen.
Sehen Sie: Hier .... *das* .... *. In Kanada* .... *doch Englisch und Französisch* .... *, oder?*

wird werden	reingeschrieben

Das wird reingeschrieben.
= Man schreibt das rein.

A2 Bens Geschenk ist unterwegs nach Kanada. Ordnen Sie zu und ergänzen Sie.

A

B

C

D

- (C) Das Geschenk .... zur Post gebracht.
- ( ) In einem Sortierzentrum werden die Briefe und Pakete gestempelt und sortiert.
- ( ) Mit dem Flugzeug .... die Post nach Kanada transportiert.
- ( ) Dort .... das Geschenk zu Ben gebracht.

A3 Der Weg einer Banane nach Deutschland

a Was meinen Sie? Wie lange ist eine Banane unterwegs vom Baum bis in den deutschen Supermarkt?

b Ergänzen Sie. Lesen Sie dann den Text und vergleichen Sie.

Eine „typische Banane" kommt aus Ecuador, Costa Rica oder Kolumbien. Dort wird sie .... (ernten) 1 , wenn sie noch grün und hart ist. Anschließend .... sie .... (waschen), gewogen (wiegen) 2 und in einen Karton .... (verpacken) 3 . Die Bananenkartons .... auf ein Kühlschiff .... (laden) 4 . Bis jetzt sind die Bananen seit der Ernte maximal 24 Stunden unterwegs. Auf den Schiffen .... die Bananen über das Meer nach Deutschland .... (transportieren). Das dauert ca. zwei Wochen. Nach der Ankunft .... sie in eine „Bananenreiferei" .... (bringen). Dort .... sie fünf bis acht Tage .... (lagern) 5 . Dann sind sie „reif", also gelb und weicher. Anschließend .... sie in die Läden .... (bringen) und .... (verkaufen).

1

2

3

4

5

A4 Im Kurs: Sätze bauen. Machen Sie Fantasiesätze mit *wird/werden ... ge...t/en.*
Person A sagt ein Wort. Person B „baut" den Satz weiter.

A *Heute* — B *werden* — C *die Hausaufgaben* — D *gemacht.*

B Was für ein Formular ...?

B1 Fragen auf der Post

Lesen Sie und markieren Sie wie im Beispiel.
Ergänzen Sie dann die Tabelle.

a Was für ein Formular muss ich ausfüllen?
b Was für Briefmarken brauche ich für diese Sendung?
c Was für eine Verpackung soll ich nehmen?
d Was für einen Aufkleber muss ich verwenden?

Was für	●	Aufkleber ...?
	● *ein*	Formular ...?
	●	Verpackung ...?
	●	Briefmarken ...?

4 🔊 45–48 ## B2 Auf der Post

Hören Sie und ordnen Sie zu. Ergänzen Sie dann die Gespräche.

senden	→ ● die Sendung
verpacken	→ ● die Verpackung

1 ◆ Guten Tag. Ich möchte einen wichtigen Brief verschicken. Ich muss sicher sein, dass er ankommt. Was für eine Möglichkeit gibt es denn da?
○ Dann müssen Sie diesen Brief als Einschreiben senden.

2 ■ Ich möchte ein Päckchen abholen.
▼ Haben Sie die Benachrichtigungskarte und Ihren Ausweis dabei?
■ .... Karte?
▼ Die Benachrichtigungskarte. Sie war in Ihrem Briefkasten.

3 ▲ Ich habe hier einen Brief nach Südafrika. Was kostet der denn?
□ Geben Sie mal her – hm, 650 Gramm. Das ist dann ein Maxibrief International, das macht 7 Euro.
▲ Gut, dann brauche ich Briefmarken.
□ .... Briefmarken möchten Sie – Sondermarken oder normale Briefmarken?
▲ Normale Briefmarken, bitte.

4 ✚ Ich habe hier eine Sendung nach Ägypten.
● Da müssen Sie diese Zollinhaltserklärung ausfüllen.
✚ .... Erklärung?
● Eine Zollinhaltserklärung. Sehen Sie: dieses Formular hier. Da müssen Sie reinschreiben: Was ist in dem Paket und was ist es wert?

SCHON FERTIG? Was schicken Sie Ihrer Familie, Ihren Freunden ...? Machen Sie eine Liste.

B3 Rollenspiel: Spielen Sie Gespräche auf der Post.

Kundin/Kunde
Sie haben einen wichtigen Brief. Er muss unbedingt ankommen. Möglichkeiten?

Postbeamtin/Postbeamter
Brief als Einschreiben schicken

Kundin/Kunde
Sie wollen ein Paket abholen.

Postbeamtin/Postbeamter
Benachrichtigungskarte und Ausweis dabei?

C Die 20 verschiedenen Bierdeckel hier ...

C1 Was hat Ben zum Geburtstag bekommen?
Lesen Sie und markieren Sie wie im Beispiel. Ergänzen Sie dann die Tabelle.

Die verschiedenen Bierdeckel habe ich von meinem Bruder bekommen, ich sammle ja Bierdeckel. Der grüne Schal ist von meiner Oma. Sie hat immer Sorge, dass ich friere. Meine Eltern haben mir das tolle Handy hier geschenkt. Das alte Handy ist mir leider runtergefallen und kaputtgegangen. Und mit der großen Uhr vergesse ich nun hoffentlich nie wieder die Zeit. Meine Freundin hat sie mir gekauft, weil ich immer zu spät komme.

	haben ... gekauft	mit ...	
• der _____	• den grünen	• dem grünen	Schal
• das _alte_	• das _____	• dem tollen	Handy
• die große	• die große	• der _____	Uhr
• die verschiedenen	• die _verschiedenen_	• den verschiedenen	Bierdeckel(n)

C2 Interviews: Was sammeln Sie? 4 ◀)) 49–52

a Hören Sie die Interviews und ordnen Sie zu. Achtung: Nicht alle Fotos passen.

○ Eisenbahnen   ○ Blätter   ○ Teddybären   ① Münzen

○ Enten   ○ Urlaubssouvenirs   ○ Dosen   ○ Briefmarken

b Hören Sie noch einmal. Was ist richtig? Kreuzen Sie an.

1
○ Die Frau hat schon 1-Euro-Münzen aus allen Ländern.
○ Die griechische Münze findet sie am schönsten.

2
○ Der Mann kauft die Eisenbahnen nur online.
○ Die grüne Bahn ist aus der Schweiz.

3
○ Der Mann bringt aus jedem Urlaub ein Souvenir mit.
○ Die rote Muschel hat er von seiner Frau bekommen.

4
○ Die Frau kauft und verkauft Dosen.
○ In der blauen Dose ist Zucker.

c Sehen Sie die Fotos in a an. Was sammeln Sie? Erzählen Sie.

Ich sammle auch ausländische Münzen.

Ich sammle Tiere aus Glas: exotische Vögel.

Ich sammle nichts. Sammeln finde ich uninteressant.

interessant ⟷ uninteressant

C3 Wettspiel

Schreiben Sie mit Ihrer Partnerin / Ihrem Partner je zehn Wörter auf Kärtchen wie im Beispiel.
Jeder zieht ein blaues und ein grünes Kärtchen. Schreiben Sie Sätze.
Welches Paar findet in fünf Minuten die meisten Sätze?

alt
spannend

• der Pullover
• das Fahrrad
• der Krimi

Ich ziehe den alten Pullover an.
Ich bin mit dem alten Fahrrad ins Kino gefahren.
Ich habe den spannenden Krimi gelesen.

C4 Welche Dose gefällt Ihnen?

Wie finden Sie ...? Sprechen Sie mit Ihrer Partnerin / Ihrem Partner.

• der Streifen • der Punkt • der Elefant
• die Rose • der Stern • der Himmel

Mir gefällt die orange Dose mit den weißen Elefanten.

Die finde ich auch sehr schön. Aber mir gefällt die grüne Dose besser. Wie findest du ...?

D Kontakt und Kommunikation

D1 Wir bleiben in Kontakt.

a Was meinen Sie? Lesen Sie und kreuzen Sie an. Vergleichen Sie dann mit Ihrer Partnerin / Ihrem Partner.

Wir bleiben in Kontakt, ja?

Aber sicher! Das ist heutzutage so einfach wie nie zuvor. Per Handy oder Internet kann man heute ständig Kontakt mit seinen Freunden und Familienangehörigen halten. Was denken Sie? Werden überhaupt noch Briefe verschickt? Wie viele Menschen sind täglich in sozialen Netzwerken unterwegs? Testen Sie Ihr Wissen mit unserem kleinen Quiz.

1	Wie viele Briefe werden täglich in Deutschland verschickt?	A ○	ca. 70 Millionen	B ○	ca. 8 Millionen
2	Seit wann gibt es das Telefon? Und das Handy?	A ○	1877 und 1983	B ○	1567 und 1956
3	In welchem Alter erhalten Kinder im Durchschnitt ihr erstes Handy?	A ○	mit 8 Jahren	B ○	mit 12 Jahren
4	Wie viele Nachrichten werden per Mobiltelefon pro Tag im Durchschnitt verschickt?	A ○	30	B ○	10
5	Seit wann gibt es das World Wide Web (www)?	A ○	seit 1984	B ○	seit 1993
6	Wie viele E-Mails werden weltweit jährlich verschickt?	A ○	ca. 20 Milliarden	B ○	ca. 200 Milliarden
7	Wie viele E-Mails erhält man im Durchschnitt pro Tag am Arbeitsplatz?	A ○	70–80	B ○	30–40
8	Wie viele Kontakte haben Nutzer von sozialen Netzwerken im Durchschnitt?	A ○	133	B ○	299
9	Wie viele Nutzer von sozialen Netzwerken sind täglich dort aktiv?	A ○	69 %	B ○	82 %

b Lesen Sie die Auflösung auf Seite 127. Sprechen Sie im Kurs: Was hat Sie überrascht?

Ich habe gedacht/geglaubt, dass … | … überrascht mich (nicht).
… finde ich komisch/interessant. | Das ist erstaunlich.

D2 Kursstatistik: Wie und wie oft kommunizieren Sie täglich per Telefon / Internet / … mit anderen?

Sprechen Sie und machen Sie ein Kursplakat / eine Kursstatistik.

- ◆ Iga, wie viele Nachrichten verschickst du mit deinem Handy pro Tag?
- ○ Zwischen zehn und zwanzig. Und du, Sami?
- ▲ Mehr als 30 bestimmt. Und bist du in einem sozialen Netzwerk?

Nachrichten	Iga 10–20, Sami 30+, …
Besuche in sozialen Netzwerken	ja
E-Mails	
Telefon/Skype	
…	

E Sprachnachrichten auf der Mailbox

4 53–55 E1 Es tut mir leid, aber ...

a Warum rufen die Personen an? Hören Sie und ordnen Sie zu.

◯ Krankmeldung
◯ Absage
◯ Verspätung

b Welche SMS passt zu welcher Sprachnachricht? Lesen Sie, hören Sie noch einmal und ordnen Sie zu.

A Danke für die Information. Wir haben doch morgen die Besprechung mit der Firma Zonge. Dann verschiebe ich den Termin, oder? Gute Besserung! Gruß, Armin Metzger

B Oje, Du Arme. Schade, dass Du heute Abend nicht kommen kannst. Ich wünsche Dir viel Erfolg bei der Präsentation und Emmi alles Gute. LG

C Vielen Dank für Ihre Nachricht. Es tut mir sehr leid, aber um 16 Uhr hat Frau Bauer schon einen Termin. Sie werden von Herrn Werler am Bahnhof abgeholt. Beste Grüße, Anna Schuster

SMS	A	B	C
Sprachnachricht			

E2 Entschuldigung!

Arbeiten Sie zu zweit. Wählen Sie eine Situation und entschuldigen Sie sich bei Ihrer Partnerin / Ihrem Partner. Sprechen Sie eine Nachricht auf die Mailbox.

Sie können heute nicht zur Arbeit kommen. Sie sind krank. Sie möchten einen Termin verschieben.

Sie kommen später zur Arbeit, weil die S-Bahn Verspätung hat.

Sie konnten mit Ihren Freunden nicht in die Kneipe gehen, weil Ihr Sohn krank war.

Hallo / Guten Tag, hier ist ...
Es tut mir sehr/schrecklich leid, dass ... / Entschuldigung! / Entschuldige! / Entschuldigen Sie!
Ich konnte/kann nicht ..., weil ... | Ich wollte ..., aber ...
Ich hoffe, du bist nicht sauer. | Ich hoffe, das ist in Ordnung.

Ich melde mich wieder. | Ich rufe später noch einmal an.
Könnten Sie mich bitte zurückrufen?
Könnten wir den Termin verschieben?
Auf Wiederhören. / Tschüs.

4 56–58 E3 Hören Sie drei Ansagen und ergänzen Sie die Notizen.

A
Elternbeirat:
Treffen am ....
um 20 Uhr
im Gasthof Schuster

B
Konsulat
Visum beantragen: ....
allgemeine Fragen: ....

C
Dr. Camerer
Termine verschoben!
Untersuchung: 3.5. um ....
Grippeimpfung: 1.5. um 8 Uhr
Praxis anrufen!

Grammatik und Kommunikation

Grammatik

1 Passiv: Präsens ÜG 5.13

	werden	Partizip
er/es/sie	wird	reingeschrieben
sie	werden	

Das wird reingeschrieben. = Man schreibt das rein.

2 Frageartikel: *Was für ein...?* ÜG 10.03

	Nominativ	Akkusativ	
Was für	• ein	• einen	Aufkleber ...?
	• ein	• ein	Formular ...?
	• eine	• eine	Verpackung ...?
	• –	• –	Briefmarken ...?

3 Adjektivdeklination: definiter Artikel ÜG 4.02

Nominativ	Akkusativ	Dativ
• der grüne Schal	• den grünen Schal	• dem grünen Schal
• das alte Handy	• das tolle Handy	• dem tollen Handy
• die große Uhr	• die große Uhr	• der großen Uhr
• die verschiedenen Bierdeckel	• die verschiedenen Bierdeckel	• den verschiedenen Bierdeckeln

4 Wortbildung ÜG 11.01, 11.02

Verb	→ Nomen
senden	→ • die Sendung
verpacken	→ • die Verpackung

Adjektiv (positiv +)	→ Adjektiv (negativ –)
interessant	↔ uninteressant

Was sagt der Mann? Schreiben Sie.

Fernseher liefern
Rechnung schicken
Kamera reparieren
...

Wann wird endlich der Fernseher ...

Kommunikation

GESPRÄCHE AUF DER POST: Ich möchte ein Päckchen abholen.

Ich möchte einen wichtigen Brief verschicken. Was für eine Möglichkeit gibt es denn da?	*Dann müssen Sie diesen Brief als Einschreiben senden.*
Ich möchte ein Päckchen abholen.	*Haben Sie die Benachrichtigungskarte und Ihren Ausweis dabei?*
Ich brauche Briefmarken.	*Was für Briefmarken möchten Sie?*
Ich habe hier eine Sendung nach Ägypten.	*Da müssen Sie diese Zollinhaltserklärung ausfüllen.*

Schreiben Sie ein Gespräch.

○ Guten Tag. Ich brauche ...
○ ...

ERSTAUNEN AUSDRÜCKEN: Das überrascht mich.

Ich habe gedacht/geglaubt, dass ...
... überrascht mich (nicht).
... finde ich komisch/interessant.
Das ist erstaunlich.
Schade.

SICH AM TELEFON ENTSCHULDIGEN: Es tut mir sehr leid, dass ...

Es tut mir sehr/schrecklich leid, dass ...
Entschuldigung! | Entschuldige! | Entschuldigen Sie!
Ich konnte/kann nicht ..., weil ... | Ich wollte ..., aber ...
Ich hoffe, du bist nicht sauer. | Ich hoffe, das ist in Ordnung.
Ich melde mich wieder. | Ich rufe später noch einmal an.
Könnten Sie mich bitte zurückrufen?
Könnten wir den Termin verschieben?

DANK UND GUTE WÜNSCHE: Vielen Dank für Deine Nachricht.

Hallo ..., vielen Dank für Ihre/Deine Nachricht. ...
Alles Gute. / Gute Besserung.

Schreiben Sie vier Entschuldigungen.

Tut mir leid, Schatz. Ich habe die U-Bahn verpasst.

Sie möchten noch mehr üben?

4 | 59–61 AUDIO-TRAINING

VIDEO-TRAINING

Lernziele

Ich kann jetzt ...

A ... unpersönliche Sachverhalte verstehen:
Hier wird das reingeschrieben. ☺ 😐 ☹

B ... auf der Post um Informationen bitten:
Was für eine Möglichkeit gibt es denn da? ☺ 😐 ☹

C ... Gegenstände beschreiben:
Der grüne Schal ist von meiner Oma. ☺ 😐 ☹

D ... über Kommunikationsverhalten sprechen:
Bist du in einem sozialen Netzwerk? ☺ 😐 ☹

E ... Mailbox-Nachrichten verstehen und sprechen:
Könnten Sie mich bitte zurückrufen? ☺ 😐 ☹

Ich kenne jetzt ...

... 10 Wörter zum Thema *Post*:
das Paket, ...

... 5 Wörter zum Thema *Kommunikation*:
das Handy, ...

Auflösung zu S. 124/D1: 1 A / 2 A / 3 A / 4 A / 5 A / 6 B / 7 B / 8 B / 9 A

LIED

Weg mit dem „un-“!

1. Ich fühle mich so unverstanden,
unglücklich und unzufrieden …
Oh, das tut mir leid!
… und dabei so unselbstständig,
unsicher und unentschieden …
Na, da wird es Zeit …

Sie fragen sich nun: Was kann man da tun?
Sehen Sie: So wird das gemacht!
Weg mit dem „un“, einfach weg mit dem „un“!
Das geht viel leichter als gedacht.

2. Das Zimmer hier ist unbequem
und unfreundlich und ungemütlich …
Oh, das tut mir leid!
… unsauber, unaufgeräumt,
wirklich sehr unappetitlich! …
Da wird es aber Zeit …

Weg mit dem „un“, weg mit dem „un“!
Es geht viel leichter als gedacht.
Weg mit dem „un“, einfach weg mit dem „un“!
Sehen Sie: So wird das gemacht!

3. Mein Schwiegersohn ist unvorsichtig,
unhöflich und unerzogen …
Oh, das tut mir leid!
… unordentlich und unpünktlich,
aus jeder Arbeit rausgeflogen! …
Na, da wird es Zeit …

Weg mit dem „un“, weg mit dem „un“!
Es geht viel leichter als gedacht.
Weg mit dem „un“, einfach weg mit dem „un“!
Sehen Sie: So wird das gemacht!

4. Dieses Lied ist unnötig
und unpassend und unmodern …
Oh, das tut mir leid!
… und überhaupt uninteressant!
Ich sing es wirklich ungern! …
Nun wird es aber Zeit …

1 Lesen Sie den Liedtext und markieren Sie alle Wörter mit „un-“.
Kennen Sie noch mehr Beispiele? Sammeln Sie im Kurs.

4 ◀)) 62 2 Hören Sie das Lied und singen Sie mit.

COMIC

Der kleine Mann: Die Notlüge

Düdel... düdel
Ja, hallo? Hier ist Roth! ... Aah, Frau Betz!? ... Es tut mir so leid, dass ich nicht bei Ihnen sein kann.
Ja, ich wollte kommen, aber das war nicht möglich.
Ich konnte nicht kommen, weil ich im Krankenhaus bin.
Tut mir leid, Frau Betz, ... jetzt kommt der Doktor!
Sie sind ganz GESUND, Frau Roth! ... Sie können GEHEN!

1 Lesen Sie den Comic. Wie finden Sie das Verhalten von der Frau? Wie finden Sie die Reaktion vom kleinen Mann? Warum?

Ich finde das lustig. Die Frau lügt und der kleine Mann ...

2 Sagen Sie immer die Wahrheit? Erzählen Sie.

Manchmal sage ich nicht die Wahrheit. Wenn mir die neue Frisur von einer Freundin nicht gefällt, dann ...

HÖREN

Macht uns das Handy blöd?

4 🔊) 63

1 Wer sagt was? Hören Sie und kreuzen Sie an.

	1	2	3	4
a Ich halte mit dem Handy Kontakt mit meiner Familie.	○	○	○	○
b Handys sammeln viele Informationen über uns.	○	○	○	○
c Fast jeder ist mit dem Handy beschäftigt und interessiert sich nicht für die anderen.	○	○	○	○
d Jeder entscheidet selbst, was er mit seinem Handy macht.	○	○	○	○

2 Was denken Sie über Handys? Erzählen Sie.

Ich brauche mein Handy. So halte ich auch Kontakt mit meiner Familie in Eritrea.

Folge 11: Fragen kostet nichts.

1 Waren Sie schon einmal in einem Zoo?
Gehen Sie gern in den Zoo? Erzählen Sie.

Ich gehe gern in den Zoo. Tiger  *und Zebras*  *sind meine Lieblingstiere.*

2 Sehen Sie die Fotos an.

a Was meinen Sie? Sprechen Sie.

- Welche Fragen haben die Frau und der Junge an Tim?
- Kann Tim ihnen Auskunft geben?
- Wie zufrieden sind die Frau und der Junge mit Tims Antworten?

Die Frau fragt vielleicht: Was kann ich in der Stadt anschauen?

5 🔊 1–8 **b** Hören Sie und vergleichen Sie.

3

4

7

8

Tims Film

5 🔊) 1–8 **3 Was ist richtig? Hören Sie noch einmal und kreuzen Sie an.**

a Frau Heigert möchte spazieren gehen und etwas essen.
Tim schlägt vor, dass sie ○ durch den Stadtpark ○ um den See gehen soll.
Er empfiehlt ihr das ○ Café Wurm. ○ Restaurant am Park.
Frau Heigert findet Tims Vorschlag ○ sehr gut. ○ schlecht.

b Tommy möchte in den Zoo gehen. Tim erklärt ihm, dass man dorthin
○ mit der S-Bahn fahren muss. ○ zu Fuß gehen kann.
Tommy findet, dass Tim ○ langweilig ○ lustig ist.

c Tommy hat ○ den Weg nicht gefunden. Aber er hat ein Zebra gemalt.
○ der Ausflug gut gefallen. Zum Dank bringt er Tim ein Bild mit.

d Frau Heigert hatte ○ keinen ○ einen schönen Spaziergang.
Sie war mit dem Essen ○ unzufrieden. ○ zufrieden.

4 „Fragen kostet nichts."
Bitten Sie gern um Hilfe? Oder finden Sie lieber alles selbst heraus? Erzählen Sie.

Ich frage nicht mehr so viel wie früher. Heute findet man doch alle Informationen mit dem Handy.

A Ihr kommt **aus dem Hotel**.

A1 Woher kommt Tommy? Ordnen Sie zu.

A

B

C

- ◯ Vom Fußballplatz.
- ◯ Aus dem Hotel.
- ◯ Vom Friseur.

• aus dem Hotel	• vom Fußballplatz	• vom Friseur

5 🔊 9 **A2** ***Von* oder *aus*? Hören Sie und ergänzen Sie.**

a Jemand fährt *von der Tankstelle* weg.
b Leute steigen ______.
c Ein Mann kommt ______.
d Eine Frau kommt ______.
e Jemand kommt ______.
f Jemand nimmt die Post ______.

A3 *Woher, wo, wohin?*

Sehen Sie das Bild an und schreiben Sie Sätze mit Ihrer Partnerin / Ihrem Partner. Wie viele Sätze finden Sie in fünf Minuten? Vergleichen Sie dann mit einem anderen Paar.

Ein Hund springt ins Auto.

Ein Mann tankt an der Tankstelle.

...

WIEDERHOLUNG

	Woher?	Wo?	Wohin?
•	aus dem Auto	im Auto	ins Auto
•	von der Tankstelle	an der Tankstelle	zur / an die Tankstelle
•	vom Friseur	beim Friseur	zum Friseur

A4 Meine Wege – Wo waren Sie gestern überall?

Sprechen Sie mit Ihrer Partnerin / Ihrem Partner.

Gestern bin ich um halb sieben aus dem Haus gegangen. Ich bin zur Bushaltestelle gelaufen und in den Bus gestiegen. Am Barbarossaplatz bin ich aus dem Bus gestiegen ...

B Gehen Sie dann **durch den Stadtpark**.

5 🔊 10–11 B1 Wie sollen Frau Heigert und Tommy gehen/fahren?

Hören Sie und ordnen Sie zu.

an ... vorbei | um ... herum | bis zum | bis zum | ~~durch~~ | entlang | gegenüber | über

a Gehen Sie .... die Straße, dann sind Sie direkt am Stadtpark. Gehen Sie dann *durch* den Stadtpark. Da kommen Sie .... dem kleinen See .... Am anderen Ende sehen Sie gleich links das Restaurant.

b Geht rechts die Straße .... Opernplatz. Ihr geht .... die Oper .... und nach ein paar Metern seid ihr schon an der S-Bahn-Station. Dann nehmt ihr die S8 und fahrt .... Westend. Der Eingang zum Zoo ist genau .... der S-Bahn-Station.

• durch den Park	• an dem See vorbei
• über die Straße	• bis zum Westend
• die Straße entlang	• gegenüber der S-Bahn-Station / der S-Bahn-Station gegenüber
• um die Oper (herum)	

5 🔊 12 B2 Wie komme ich zu Dir?

Lesen Sie Milans Nachricht.
Sehen Sie dann die Bilder an und ergänzen Sie:
Wie soll Milan fahren? Schreiben Sie eine Antwort.
Hören Sie dann und vergleichen Sie.

> Hallo Alex! Mein Navi hat mich in die falsche Richtung geschickt. 😬 Jetzt habe ich mich total verfahren. Wie komme ich zu Dir? Ich stehe vor der Karlsbrücke. Milan

A

.... • die Brücke → nach rechts fahren

B

• dann den Fluss *entlang*

immer geradeaus ....

C

.... • Kreuzung → dort nach links abbiegen

D

.... • das Zentrum

E

.... • Mozartplatz
.... → ....
.... • Kreisverkehr

F

.... • den Kreisverkehr .... und die dritte Ausfahrt nehmen

Hallo Milan, Du fährst über die Brücke und nach rechts. Dann ...

B3 Wege in der Sprachenschule

Wo sind in Ihrer Sprachenschule die Anmeldung, ein Kopierer, die Cafeteria, ...?
Arbeiten Sie in Gruppen. Machen Sie Notizen und erklären Sie. Die anderen raten.

> *Ich gehe aus dem Kursraum, dann nach rechts. ... Was ist dort?*

aus dem Kursraum → nach rechts ...

C Deshalb möchte ich ja in den Zoo.

C1 Was ist richtig? Wissen Sie es noch? Verbinden Sie.

a Tommy mag Tiger.
b Tim findet Zebras super.
c Tiere darf man aus dem Zoo nicht mitnehmen.

Deshalb soll Tommy ihm eins mitbringen.
Tommy hat deshalb ein Bild von einem Zebra gemalt.
Deshalb möchte er in den Zoo gehen.

Tommy mag Tiger. Deshalb möchte er in den Zoo gehen.
Er möchte deshalb in den Zoo gehen.

C2 Ich stehe im Stau.

a Wer hat welches Foto an Anita geschickt? Lesen Sie die Nachrichten und notieren Sie die Namen.

A

Lea

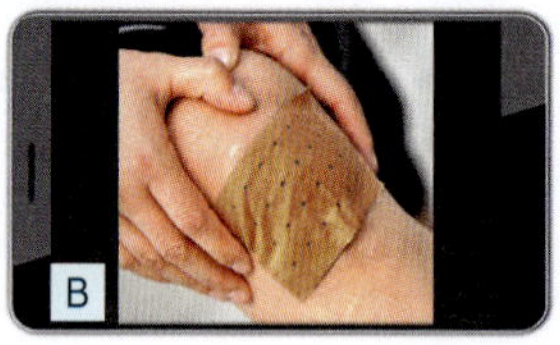
B

C

D

Stefan: Ich stehe im Stau. Deshalb schaffe ich es nicht zur Teambesprechung. Sagst Du dem Chef Bescheid? 8.29 Uhr

Anita: Ja, mache ich. Gute Fahrt! ☺ 8.31 Uhr

Fanni: Mama, ich bin auf dem Bürgersteig gestürzt, weil so ein blöder Radfahrer nicht aufgepasst hat. Mein Knie blutet. ☹ 13.18 Uhr

Anita: Oje, mein armer Schatz! Kleb gleich ein Pflaster darauf. 13.23 Uhr

Lea: Ich habe mir ein neues Fahrrad gekauft. Mein altes war wirklich nicht mehr benutzbar. Wie gefällt Dir mein neues Rad? 17.10 Uhr

Anita: Ein super Rad! Ich gratuliere. – Gehen wir am Samstag mit den Kindern in den Zoo? 17.18 Uhr

Marek: Hallo Liebling, ich komme heute später. Das Auto ist plötzlich stehen geblieben. Zuerst habe ich gedacht: kein Benzin mehr. Aber der Mann vom Pannendienst sagt, dass die Autobatterie leer ist. 18.44 Uhr

Anita: Alles klar. Bis später. 18.45 Uhr

Ich bin gestürzt, weil ein Radfahrer nicht aufgepasst hat.
Ein Radfahrer hat nicht aufgepasst. Deshalb bin ich gestürzt.

Mein Rad ist nicht mehr benutzbar. =
Man kann das Rad nicht mehr benutzen.

b Lesen Sie noch einmal und verbinden Sie. Ergänzen Sie *weil* oder *deshalb*.

1 Stefan kommt nicht rechtzeitig,
2 Ein Fahrradfahrer hat nicht aufgepasst,
3 Fanni hat sich verletzt,
4 Leas Fahrrad war nicht mehr in Ordnung,
5 Marek kommt später,

.... soll sie ein Pflaster auf das Knie kleben.
.... die Autobatterie leer ist.
.... ist Fanni hingefallen.
weil er im Stau steht.
.... hat sie sich ein neues gekauft.

C3 Im Straßenverkehr

Was ist hier los? Sehen Sie die Fotos an. Schreiben Sie mit Ihrer Partnerin / Ihrem Partner Sätze mit *deshalb*. Vergleichen Sie dann mit einem anderen Paar.

A

B

C

D

A • die Autobahn • die Baustelle — • die Autofahrer — auf der linken Spur fahren müssen / nicht überholen können

B • das Wetter — schlecht — • die Busse — Verspätung haben

C • Tiere auf der Fahrbahn — es • Stau geben

D • der Falschfahrer — • die Autofahrer — vorsichtig sein müssen

Auf der Autobahn ist eine Baustelle. Deshalb müssen die Autofahrer auf der linken Spur fahren und können nicht überholen.

5 🔊 13–17 **C4 Verkehrsnachrichten**

Was ist richtig? Hören Sie und kreuzen Sie an.

a ○ Auf der Autobahn A81 gibt es Stau, weil ein Unfall passiert ist.
b ○ Auf der Straße sind Tiere. Deshalb soll man vorsichtig fahren.
c ○ Wegen Bauarbeiten gibt es Stau auf der A3.
d ○ Man soll den Falschfahrer überholen.
e ○ In Frankfurt haben alle Busse Verspätung, weil es schneit.

Warum?
Wegen ...

C5 Welche Information ist falsch?

a Wählen Sie drei Themen und schreiben Sie Sätze mit *weil* oder *deshalb*. Eine Information ist falsch.

Tiere — eine Panne / ein Unfall
Auto — Fahrrad — Verkehr(sprobleme)

– Ich liebe Tiere. Deshalb habe ich drei Katzen.
– Ich habe kein Fahrrad, weil ich nicht Fahrrad fahren kann ...

SCHON FERTIG? Schreiben Sie Sätze mit *weil* und *deshalb* zu anderen Themen.

b Lesen Sie Ihre Sätze vor.
Die anderen raten: Welche Information ist falsch?

Du hast bestimmt nicht drei Katzen.

Stimmt. Ich habe nur eine Katze.

D Bei jedem Wetter unterwegs

D1 Ordnen Sie zu.

◯ • das Eis ◯ • der Schnee ◯ • der Nebel ◯ • der Sonnenschein (F) • der Sturm ◯ • das Gewitter

A

B

C

D

E

F

D2 Wie ist das Wetter?

a Lesen Sie die Texte und ordnen Sie zu.

gewittrig ~~stürmisch~~ regnerisch eisig sonnig windig wolkig neblig

1 stürmisch und ______________

Chemnitz – Sturm und Eis haben gestern für Chaos auf Deutschlands Straßen gesorgt. Besonders schlimm war die Situation in Sachsen. In der Nacht war die Autobahn A72 zwischen Wildenfels und Hartenstein komplett gesperrt. Die Autofahrer mussten stundenlang in ihren Wagen warten.

2 ______________, ______________, ______________ und ______________

Wetterbericht für die Region Allgäu: Nach der Hitze in den letzten Tagen kommen von Westen immer mehr Wolken. Schon heute Abend gibt es zum Teil kräftigen Wind. In der Nacht dann Gewitter mit Starkregen. Das deutsche Wetteramt rät: Vermeiden Sie Autofahrten. Es besteht Gefahr wegen umstürzender Bäume.

3 ______________

Unsere Stadt bekommt eine neue Straßenbahn. Am Wochenende sind die Bürger zu einem Fest unter freiem Himmel eingeladen und können die Straßenbahn das ganze Wochenende kostenlos benutzen. Auch die Wetteraussichten für das Event sind gut: Die Meteorologen versprechen Sonnenschein und sommerliche Temperaturen.

4 ______________

····· **Dichter Nebel verhindert Starts und Landungen am Flughafen Köln-Bonn!** ···········
Bitte beachten Sie: Zurzeit können keine Maschinen starten oder landen. Deshalb kommt es voraussichtlich bis 12 Uhr zu Verspätungen bei Abflügen und Landungen. Wir bitten um Verständnis.

der Sturm	→ stürm**isch**	das Eis	→ eis**ig**
der Regen	→ regner**isch**	der Nebel	→ nebl**ig**

SCHON FERTIG? Kennen Sie noch mehr Wörter mit *-isch* oder *-ig*?

b Was ist richtig? Lesen Sie noch einmal und kreuzen Sie an.

1 ◯ Das Wetter war in Sachsen nicht so schlecht wie in anderen Teilen Deutschlands.
2 ◯ Man soll nicht mit dem Auto fahren, weil es zu gefährlich ist.
3 ◯ Die Bürger müssen am Samstag und Sonntag nichts für Straßenbahnfahrten bezahlen.
4 ◯ Ab dem Nachmittag können die Flugzeuge wahrscheinlich wieder pünktlich fliegen.

E Verkehr

E1 Was fällt Ihnen am Straßenverkehr in Deutschland auf?

a Wer sagt was? Lesen Sie den Text und verbinden Sie.

Hoang Tuan, Vietnam

In meiner Heimat ist das Moped ein sehr wichtiges Verkehrsmittel. Man kann ganze Familien damit transportieren – oder Möbel! Alle wechseln ständig die Spur, immer hupt jemand. In Deutschland gibt es viel weniger Verkehr. Und: Die meisten halten sich an Regeln. Bei uns bremst kein Autofahrer für einen Fußgänger. Ich lebe jetzt in Kassel und gehe viel zu Fuß. Das macht mir Spaß und ich fühle mich sicher dabei.

Mir ist aufgefallen, dass in Deutschland viele einen Strafzettel für zu schnelles Fahren riskieren. Vielleicht, weil die Strafen so niedrig sind. In Finnland ist das anders. Die Strafen sind viel höher. Das Autofahren in Deutschland finde ich sehr anstrengend. Am schlimmsten ist die Autobahn. Wenn ein Wagen mich mit 200 km/h überholt, habe ich Angst. Das finde ich furchtbar, deshalb fahre ich lieber mit den öffentlichen Verkehrsmitteln.

Anu, Finnland

	„Ich finde, dass Autofahrer in Deutschland oft zu schnell fahren."
Hoang Tuan	„Ich gehe in Deutschland gern zu Fuß."
Anu	„In meiner Heimat gibt es viel mehr Verkehr als in Deutschland."
	„Ich benutze am liebsten Busse und Bahnen."

b Was ist Ihnen am Verkehr in Deutschland aufgefallen? Welches Verkehrsmittel benutzen Sie gern/oft? Gehen Sie gern zu Fuß? Sprechen Sie mit Ihrer Partnerin / Ihrem Partner.

Ich fahre gern mit der U-Bahn. Alle fünf Minuten kommt eine Bahn. Das ist super. Am besten gefällt mir, dass es in der U-Bahn so ruhig ist. Die Leute reden nicht so viel.

Mir ist aufgefallen, dass … Das finde ich interessant./furchtbar.
Am besten gefällt/gefallen mir (in Deutschland) …
Am schlimmsten finde ich …
Ich fahre/gehe/mag/… lieber …

E2 Der Verkehr in meinem Heimatland

a Machen Sie Notizen zu den Fragen.

1 Welche Verkehrsmittel werden oft benutzt? Welche selten?
2 Gibt es mehr oder weniger Verkehr als in Deutschland? Gibt es Unterschiede zwischen Stadt und Land?
3 Wie gut halten sich die Verkehrsteilnehmer an Regeln? Wie hoch sind die Strafen, z. B. für falsches Parken?
4 Wie schnell darf man hier fahren: in der Stadt, auf dem Land, auf der Autobahn?

Der Verkehr in meinem Heimatland

① vor allem Busse immer sehr voll, …
② Linksverkehr; in den Städten: viel Verkehr, auf dem Land …
③ Verkehrsregeln: ja, aber sie werden oft nicht beachtet; Busfahrer fahren sehr schnell …
④ Tempolimits: 30 km/h in Städten, …

b Suchen Sie ein passendes Foto und machen Sie ein Plakat. Erzählen Sie im Kurs.

Hier seht ihr ein Foto. / Ich zeige euch ein Foto (von …).
Bei uns / In meiner Heimat ist das anders (als hier). / nicht so (wie hier). / genauso (wie hier).
Es gibt (viel) mehr/weniger …

Hallo. Ich erzähle euch heute etwas über den Verkehr in meiner Heimat Tansania …

Grammatik

1 Lokale Präpositionen auf die Frage *Woher?* + Dativ ÜG 6.03

aus + Dativ		von + Dativ	
• aus dem	Bus	• vom	Arzt/Fußballplatz
• aus dem	Hotel	• vom	Meer
• aus der	S-Bahn	• von der	Tankstelle

Woher kommt Luise?
Schreiben Sie.

Patrick

Luise kommt …
… von Patrick.

2 Lokale Präpositionen ÜG 6.03

mit Akkusativ	mit Dativ
• durch den Park	• an dem See vorbei
• über die Straße	• bis zum Westend
• die Straße entlang	• gegenüber der S-Bahn-Station / der S-Bahn-Station gegenüber
• um die Oper (herum)	

Zeichnen Sie kleine Bilder zu den Wörtern *durch, über* …

3 Konjunktion: *deshalb* ÜG 10.05

Grund	Resultat/Konsequenz		
		Position 2	
Tommy mag Tiger.	Deshalb	möchte	er in den Zoo gehen.
	Er	möchte	deshalb in den Zoo gehen.

Was machen Sie?
Schreiben Sie Sätze mit *deshalb*.

1 Heute regnet es.

Deshalb …

2 Morgen ist Feiertag.

3 Am Wochenende hat eine Freundin / ein Freund Geburtstag.

4 Wortbildung ÜG 11.02

Verb	→ Adjektiv
benutzen	→ benutzbar

Nomen	→ Adjektiv
der Sturm	→ stürmisch
das Eis	→ eisig

trink~~en~~ **bar**

Wie ist das Wetter heute in Ihrem Heimatland? Ergänzen Sie.

Es ist ....

Kommunikation

EINEN WEG BESCHREIBEN: Nach der Kreuzung müssen Sie links abbiegen.

Gehen Sie über die Straße / durch den Stadtpark.
Sie kommen an ... vorbei.
Am anderen Ende sehen Sie ...
Geht die Straße entlang (bis zum/zur ...)
Nach ein paar Metern seid ihr schon ...
Ihr nehmt die S8 / ... und fahrt bis zum/zur ...
Der Eingang / ... ist (genau) gegenüber. ...
Du fährst über die Brücke und dann ...
Sie fahren um den Kreisverkehr herum und nehmen die dritte Ausfahrt.
Sie fahren immer geradeaus bis zur / zu einer Kreuzung.
Nach der Kreuzung müssen Sie / musst du links/rechts abbiegen.

ETWAS BEWERTEN: Mir ist aufgefallen, dass ...

Mir ist aufgefallen, dass ... Das finde ich interessant./furchtbar.
Am besten gefällt/gefallen mir (in Deutschland) ...
Am schlimmsten finde ich ...
Ich fahre/gehe/mag/... lieber ...
Hier seht ihr ein Foto. | Ich zeige euch ein Foto (von ...).
Bei uns / In meiner Heimat ist das anders (als hier). / nicht so (wie hier). / genauso (wie hier).
Es gibt (viel) mehr/weniger ...

Sehen Sie das Bild an und beschreiben Sie den Weg.

Du gehst ...

Sie möchten noch mehr üben?

5 | 18–20 AUDIO-TRAINING

VIDEO-TRAINING

Lernziele

Ich kann jetzt ...

A ... Ortsangaben machen:
Am Barbarossaplatz bin ich aus dem Bus gestiegen. ________ ☺ 😐 ☹

B ... Wege beschreiben:
Geht rechts die Straße entlang bis zum Opernplatz. ________ ☺ 😐 ☹

C ... eine Konsequenz nennen:
Ich stehe im Stau. Deshalb schaffe ich es nicht. ________ ☺ 😐 ☹
... Verkehrsnachrichten verstehen: *Auf der A81 gibt es Stau.* ________ ☺ 😐 ☹

D ... Informationen zum Wetter verstehen: *Sturm und Eis haben gestern für Chaos auf Deutschlands Straßen gesorgt.* ________ ☺ 😐 ☹

E ... über den Verkehr in meinem Heimatland sprechen:
Der Verkehr in meinem Heimatland ist nicht so wie hier. ________ ☺ 😐 ☹

Ich kenne jetzt ...

... 5 Wörter zum Thema *Wetter*:
stürmisch, ...

... 5 Wörter zum Thema *Straßenverkehr*:
der Stau, ...

FILM

Sonst noch was?

1

2

3

4

5

6

1 Was meinen Sie? Welche Sätze passen zu welchem Foto? Ordnen Sie zu. Sehen Sie dann den Film und vergleichen Sie.

a ◯ „Mal gehe ich am Fluss entlang."
b (1) „Immer nur Paul! Mir reicht's jetzt! Ich muss raus!"
c ◯ „Mal gehe ich über die Brücke."
d ◯ „Ich gehe die Straßen entlang."
e ◯ „Mal gehe ich durch den Park."
f ◯ „Er kann auch sehr lieb sein, mein Paul."

2 Sind Sie auch manchmal wütend? Erzählen Sie.

Ich bin auch manchmal wütend. Zum Beispiel, wenn jemand immer zu spät kommt oder ...

RÄTSEL

5 🔊 21

Ich fahre mit ...

Hören Sie und ergänzen Sie das Rätsel und die Lösung.

	1	2	3	4	5	6	7	8	9	10	11	12	13	14	15	
... mit	d	e	r		S	t	r	a	ß	e	n	b	a	h	n	A
... mit																B
... mit																C
... mit																D
... mit						–										E
... mit																F
... mit																G

Lösung:

														ß
G8	G6	D7		C7	D2	G7	D2		C5	F6		D5	B6	A9

LESEN

SIE SIND DAS PROBLEM NR. 1: DIE ANDEREN!

Straßenverkehr könnte so schön sein. Aber meistens sind wir nicht allein unterwegs. Leider sind da auch noch diese vielen schrecklichen anderen Verkehrsteilnehmer. Sie wollen uns immer nur ärgern. Sagen Sie doch mal: Wer nervt Sie am meisten?

Ganz klar: die Radfahrer. Für die gibt es ja überhaupt keine Regeln. Eine Einbahnstraße? So was kennen die gar nicht. Die fahren einfach, wie sie wollen. Und die Fußgänger sind auch nicht besser. Die sind ja schon wütend, wenn man nur mal fünf Minuten auf dem Bürgersteig parkt. Wo soll ich denn sonst parken? Es gibt doch fast keine Parkplätze mehr.

Mich nerven vor allem die Fußgänger. Die passen nicht auf. Immer laufen sie einem vors Rad. Deshalb muss ich auch dauernd bremsen. Ja, und dann die vielen Autofahrer! Die parken ein und dann machen sie ganz schnell die Autotür auf. Sehen sie dabei nach hinten? Nein, natürlich nicht. Für Radfahrer ist so was supergefährlich. Aber das ist denen ja egal!

Na, da sind erst mal diese rücksichtslosen Autofahrer. Die machen mich richtig krank. Die parken einfach auf unseren Bürgersteigen. Aber die Radler nerven schon auch. Die fahren einfach durch die Fußgängerzone. Und das auch noch richtig schnell. Stellen Sie sich das mal vor! Da sind doch auch alte Leute und Kinder. Also, ich kann das nicht verstehen.

1 Lesen Sie nur die Überschrift und sehen Sie die Fotos an. Was meinen Sie? Worum geht es im Text?

2 Lesen Sie nun den ganzen Text. Markieren Sie: Wer nervt warum? Ergänzen Sie dann die Tabelle.

Wer nervt?	Radfahrer	Fußgänger	Autofahrer
Warum?	kennen keine Regeln fahren, wie sie wollen …		

Reisen

Folge 12: Die Qual der Wahl!

1 Was meinen Sie? Sehen Sie die Fotos an.
Was machen Lara und Tim? Sprechen Sie.

Die Fotos sehen ja lustig aus. Vielleicht …

2 Was meinen Sie? Welches Foto passt?

a Sehen Sie die Fotos 3 bis 8 an und ordnen Sie zu.

Foto

A ◯ Die haben auch günstige Zimmer.
B ◯ Möchtest du mit mir in die Berge fahren?
C ③ Das ist an der Ostsee. Wie man sieht, gibt es da gutes Essen und schöne Hotels direkt am Meer.
D ◯ Hättest du vielleicht Lust auf eine Fahrradtour?
E ◯ Meine Urlaubsidee: Keine Wahl, keine Qual! Wir fahren ohne Ziel los.
F ◯ Wir könnten nach Österreich fahren und Wien besichtigen.

5 🔊 22–29 **b** Hören Sie und vergleichen Sie.

Tims Film

5 🔊) 22–29 **3 Was passt? Hören Sie noch einmal und verbinden Sie.**

Vorschläge	*Was spricht dagegen?*
a Urlaub an der Ostsee	Davon ist Lara nicht besonders begeistert.
b Fahrradtour an der Mosel	Es gibt schon zu viele Vorschläge.
c Besichtigung von Wien	Es gibt keine preiswerten Unterkünfte.
d Bergsteigen	Tim möchte lieber eine große Stadt ansehen.
e am nächsten Tag weiter Ideen sammeln	Lara war schon einmal dort.

4 Träumen Sie: Wo würden Sie gern Urlaub machen?
Was würden Sie gern sehen?

Ich möchte unbedingt New York sehen! Das ist schon lange mein Traum.

Und ich würde gern nach Südafrika fahren. Ich möchte so gern mal wilde Tiere beobachten.

A Wollen wir **an die** Mosel fahren?

A1 Wollen wir …?

5 🔊 30 **a** Verbinden Sie. Hören Sie dann und vergleichen Sie.

1 Wollen wir an	die Berge fahren.
2 Wir könnten nach	die Mosel fahren?
3 Wir könnten in	Österreich fahren.

b Markieren Sie in a und ergänzen Sie die Tabellen.

Wohin?	
....	• die Ostsee / • den Atlantik / • den Strand / • den See / • die Küste / • die Mosel /…
ans	• Meer
auf	• einen Berg / • eine Insel
aufs	• Land
....	• den Schwarzwald / • die Wüste / • die Berge /…
	• den Süden / Norden / Osten / Westen
ins	• Gebirge

WIEDERHOLUNG

Wohin?	
....	Österreich/ Deutschland/…
nach	Wien/Berlin/…
in	die Schweiz

A2 Wohin fährt Julius zuerst? Und danach?

5 🔊 31 **a** Hören Sie und sortieren Sie. Sprechen Sie dann.

Zuerst fährt Julius in den Dschungel. Dann fährt er …

○ • das Meer ① • der Dschungel ○ • das Land ○ • die Berge ○ • der Bodensee ○ • die Wüste

b Kettenspiel: Wohin fahren Sie zuerst? Und danach?

◆ Zuerst fahre ich in die Wüste.
○ Zuerst fahre ich in die Wüste. Dann fahre ich aufs Land.
▲ Zuerst fahre ich in die Wüste. Dann fahre ich aufs Land. Und danach …

A3 Was machen Sie in den Sommerferien?

a Wer sagt was? Lesen Sie die Texte und ordnen Sie zu.

○ *Meine Kinder lieben Tiere. Deshalb fahren wir aufs Land.*

○ *Wir machen immer Urlaub in den Bergen und am Meer, denn wir besuchen unsere Familien.*

○ *Zuerst besuche ich Freunde und dann fahren wir gemeinsam ans Meer.*

1 Vesela

Wir leben in Luxemburg und fahren jedes Jahr in den Süden. Wir besuchen im Sommer unsere Familien in Bulgarien. Meine Heimatstadt liegt am Schwarzen Meer. Wenn wir dort sind, gehen wir oft an den Strand. Die Kinder mögen es sehr: Sie baden und spielen den ganzen Tag im Sand. Ich bin nicht so gern am Strand. Mir ist es zu heiß. Nach drei Wochen fahren wir weiter zur Familie von meinem Mann Milan in die Berge. Es ist kühler, das mag ich sehr. Wir haben jedes Jahr den perfekten Urlaub: erst am Meer und dann in den Bergen.

....

2
Sabine

Diesen Sommer bleiben wir in der Nähe und fahren aufs Land. Wir haben eine Ferienwohnung auf einem Bauernhof gemietet. Es gibt viele Tiere: Kühe, Pferde, Schafe, Hunde und Katzen. Das finden unsere Kinder toll. Außerdem ist die Luft auf dem Land sehr gut. Wenn es heiß wird, können wir auch an den Titisee fahren. Dort gibt es ein schönes Strandbad, und man kann am See auch Boote mieten.

3
Pablo

Ich fahre nach Frankreich und besuche Freunde in Bordeaux. Eine Woche bleibe ich dort. Ich möchte dort ein Festival besuchen und ein paar Sehenswürdigkeiten anschauen, aber vor allem möchte ich sehen, wie meine Freunde leben. Danach fahren wir alle zusammen an den Atlantik. Ich freue mich schon sehr darauf, denn ich war lange nicht mehr am Meer. Aber für mich ist das kein „echtes" Meer, weil das Wetter oft schlecht ist. Ich finde, dass am Strand gutes Wetter sein muss – so wie bei uns in Spanien.

b Lesen Sie die Texte noch einmal und korrigieren Sie.

1 Am Schwarzen Meer ist es Vesela zu heiß, aber ihrem Mann gefällt das. ....
~~Veselas~~ Familie lebt in Bulgarien in den Bergen. Milans
2 Sabines Kinder finden die frische Luft auf dem Bauernhof toll. ....
Wenn es zu heiß wird, fährt die Familie ans Meer in ein Strandbad. ....
3 Pablo bleibt drei Wochen in Bordeaux. ....
Danach fährt er nach Spanien. ....

A4 Wir fahren in den Süden.

a Markieren Sie die Wörter in den Texten in A3a wie im Beispiel. Ergänzen Sie dann die Tabellen.

Wohin?	Wo?
in den Süden	im Süden
ans Meer	.... Meer
.... Berge	.... Bergen
.... Land	.... Land
.... See	.... See
auf eine Insel	auf einer Insel

WIEDERHOLUNG

Wohin?	Wo?
.... Frankreich	.... Bulgarien
nach Bordeaux	.... Bordeaux
in die Türkei	in der Türkei

b Spielen Sie Gespräche.

Meer | Wien | Alpen | Süden | Berge | eine Insel | die Türkei | Schweden | ...

heiß | langweilig | kalt | windig | laut | anstrengend | gefährlich | trocken | ...

◆ Wir könnten im Sommer doch in die Berge fahren!
○ Ach nein, in den Bergen ist es zu langweilig.
◆ Schade! Aber wir könnten ...

B Gutes Wetter wäre auch nicht schlecht.

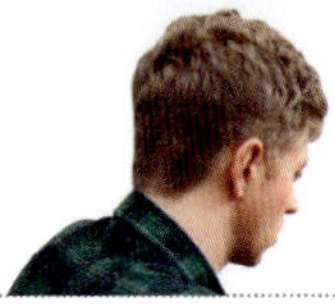

5 32 **B1 Was ist für Lara und Tim im Urlaub wichtig? Wissen Sie es noch? Kreuzen Sie an.**
Hören Sie dann und vergleichen Sie.

	schöne Landschaften	nette Leute	gutes Wetter	leckeres Essen	interessante Städte
Lara	○	○	○	○	○
Tim	○	○	○	○	○

• der	→	guter	Wein
• das	→	gutes	Wetter
• die	→	interessante	Umgebung
• die	→	nette	Leute

B2 Unterkünfte

a Überfliegen Sie die Anzeigen. Zu welchem Foto passen die Unterkünfte? Ordnen Sie zu.

Pension Meerblick – Familienfreundliche Pension in ruhiger Lage mit schönem Blick aufs Meer. Alle Einzel- und Doppelzimmer mit Bad oder Dusche/WC. Wir bieten freundlichen Service und leckeres Frühstück mit regionalen Produkten. Auf Wunsch auch Halbpension!
1

○ Salzkammergut (A)

Almtal Camping: Wunderschöner Campingplatz direkt am See im Almtal. Natur und Entspannung pur! Erleben Sie schöne Wandertouren in unseren Bergen und Tälern oder entspannen Sie sich auf unserer Badewiese direkt am See!
2

○ Schleswig-Holstein (D)

b Suchen und markieren Sie die Wörter in a wie im Beispiel.
Ergänzen Sie dann die Tabelle.

• den	→ .... Service	dem	→ mit .... Blick
• das	→ .... Frühstück	dem	→ mit leckerem Frühstück
• die	→ ruhige Lage	der	→ in ruhiger Lage
• die	→ .... Wandertouren	den	→ mit .... Produkten

c Ergänzen Sie.

1 Romantisch............ • Berghütte mit schön............ • Blick ins Tal und ohne lauten • Verkehr.
2 Ruhiger • Bauernhof mit viel............ • Tieren, groß............ • Spielwiese und kostenlos............ • Fahrradverleih.
3 Familienfreundlich............ • Hotel mit günstig............ • Zimmern in zentral............ • Lage.
Nur fünf Minuten zum Schloss und ins historische Zentrum mit zahlreich............ • Sehenswürdigkeiten.
4 Billig............ • Übernachtung neben dem berühmt............ • Dom.
Modern .... • Jugendherberge für Jung und Alt.

den → ohne lauten Verkehr

B3 Entspannung und Freizeit. Was mögen Sie?
Machen Sie Notizen und sprechen Sie mit Ihrer Partnerin / Ihrem Partner.

Ich mag lange Spaziergänge, ...

Das mag ich:
lange Spaziergänge
schönes Wetter
...

C1 Eine Reise planen

5 🔊 33–35

a Welches Gespräch passt? Hören Sie und ordnen Sie zu.

○ 

HERBSTANGEBOTE
Städtereisen ab **189 Euro**
inkl. Bahn und Hotel

○ **Fluxbus**
für nur **14,90 Euro**
durch Deutschland

○ 
Schon ab **8 Euro**
pro Stunde!

b Was ist richtig? Hören Sie noch einmal und kreuzen Sie an.

1 Frau Eichhorn braucht ein Auto für die Fahrt nach ○ Freiburg. ☒ Frankfurt.
Sie mietet einen Wagen für ○ 63 Euro. ○ 300 Euro.
2 Herr Demir hat ○ online ○ telefonisch eine Busfahrt gebucht.
Er ○ fährt direkt nach Dresden. ○ hat über eine Stunde Aufenthalt in Berlin.
3 Frau Joost möchte eine Städtereise für vier Tage ○ nach Köln ○ nach Hamburg buchen.
Für die Städtereise gibt es ○ von September an ○ von Oktober an wieder freie Plätze.

über eine Stunde = mehr als eine Stunde
von Oktober an = ab Oktober

C2 Rollenspiel

Lesen Sie die Anzeige und fragen Sie im Reisebüro nach.

Bus Müller – Ihr Spezialist für Busreisen

Viele Sonderangebote, zum Beispiel:

Berlin - Hamburg	ab 29 Euro
Wien - Prag	ab 39 Euro
Zürich - Kiel	ab 49 Euro

Im Reisebüro – Kunde/Kundin
Sie möchten Ihre Verwandten in ... besuchen. Informieren Sie sich in einem Reisebüro.

Im Reisebüro – Angestellter/Angestellte
Geben Sie Auskunft. Die günstigen Busreisen sind leider schon ausgebucht. Aber es gibt noch andere Angebote.

Ich möchte die Reise / den Bus nach ... buchen.	*Für wie viele Personen? Wann?*
Für ... Personen. *Von ... bis ...*	*Es ist leider kein Platz mehr frei. /* *Der Termin ist leider schon ausgebucht.* *Aber von ... an haben wir wieder freie Plätze.* *Wir haben auch noch andere Angebote:* *Mit dem Bus für ... Euro nach ...*
Was kostet die Reise?	*Das macht ... Euro.*
Wie lange dauert denn die Fahrt?	*Sie können am ... um ... abfahren.* *Und sind dann um ... am Ziel.*
Ist das eine Direktverbindung?	*Ja./Nein, Sie müssen in ... umsteigen* *und haben ... Aufenthalt.*

D Nachrichten schreiben

D1 Komm mich besuchen!

a Lesen Sie die Nachrichten und ordnen Sie die Antworten zu.

1

Freue mich so auf Deinen Besuch am Wochenende! Was möchtest Du in Luzern machen? Wir könnten wandern. Von den Bergen hat man einen wunderschönen Blick auf den Vierwaldstättersee. Wir könnten aber natürlich auch Kanu fahren oder surfen. Oder hast Du eher Lust auf eine Stadtführung? Die Altstadt hier ist wunderschön! Wir können aber auch eine Ausstellung ansehen ...

2

Wann kommst Du mich besuchen? Ich möchte Dir so gern Leipzig zeigen. Du musst unbedingt die bekannte Nikolaikirche und die Thomaskirche sehen.

Und hast Du schon mal Leipziger Allerlei gegessen? Das kannst Du hier probieren. Nirgends schmeckt es besser als bei uns.

3

Der Umzug ist geschafft! Komm doch mal nach Kappeln. Du bist herzlich eingeladen. Hier kann man wunderbar am Wasser spazieren gehen und Vögel beobachten oder Rad fahren. Oder möchtest Du vielleicht Deutschlands kleinste Stadt Arnis besuchen? Wir könnten auch nach Schleswig fahren, wenn Du Lust auf einen Ausflug mit dem Schiff hast. Ich freue mich auf Dich!

A Klingt super! Du weißt ja, ich mache total gern Fahrradtouren.

B Hm. Sieht lecker aus. Das muss ich unbedingt probieren!

C Ach, mal sehen. Das entscheiden wir dann. Ich packe auf jeden Fall die Wanderstiefel ein. ;-)

Nachricht	1	2	3
Antwort			

b Welche Nachricht passt? Lesen Sie noch einmal und ordnen Sie zu.

1 (2) Es gibt hier leckere Spezialitäten.
2 ◯ Die Berge und das Wasser bieten viele Sportmöglichkeiten.
3 ◯ Man kann Spaziergänge machen und Vögel sehen.
4 ◯ Die Stadt hat ein schönes altes Stadtzentrum.
5 ◯ Die Stadt ist bekannt für ihre Kirchen.
6 ◯ Man kann Ausflüge mit dem Schiff oder dem Fahrrad machen.

SCHON FERTIG? Was kann man an Ihrem Wohnort/Geburtsort machen? Schreiben Sie.

D2 Sie laden eine Freundin / einen Freund zu sich ein. Schreiben Sie eine Nachricht.

- Laden Sie eine Freundin / einen Freund zu sich ein.
- Machen Sie zwei bis drei Vorschläge (Sport/Kultur/Essen/Ausflüge): Was könnten Sie gemeinsam machen?
- Sagen Sie, dass Sie sich auf den Besuch freuen.

Wann ...? | Komm doch mal nach ... | Du bist herzlich eingeladen.
Wir könnten ... gehen./fahren./besichtigen./anschauen. | Ich möchte Dir so gern ... zeigen.
Du musst unbedingt ... sehen. | Hast Du Lust auf ...? | Möchtest Du vielleicht ...?
Du kannst ... probieren. Das schmeckt ... | Bis bald! | Ich freue mich auf Dich!

E Einen Wochenendausflug planen

5 36 **E1 Luiza und Emilio planen einen Wochenendausflug.**

a Wohin fahren sie? Hören Sie und kreuzen Sie an.

○ Lüneburger Heide

○ Lübeck

○ Ostsee

b Hören Sie noch einmal und notieren Sie die Antworten.

1 Welchen Vorschlag macht Emilio? *nach Lübeck fahren*
2 Welchen Vorschlag macht Luiza? ...
3 Worauf einigen sich die beiden? ...
4 Was wollen sie dort machen? ...
5 Wie kommen sie dorthin? ...
6 Wo übernachten sie? ...

E2 Etwas planen: Ordnen Sie zu.

~~Wollen wir ...?~~ | ~~Ja, gut, machen wir es so.~~ | ~~Also, ich weiß nicht. Ich bin dagegen.~~ | Ich habe da eine Idee. | Das ist aber keine gute Idee. | Lass uns doch ... | Ich bin dafür. | Ach nein, darauf habe ich keine Lust. | Ich habe da einen Vorschlag. | Darf ich einen Vorschlag machen? | Super. Das ist eine gute Idee.

Vorschläge machen	einen Vorschlag annehmen	einen Vorschlag ablehnen
Wollen wir ...?	Ja, gut, machen wir es so.	Also, ich weiß nicht. Ich bin dagegen.

E3 Wir machen einen Ausflug.

a Machen Sie Notizen zu den Fragen.

Wohin? | Womit? | Was machen? | Wo übernachten?

Wohin? in die Berge
Womit? ...
Was machen? wandern
Wo übernachten? ...

b Sprechen Sie zu dritt. Benutzen Sie Sätze aus E2. Einigen Sie sich.

◆ Wollen wir in die Berge fahren und dort wandern?
○ Oh, nein. Darauf habe ich keine Lust. Das ist zu anstrengend. Ich möchte am Wochenende faulenzen.
▲ Und ich würde mir gern eine Stadt ansehen.
◆ Dann lasst uns doch nach Konstanz fahren. Dort könnten wir ...
○ Einverstanden. Das ist eine gute Idee. Und wie kommen wir dorthin?
...

c Worauf haben Sie sich geeinigt? Erzählen Sie im Kurs.

Wir fahren am Wochenende nach Konstanz. Wir wollen dort ...

Grammatik und Kommunikation

Grammatik

1 Lokale Präpositionen ÜG 6.02

	Wo? – Dativ		Wohin? – Akkusativ	
an	• am	Atlantik	• an den	Atlantik
	• am	Meer	• ans	Meer
	• an der	Küste	• an die	Küste
auf	• auf dem	Land	• aufs	Land
	• auf der	Insel	• auf die	Insel
in	• im	Schwarzwald	• in den	Schwarzwald
	• im	Gebirge	• ins	Gebirge
	• in der	Wüste	• in die	Wüste
	• in den	Bergen	• in die	Berge

Wo sind die Personen?
Wohin fahren/gehen sie?
Schreiben Sie.

Dschungel

Insel

Strand

Wo?	Wohin?
Er ist im Dschungel. Sie ...	Er fährt in den ...

2 Adjektivdeklination ohne Artikel ÜG 4.03

Nominativ	Akkusativ	Dativ
• schöner Blick	schönen Blick	schönem Blick
• leckeres Frühstück	leckeres Frühstück	leckerem Frühstück
• schöne Lage	schöne Lage	schöner Lage
• regionale Produkte	regionale Produkte	regionalen Produkten

Schreiben Sie eine Anzeige zu dem Hotel.

Schönes Hotel ...

3 Temporale Präpositionen ÜG 6.01

von ... an + Dativ	*über* + Akkusativ
Von Oktober an gibt es wieder freie Plätze.	Er hat über eine Stunde Aufenthalt in Berlin.

4 Modale Präposition *ohne* + Akkusativ ÜG 6.04

den → ohne lauten Verkehr

Ordnen Sie zu und schreiben Sie.

~~neben~~ ~~ohne~~ aus durch von ... an vor zwischen in seit

den / das / die		dem / dem / der
für um bis ohne	an auf unter neben	mit nach gegenüber bei

Das Regal ist neben meinem Schreibtisch.
Ich stelle das Regal neben meinen Schreibtisch. ...

Kommunikation

EINE REISE BUCHEN: Ich möchte die Reise nach ... buchen.

Ich möchte die Reise / den Bus nach ... buchen.	*Für wie viele Personen? Wann?*
Für ... Personen. Von ... bis ...	*Es ist leider kein Platz mehr frei. / Der Termin ist leider schon ausgebucht. Aber von ... an haben wir wieder freie Plätze. Wir haben auch noch andere Angebote: Mit dem Bus für ... Euro nach ...*
Was kostet die Reise?	*Das macht ... Euro.*
Wie lange dauert denn die Fahrt?	*Sie können am ... um ... abfahren. Und sind dann um ... am Ziel.*
Ist das eine Direktverbindung?	*Ja./Nein, Sie müssen in ... umsteigen und haben ... Aufenthalt.*

SCHRIFTLICHE EINLADUNG: Du bist herzlich eingeladen.

Wann ...? | Komm doch mal nach ... | Du bist herzlich eingeladen.
Wir könnten ... gehen./fahren./besichtigen./anschauen.
Ich möchte Dir so gern ... zeigen. | Du musst unbedingt ... sehen.
Hast Du Lust auf ...? | Möchtest Du vielleicht ...? | Du kannst ... probieren.
Das schmeckt ... Bis bald! | Ich freue mich auf Dich!

VORSCHLÄGE: Wollen wir ...?

Wollen wir ...?	*Ja, gut, machen wir es so. / Ach nein, darauf habe ich keine Lust.*
Lass uns doch ...	*Super. Das ist eine gute Idee. / Das ist aber keine gute Idee.*
Ich habe da einen Vorschlag. / eine Idee. Darf ich einen Vorschlag machen?	*Ich bin dafür./Ich bin dagegen. Also, ich weiß nicht.*

1 Schreiben Sie Gespräche und zerschneiden Sie sie.

○ Ich möchte die Reise nach Frankfurt buchen.
○ Für wie viele Personen?
○ Für zwei Personen.

2 Sortieren Sie die Gespräche dann.

Mein Ort. Machen Sie fünf Vorschläge.

Komm nach ...!
Wir könnten ...
Ich möchte Dir so gern ... zeigen.
Du ...

Sie möchten noch mehr üben?

5 | 37–39 AUDIO-TRAINING

VIDEO-TRAINING

Lernziele

Ich kann jetzt ...

A ... sagen, wohin ich gern reise und wo ich gern im Urlaub bin:
Danach fahre ich aufs Land. ☺ 😐 ☹
B ... über Entspannung und Freizeit sprechen:
Ich mag lange Spaziergänge. ☺ 😐 ☹
... Anzeigen verstehen: *Familienfreundliches Hotel mit ...* ☺ 😐 ☹
C ... etwas buchen:
Ich möchte die Reise nach Hamburg buchen. ☺ 😐 ☹
D ... Nachrichten schreiben: *Komm doch mal nach ...* ☺ 😐 ☹
E ... einen Wochenendausflug planen:
Wollen wir am Wochenende in die Berge fahren? ☺ 😐 ☹

Ich kenne jetzt ...

... 8 Regionen und Landschaften:
der Schwarzwald,
die Berge, ...

... 6 Unterkünfte:
der Campingplatz, ...

FILM

An der Donau entlang

1 Sehen Sie den Film an. Was ist richtig? Kreuzen Sie an.

a ○ Markus Schneider geht immer allein wandern.
b ☒ Er macht eine Wanderung an der Donau.
c ○ Er wandert zu Fuß und fährt auch mit dem Fahrrad.
d ○ Kelheim ist eine Stadt am Rhein.
e ○ In der Nähe von Kelheim liegt ein altes Denkmal: die „Befreiungshalle".
f ○ Beim „Donaudurchbruch" ist der Fluss ganz breit.

2 Wandern Sie auch gern? Wo sind Sie schon gewandert? Erzählen Sie.

Ich wandere nicht gern, das finde ich langweilig.

LANDESKUNDE

Kelheim, die Stadt im Fluss

Kelheim liegt fast genau in der Mitte von Bayern und hat etwa 16.000 Einwohner. Sie nennt sich selbst „Stadt im Fluss". Das hat einen doppelten Sinn. Erstens liegt ein Teil von Kelheim wirklich zwischen zwei Flüssen. Zweitens bedeutet „im Fluss sein" im Deutschen auch: sich bewegen, weiterkommen. In Kelheim bewegt sich ziemlich viel. Zum Beispiel fließt hier die Altmühl in die Donau. Die Donau kennt jeder. Sie ist fast 3.000 Kilometer lang und fließt durch halb Europa. Die Altmühl ist nur ein ganz kleiner Fluss. Aber sie ist auch wichtig. Ihre letzten 34 Kilometer gehören nämlich zum Rhein-Main-Donau-Kanal. Nur weil es diesen Kanal gibt, kann man mit dem Schiff von der Nordsee durch Holland, Deutschland, Österreich, die Slowakei, Ungarn, Serbien, Bulgarien und Rumänien bis ins Schwarze Meer fahren. Auf dem langen Weg fährt man irgendwann auch durch Kelheim, die kleine schöne Hafenstadt mitten in Bayern.

Lesen Sie den Text und korrigieren Sie die Sätze.

a ~~Am Rand~~ von Bayern liegt die Stadt Kelheim. In der Mitte
b Sie hat sechzigtausend Einwohner. ______
c Die Stadt heißt auch „Stadt im Wasser". ______
d Hier fließt der Rhein in die Donau. ______
e Die Donau fließt durch ganz Deutschland. ______
f Von Kelheim aus kann man mit dem Schiff bis ins Rote Meer fahren. ______

PROJEKT

Städte-Quiz

Donaudurchbruch

Befreiungshalle bei Kelheim

Wappen der Stadt Kelheim

Rhein-Main-Donau-Kanal

Nun wissen Sie schon eine Menge über Kelheim an der Donau. Aber natürlich gibt es noch viel mehr Informationen über diese kleine Stadt.

1 Finden Sie im Kurs Antworten auf alle Fragen? Sehen Sie auch im Internet nach.

a Seit wann gibt es den Rhein-Main-Donau-Kanal?
b Wie alt ist die Stadt Kelheim?
c Was für ein Bier trinkt man aus einem solchen Glas?
d Aus Kelheim kommt ein berühmtes Bier. Wie heißt es?

2 Machen Sie mit Ihrer Partnerin / Ihrem Partner ein Quiz zu einer Stadt. Tauschen Sie mit einem anderen Paar.

Wie alt ist die Stadt Kabul?
...

Auf der Bank

Folge 13: Was du heute kannst besorgen, ...

1 Was passt? Ordnen Sie zu.

○ • die Kontonummer ○ • der Kontoauszug ③ • das Geld abbuchen

1

KONTOAUSZUG

GeldPlus Bank	**BLZ** 100 900 44	2	**Konto** 0532013000
Buchung	**VORGANG**		**Betrag**
27.7.	3 Auszahlung Firma NMC		EUR 29,99

6 🔊 1–8

2 Was ist richtig?

Sehen Sie die Fotos an, hören Sie und kreuzen Sie an.

a Frau Sicinski hat ein Problem ○ mit ihrer Bank. ○ mit dem Internet.
b Sie möchte gern ○ Aktien kaufen. ○ ein Konto eröffnen.

2

3

4

7

8

6 🔊 1–8 **3 Was passt? Hören Sie noch einmal und verbinden Sie.**

a Frau Sicinski sieht auf ihrem Kontoauszug, dass NMC 29,99 € von ihrem Konto abgebucht hat.

b Tim meint, dass Frau Sicinski zu ihrer Bank gehen soll.

c Deshalb geht Tim mit Frau Sicinski zu seiner Bank.

d Zum Schluss wird sogar Frau Sicinskis Frage zu der Abbuchung beantwortet:

NMC ist eine Telefongesellschaft. Auch Frau Sicinski ist Kundin dort.

Dort eröffnet Frau Sicinski ein neues Konto. Die Bank kümmert sich auch um ihr altes Konto.

Aber das möchte Frau Sicinski nicht, weil sie ihr dort immer etwas verkaufen wollen.

Sie ärgert sich, weil sie die Firma nicht kennt, und bittet Tim um Hilfe.

Tims Film

4 „Was du heute kannst besorgen, das verschiebe nicht auf morgen.“

Was verschieben Sie oft? Erzählen Sie.

Ich putze nicht gern Fenster. Das verschiebe ich immer wieder. ...

A Können Sie mir sagen, **was** ich da **tun muss**?

6 🔊 9 **A1 Hören Sie und ergänzen Sie. Ergänzen Sie dann die Tabelle.**

◆ Ich will nur ein Konto. Können Sie mir sagen,
....
....?

○ Wissen Sie noch,
....
....:
Meine Bank ist okay.

A2 Am Bankschalter: Schreiben Sie.

Können Sie mir sagen, was ich da tun muss?
Wissen Sie (noch),
....

auch so: wo, wie, wann, ...

Ich möchte ein Konto eröffnen. Können Sie mir sagen, ...?

a *wie man das Formular ausfüllt* ?
Wie füllt man das Formular aus?

b ....?
Wie lange muss man auf die EC-Karte warten?

c ....?
Wo kann man Geld abheben?

d ....?
Wann haben hier die Banken geöffnet?

e ....?
Wo kriege ich Kontoauszüge?

SCHON FERTIG? Auf der Post, im Supermarkt, im Amt, ... Schreiben Sie Fragen.

A3 Meine Bank

a Machen Sie Notizen zu den Fragen.

	Ich	Meine Partnerin / Mein Partner
Wie heißt deine Bank?	....	....
Wann hat deine Bank geöffnet?	....	....
Wo ist der nächste Geldautomat?	....	....
Was kostet ein Girokonto bei deiner Bank?	....	....

b Fragen Sie dann Ihre Partnerin / Ihren Partner und notieren Sie die Antworten. Beginnen Sie Ihre Fragen mit: *Kannst du mir sagen, ...* oder *Weißt du, ...*

SCHON FERTIG? Finden Sie noch mehr Fragen.

Kannst du mir sagen, wann deine Bank geöffnet hat?

Ja, meine Bank hat von Montag bis Freitag von ...

Nein. Ich habe gar kein Konto.

B Darf ich fragen, **ob** Sie ... dabei**haben**?

B1 Wer möchte was wissen? Verbinden Sie.

A

B

Darf ich fragen, ob Sie Ihren Personalausweis dabei haben?

Könnten Sie mal nachsehen, ob das Kriminelle sind?

Haben Sie Ihren Ausweis dabei?	Ja./Nein.

Darf ich fragen, ob Sie Ihren Ausweis dabei haben?

B2 Welche Erklärung passt? Verbinden Sie.

a in Raten zahlen — Man bezahlt sie, wenn man sich Geld leiht. Oder man bekommt sie, wenn man Geld spart.

b Bargeld — Man bezahlt nicht die ganze Summe auf einmal, sondern z. B. monatlich einen bestimmten Betrag.

c die Zinsen — Geldscheine  und/oder Münzen. 

6 10–11 B3 Was fragen die Leute? Ergänzen Sie Sätze mit *ob*. Hören Sie dann und vergleichen Sie.

Akzeptieren Sie auch Kreditkarten? Kann ich in Raten zahlen?

a ◆ Das ist schon sehr viel Geld. Das kann ich nicht auf einmal bezahlen. Weißt du, ________________?
○ Keine Ahnung. Frag doch mal den Verkäufer. Aber pass auf! Da musst du ganz schön Zinsen zahlen.

b ▲ Ich wollte fragen, ________________
________________.
□ Nein, tut mir leid, wir nehmen hier nur Bargeld.

B4 Fragen Sie im Kurs. Beginnen Sie Ihre Fragen mit: *Ich würde gern wissen, ... / Ich wollte dich fragen, ...* Wer findet zuerst zu jeder Frage eine Person?

	Wer?
a Hast du schon mal etwas in Raten bezahlt?	Maria
b Bezahlst du im Supermarkt oft mit Karte?	
c Hast du als Kind Taschengeld bekommen?	
d Erledigst du deine Bankgeschäfte online?	
e Hast du eine EC-Karte?	
f Weißt du deine Kontoverbindung (IBAN/BIC) auswendig?	

◆ Ich wollte dich fragen, ob du schon mal etwas in Raten bezahlt hast.
○ Nein, das habe ich noch nie gemacht.
◆ Maria, ich würde gern wissen, ob du schon mal etwas in Raten bezahlt hast.
▲ Ja, ich habe schon mal eine Waschmaschine in Raten bezahlt. ...

C Dort können Sie Ihr Konto prüfen **lassen**.

C1 Was macht Frau Sicinski selbst, was lässt sie machen? Kreuzen Sie an.

	Das macht sie selbst.	Das machen andere für sie.
Lassen Sie Ihr Konto prüfen.	○	☒
Ich putze die Treppe.	○	○
Ich lasse das Fahrrad reparieren.	○	○

	Lassen	Sie Ihr Konto	prüfen.
Sie	lässt	ihr Konto	prüfen.

du	lässt
er/es/sie	lässt

C2 Auto-Inspektion

a Welcher Abschnitt beantwortet die Fragen? Lesen Sie den Text und ordnen Sie zu.

○ Was wird bei der Inspektion kontrolliert? ○ Warum sollte ich mein Auto regelmäßig zur Inspektion bringen? ○ Wie oft sollte ich mein Auto in die Inspektion geben?

1 Für die meisten Autobesitzer ist es normal: Sie bringen ihr Auto vor dem Urlaub zur Kontrolle in eine Werkstatt. Schließlich soll es ja unterwegs nicht kaputtgehen. Aber Sie sollten Ihren Wagen nicht nur vor einer langen Fahrt kontrollieren lassen. Wenn Sie Ihr Auto regelmäßig prüfen lassen, können Sie hohe Reparaturkosten sparen, weil Fehler früh erkannt werden.

2 Wie oft Sie Ihr Auto zur Kontrolle bringen sollten, ist unterschiedlich. Manche Hersteller empfehlen eine Inspektion nach 20.000 gefahrenen Kilometern, andere schicken Sie schon nach 15.000 Kilometern in die Werkstatt.

3 Bei einer Inspektion wird zum Beispiel die Elektronik geprüft und das Öl kontrolliert und gewechselt. Außerdem werden die Bremsen getestet sowie Batterie und Lichter überprüft. Eines sollten Sie nie vergessen: Sie sollten vor dem Winter die Reifen wechseln lassen.

Sie sollten vor dem Winter die Reifen wechseln lassen.

b Lesen Sie den Text noch einmal. Machen Sie Notizen zu den Fragen. Vergleichen Sie dann mit Ihrer Partnerin / Ihrem Partner.

1 Warum?
2 Wie oft?
3 Was?

1 Reparaturkosten sparen

◆ Warum lassen Autofahrer ihr Auto kontrollieren?
○ Weil sie so Reparaturkosten sparen.
◆ Ja, und weil ...

C3 Dienstleistungen: Was machen Sie selbst? Was lassen Sie machen?

Fragen Sie und antworten Sie im Kurs.

Wohnung renovieren | Auto waschen | Fahrrad reparieren | Kleider ändern | Haare schneiden | ...

◆ Renovierst du die Wohnung selbst? Oder lässt du sie renovieren, Farid?
○ Ich lasse sie renovieren. Ich kenne mich damit überhaupt nicht aus.

D Kontoeröffnung, Kreditkarten und Geldautomat

6 ◀)) 12 D1 Am Bankschalter. Was ist richtig? Hören Sie und kreuzen Sie an.

a Herr Marzouki möchte …
1 ○ einen Kredit bekommen.
2 ○ Geld einzahlen.
3 ☒ ein Konto eröffnen.
4 ☒ einen Dispo haben.

b Er zeigt der Bankangestellten …
1 ○ seinen Pass.
2 ○ seine Meldebestätigung.
3 ○ seinen gültigen Personalausweis.
4 ○ seinen Gehaltsnachweis.

c Per Post bekommt er …
1 ○ die PIN für das Online-Banking.
2 ○ die EC-Karte.
3 ○ eine Broschüre.
4 ○ die Geheimzahl.

D2 Am Geldautomaten Geld abheben: Ordnen Sie zu.

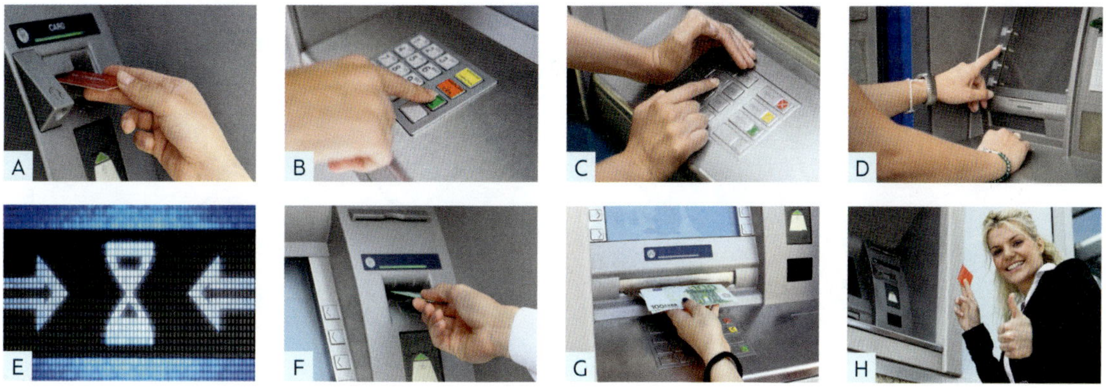

(B) Drücken Sie auf „Barauszahlung“ und dann die Taste „Bestätigung“.
○ Wählen Sie den gewünschten Geldbetrag aus.
○ Stecken Sie Ihre EC-Karte in den Geldautomaten.
○ Sie sind fertig.
○ Nehmen Sie das Geld.
○ Sie müssen warten.
○ Tippen Sie Ihre Geheimzahl ein und drücken Sie die Taste „Bestätigung“.
○ Nehmen Sie Ihre Karte wieder.

D3 In der Bank

a Welche Fragen/Probleme können Bankkunden haben? Schreiben Sie mit Ihrer Partnerin / Ihrem Partner drei Kärtchen.

Geheimzahl vergessen

EC-Karte verloren

Geld überweisen: Wie?

b Kartenspiel: Arbeiten Sie in Gruppen. Mischen Sie die Kärtchen und ziehen Sie abwechselnd eine Karte. Was sagen Sie in dieser Situation?

Ich möchte …, aber …
Ich weiß nicht, was ich jetzt tun soll.
Würden Sie mir das bitte erklären?
Können Sie mir helfen?
Was soll ich denn jetzt machen?
Können Sie mir sagen/zeigen, wie/was …?

Ich habe meine Geheimzahl vergessen. Können Sie mir sagen, was ich nun tun soll?

E Rund ums Geld

E1 Sehen Sie das Bild an. Zu welchen Situationen A bis E passen die Wörter? Ordnen Sie zu.

C • die Spende | • die Geldbörse | • die Spendendose | • der Überfall | • der Strafzettel | • der Parkschein | • das Menü

SCHON FERTIG? Finden Sie noch weitere Wörter zum Bild.

6 🔊 13–17 **E2 Was ist richtig? Hören Sie die Gespräche A bis E und kreuzen Sie an.**

A
☒ Der Passant hat kein Bargeld.
☒ Der Passant möchte dem Räuber das Geld überweisen.

B
○ Dem Gast hat das Essen nicht geschmeckt.
○ Der Ober will die Polizei rufen.

C
○ Die Frau spendet Geld für die Kinderhilfe.
○ Das Kind möchte wissen, wie viel Uhr es ist.

D
○ Der Autofahrer hat kein Kleingeld.
○ Der Autofahrer ist böse, weil er einen Strafzettel bekommt.

E
○ Die beiden Leute sagen, dass die Geldbörse ihnen gehört.
○ Die Geldbörse gehört dem Mann.

E3 **Sehen Sie Situation F auf dem Bild auf Seite 160 an.**
Schreiben Sie ein Gespräch und spielen Sie im Kurs.

◇ Papa, kaufst du mir ein Eis?
○ Ich habe dir gerade schon ein Eis gekauft.
◇ Ja, aber das ist runtergefallen. Guck mal! Darüber freut sich jetzt der Hund.
○ Dann musst du besser aufpassen.
◇ Ach Papa, bitte ...
△ Hier, mein Junge. Ich hoffe, mein Eis schmeckt dir genauso gut, wie meinem Hund dein Eis schmeckt.

SCHON FERTIG? Schreiben Sie weitere Gespräche zum Bild in E1.

E4 **Warum ...?**

a Überlegen Sie sich mit Ihrer Partnerin / Ihrem Partner eine Frage zu dem Bild und schreiben Sie sie an die Tafel.

1 Warum hat der Eisverkäufer gute Laune?
2 Welchen Beruf hat der Fahrer in dem gelben Auto?

b Was meinen Sie? Spekulieren Sie mit Ihrer Partnerin / Ihrem Partner über die Fragen und machen Sie Notizen.

1 ... hat heute eine Gehaltserhöhung bekommen.
...

c Lesen Sie die Fragen im Kurs vor und hören Sie alle Antworten dazu. Welche Antwort gefällt Ihnen am besten? Warum?

Also mir hat die Antwort von Nadim und Luba am besten gefallen. Die war total lustig.

Ja, das finde ich auch. Und die Antwort von ... finde ich ungewöhnlich und interessant.

Grammatik und Kommunikation

Grammatik

1 Indirekte Fragen mit Fragepronomen ÜG 10.03

	Fragepronomen (W-Fragen)		Ende
Können Sie mir sagen,	was	ich da	tun muss?
Wissen Sie (noch),	was	ich	gesagt habe?
	wo	man Geld	abheben kann?

auch so: wie, wann, warum, ...

2 Indirekte Fragen bei Ja-/Nein-Fragen ÜG 10.03

	ob		Ende
Darf ich fragen,	ob	Sie Ihren Ausweis dabei	haben?
Können Sie mal nachsehen,	ob	das Kriminelle	sind?

3 Verb: Konjugation ÜG 5.15

	lassen
ich	lasse
du	lässt
er/es/sie	lässt
wir	lassen
ihr	lasst
sie/Sie	lassen

	Position 2		Ende
Sie	lässt	ihr Konto	prüfen.
Sie	sollten	vor dem Winter die Reifen	wechseln lassen.

In der Sprachenschule. Schreiben Sie die Fragen höflicher.

Wann fängt der Deutschkurs an?

Kann ich den Kurs bar bezahlen?

Wann kann ich die Prüfung machen?

Muss ich ein Buch kaufen?

Darf ich fragen, wann ...?

Was würden Sie gern machen lassen? Notieren Sie fünf Dinge.

Ich würde gern mein Auto waschen lassen.
...

Kommunikation

HÖFLICH FRAGEN: Können Sie mir sagen, ...

Können Sie mir sagen, was ich da tun muss?
Wissen Sie, wie man ... ausfüllt/...?
was ich da tun muss?
wann die Bank(en)/... hier geöffnet hat/haben?
ob ich in Raten / mit Kreditkarte zahlen kann?
Könnten Sie mal nachsehen, ob ...?
Darf ich / Ich wollte (dich) fragen, ...
Ich würde gern wissen, ...

UM HILFE BITTEN: Können Sie mir helfen?

Würden Sie mir das bitte erklären?
Können Sie mir helfen?
Was soll ich denn jetzt machen?
Können Sie mir sagen/zeigen, wie/was ...?

UNKENNTNIS ÄUSSERN: Keine Ahnung!

Ich kenne mich damit überhaupt nicht aus.
Keine Ahnung!
Ich weiß nicht, was ich jetzt tun soll.
Ich möchte ..., aber ...

JEMANDEN WARNEN: Pass auf!

Pass auf!
Dann musst du besser aufpassen.

Sie brauchen Hilfe. Was sagen Sie? Schreiben Sie vier Sätze.

Können Sie ...?

Sie möchten noch mehr üben?

6 | 18–20 AUDIO-TRAINING

VIDEO-TRAINING

Lernziele

Ich kann jetzt ...

A/B ... höfliche Fragen stellen:
Können Sie mir sagen, was ich da tun muss? / Wissen Sie, ob ...? ____ ☺ 😐 ☹

C ... Ratgeber verstehen:
Sie sollten vor dem Winter die Reifen wechseln lassen. ____ ☺ 😐 ☹

D ... Beratungsgespräche in der Bank verstehen:
Ich möchte gern ein Konto eröffnen. ____ ☺ 😐 ☹
... um Hilfe bitten: *Ich habe meine Geheimzahl vergessen. Was soll ich denn jetzt machen?* ____ ☺ 😐 ☹

E ... Gespräche rund ums Geld verstehen:
Eine kleine Spende für die Kinderhilfe! ____ ☺ 😐 ☹

Ich kenne jetzt ...

... 15 Wörter zum Thema *Bank und Geld*:

der Geldautomat, ____

COMIC

Der kleine Mann: Geben macht Freude

Können Sie uns sagen, ob das reicht?
Dreimal Eis?
Jaaa!
Tja, tut mir leid. Ihr braucht noch einen Euro.
Ooohh!
Hey, seht mal: Da liegt ja ein Euro!
Hihihi!
Juhuuuuu!

1 Lesen Sie den Comic und ergänzen Sie.

Die Kinder möchten ein _Eis_ essen, haben aber nicht genug __________.
Der kleine Mann lässt einen __________ auf den Boden fallen.
Die Kinder __________ den Euro und __________ sich sehr.

Meine Nachbarin ist 70. Ich kaufe manchmal für sie ein. Da freut sie sich immer.

2 Hat Geben oder Helfen Ihnen auch schon einmal Freude gemacht? Erzählen Sie.

SPIEL

Hilfe, ich bin berühmt!

Das Indirekte-Fragen-Spiel
Auf Ihrer Stirn hängt ein Blatt Papier, und darauf steht ein Name von einem berühmten Menschen. Es kann ein Künstler sein, eine Sportlerin, ein Politiker, ... Die Person kann noch leben. Sie kann aber auch schon tot sein. Alle im Kurs können den Namen lesen, nur Sie nicht. Wer ist es? Finden Sie es heraus! Fragen Sie einfach.

Das (und noch viel mehr) dürfen Sie fragen:

Kannst du mir sagen, ob ich ein Mann oder eine Frau bin?
Kannst du mir bitte sagen, ob ich schon tot bin?
Weißt du, wo ich zurzeit lebe?
Kannst du im Internet nachsehen, wann ich gestorben bin?
Kannst du mir sagen, wann ich geboren wurde?

Das dürfen Sie nicht fragen:

Kannst du mir sagen, wer ich bin?
Weißt du, wie ich heiße?

LIED

Leben lassen

Ist das langweilig!
Was machst du denn da für Sachen?
Das brauchst du alles nicht mehr zu machen!
Nein?
Ich bin da. … Ich mach' das nun.
Ab heute musst du nichts mehr tun.
Wow! Das ist ja toll!

Ich lass' es heute richtig krachen!
Ich lasse mir ein __________ machen.
Ich lasse mir Champagner kühlen.
Ich lasse das __________ abspülen.

Ich lass' mir die __________ waschen.
Ich lass' mir die __________ bügeln.
Ich lass' mir die __________ bringen.
Ich lass' mir ein __________ vorsingen.

Ich lasse mir die __________ föhnen.
Ich lasse mich total verwöhnen.
Ich lasse meinen __________ pflegen.
Ich lasse mir die __________ legen.

Ich lass' mir die Welt erklären.
Ich lass' mir die Zukunft zeigen.
Ich lass' mir mehr Freizeit schenken.
Lass' den Robot für mich denken.

Wenn's bloß nicht so langweilig wär'!
Alles, alles macht jetzt er.
Oh, wie ist mein Leben leer!
Ich darf leider gar nichts mehr.
Weißt du was?
Nein, was denn?
Ich mach' jetzt das: …
Nein! Nein! Nein! Nein!
Du bleibst stehen und das ist schön, denn …
Ich will alles selber machen.
Ich will wieder richtig lachen.

1 Lesen Sie den Liedtext und ordnen Sie zu.

~~Champagner~~ Haare Karten Hemden Wäsche Essen Garten Geschirr Lied Zeitung

6 21 2 Hören Sie das Lied und vergleichen Sie.

Ich würde ihn gern einkaufen lassen.

3 Diskutieren Sie: Was würden Sie Ihren Roboter alles machen lassen?

Lebensstationen

Folge 14: Es kommt, wie es kommen soll.

6 🔊 22–29

1 Sehen Sie die Fotos an.
Was meinen Sie? Sprechen Sie. Hören Sie dann und vergleichen Sie.

1 Wo sind Lara und Tim? Was machen sie?
2 Wie gefällt ihnen der Tag? Wie fühlen sie sich?
3 Worüber sprechen sie?

6 🔊 22–29

2 Welches Foto passt? Hören Sie noch einmal und ordnen Sie zu.

Foto

a ◯ Ich habe mein Handy verloren.
b ◯ Ein richtig schöner erster Urlaubstag war das.
c ◯ Es ist vielleicht ein bisschen laut hier. Trotzdem macht es Spaß.
d ◯ Das Wetter ist so toll heute. – Wir könnten rausgehen.
e (1) Wie schön, dass du da bist! Komm rein!
f ◯ Es kommt, wie es kommen soll.
g ◯ Wir könnten ins Kino gehen.
h ◯ Hier, nimm mein Handy.

2

3

4

7

8

3 „Es kommt, wie es kommen soll."

Arbeiten Sie in drei Gruppen. Jede Gruppe wählt ein Thema.
Machen Sie ein Plakat mit Ihren Ideen und stellen Sie es den anderen Gruppen vor.

Tims Film

Gruppe 1: Was machen Lara und Tim morgen?
Gruppe 2: Was machen Lara und Tim in einem Jahr?
Gruppe 3: Was machen Lara und Tim in zehn Jahren?

Lara und Tim in einem Jahr:

- Lara hat eine Stelle in Deutschland gefunden.
- Lara und Tim leben zusammen.
- ...

Wir glauben, dass Lara in einem Jahr eine Stelle in Deutschland gefunden hat. Sie und Tim ...

Also wir denken, dass Tim wieder nach Kanada geht und dann ...

A Ein richtig schöner Tag **war** das!

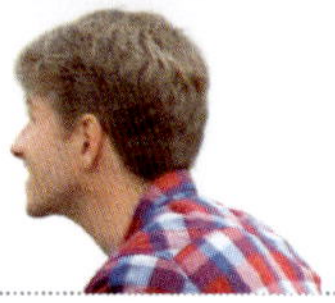

A1 Dieses Foto habe ich immer bei mir.

a Lesen Sie die Texte. Wie heißen die Personen auf den Fotos? Ergänzen Sie.

Unsere Umfrage der Woche:

Welches Foto haben Sie auf Ihrem Handy immer dabei? Warum?

1 Lara

Tim aus Kanada: Letztes Jahr im Deutschkurs habe ich Lara kennengelernt. Ich mochte sie gleich, weil sie so nett und lustig war. Bis heute kann ich mit niemandem so viel Spaß haben wie mit ihr. Das Foto hier zum Beispiel habe ich in Salzburg gemacht, dort waren wir zusammen. Ein richtig schöner Tag war das! Nach dem Kurs musste Lara dann aber leider nach Polen zurückgehen und ich habe in Deutschland eine Stelle in einem Hotel bekommen. Wir sehen uns also kaum, aber jetzt verbringen wir gerade unseren Urlaub gemeinsam. Das ist schön! Mal sehen, was uns die Zukunft bringt.

2 ....

Sahar aus dem Irak: Auf dem Foto ist mein Sohn Laith drei Jahre alt. Jetzt ist er schon vier. Laith ist noch im Irak geboren. Als er 18 Monate alt war, sind wir nach Deutschland gekommen. Das Foto habe ich bei meiner Schwester in Hamburg gemacht. Wir hatten noch keine eigene Wohnung und durften sechs Monate bei ihr im Kinderzimmer wohnen. Meine Schwester ist schon ein paar Jahre vor mir nach Deutschland gekommen und ich habe meine Nichte Lya noch gar nicht gekannt. Laith und Lya waren übrigens von der ersten Sekunde an beste Freunde.

3 ....

Juri aus der Ukraine: Meine Oma Luise ist 95 Jahre alt geworden. Auf dem Foto ist sie aber erst 80 Jahre alt. Ich habe sie sehr geliebt. Sie war Deutsche. Ihre Eltern sind vor langer Zeit in die Ukraine gegangen, weil sie dort ein Stück Land bekommen haben. Sie haben zu Hause nur Deutsch gesprochen, ich habe es aber nicht mehr gelernt. 1992 wollte meine Familie zurück nach Deutschland gehen. Auch meine Oma und mein Opa sind mitgekommen. Sie hat immer gesagt, dass es eine gute Entscheidung war. Wir haben dann alle in der gleichen Stadt gewohnt und meine Oma hat uns ganz oft eingeladen und für die Familie gekocht. Vor fünf Jahren ist Oma gestorben. Ich vermisse sie sehr.

4 ....

Julia aus Deutschland: Meine beste Freundin Katrin und ich kennen uns schon seit der Kindheit. Katrin hat im Haus nebenan gewohnt, wir sind in denselben Kindergarten und später in dieselbe Klasse gegangen. Nach der Schule haben wir dann stundenlang telefoniert oder uns auf der Straße zum Spielen getroffen. Mit niemandem konnte ich so viel lachen wie mit Katrin. Später haben wir uns in dieselben Jungen verliebt und viel Quatsch zusammen gemacht. Nach dem Abitur ist Katrin nach Berlin gezogen und hat dort eine Lehre als Friseurin gemacht. Ich bin hiergeblieben, habe studiert, geheiratet und Kinder bekommen. Auf einmal hatten wir keinen Kontakt mehr – zehn Jahre lang! Vor vier Jahren haben wir uns zufällig in einem Lokal getroffen und seitdem sind wir wieder beste Freundinnen. Das Foto zeigt Katrin bei unserer letzten Silvesterparty.

b Lesen Sie die Texte noch einmal. Was erfahren Sie über die Personen? Sammeln Sie vier Informationen zu jeder Person. Vergleichen Sie dann mit Ihrer Partnerin / Ihrem Partner.

Tim und Lara haben sich letztes Jahr im Deutschkurs kennengelernt.

Ja, und Lara ist nett und lustig und …

SCHON FERTIG? Zeigen Sie: Dieses Foto ist Ihnen wichtig. Warum? Erzählen Sie.

A2 Suchen und markieren Sie die Wörter in A1 wie im Beispiel.

Ergänzen Sie dann in der richtigen Form.

WIEDERHOLUNG

	haben/sein + *ge…t/en*
machen	ich *habe gemacht*
lernen	ich ……
treffen	wir ……
kommen	wir ……

	haben/sein + *…ge…t/en*
kennenlernen	ich ……
mitkommen	sie ……

	haben/sein + *…t/en*
bekommen	ich ……

	haben/sein + *…iert*
telefonieren	wir ……
studieren	ich ……
⚠	
dürfen	wir *durften*
können	ich ……
sein	wir ……
haben	wir ……

SCHON FERTIG? Suchen Sie in den Texten in A1 noch mehr Beispiele wie in der Tabelle.

A3 Diese Menschen sind mir wichtig!

a Schreiben Sie sechs Sätze über sich wie im Beispiel.

ICH
- bin das einzige Kind von Helga und Gerd.
- bin Jakobs und Janas Mutter.
- bin Renates Nachbarin – seit über 20 Jahren.
- bin Marions liebste Kollegin.
- bin seit 25 Jahren Franz' Ehefrau.
- bin Christianes beste Freundin.

b Lesen Sie Ihre Sätze in a noch einmal und markieren Sie die Personen in vier Farben:

– Wer ist am ältesten und am jüngsten?
– Wer wohnt am weitesten entfernt?
– Mit wem telefonieren Sie am meisten?

c Stellen Sie Ihrer Partnerin / Ihrem Partner Ihren Text vor. Sie/Er stellt Fragen zu den Personen.

B Dir ist es egal, **dass** ...

6 🔊 30 **B1 Ergänzen Sie das Gespräch mit *weil, wenn, dass.***
Hören Sie dann und vergleichen Sie.

- ◆ Wenn ich mein Handy nicht dabei habe, fühle ich mich unwohl.
- ○ Warum?
- ◆ .... ich dann nicht erreichbar bin.
- ○ Warum musst du erreichbar sein?... Ich bin ja da.
- ◆ Glaubst du, ... mich sonst niemand anruft?
- ○ Im Gegenteil. Dich ruft alle fünf Minuten jemand an. Deshalb finde ich es ja so gut, ... du das Ding mal nicht dabei hast.
- ◆ So? Und das Foto? Dir ist es egal, ... ich das nicht machen kann?
- ○ Hier. Nimm mein Handy.

WIEDERHOLUNG
wenn ...
weil ...
dass ...

B2 Streit unter Paaren

a Was meinen Sie? Worüber streiten Paare in Deutschland am häufigsten? Ordnen Sie zu.

Geld | zu wenig gemeinsame Zeit | Kindererziehung | Familie/Schwiegereltern | Aufgabenverteilung im Haushalt | Partnerin/Partner hört nicht richtig zu | Freizeitgestaltung und Hobbys

Darüber streiten Paare in Deutschland

Platz 1 ....
Platz 2 ....
Platz 3 ....
Platz 4 ....
Platz 5 ....
Platz 6 ....
Platz 7 ....

b Vergleichen Sie mit den Ergebnissen einer Meinungsumfrage (Seite 175). Was hat Sie überrascht? Sprechen Sie im Kurs.

B3 Streitgespräche

6 🔊 31–33 **a** Hören Sie die Gespräche. Um welche Themen geht es? Kreuzen Sie an.

	Zeit	Handy	Geld
1 Karina und Michael	○	○	○
2 Silvia und Simon	○	○	○
3 Julia und Paul	○	○	○

b Schreiben Sie mit Ihrer Partnerin / Ihrem Partner zu jedem Gespräch zwei Sätze mit *wenn*, *weil* oder *dass*. Vergleichen Sie dann mit einem anderen Paar.

Michael Silvia Paul	findet es nicht gut, ärgert sich, findet, meint,	wenn ... weil ... dass ...

Michael ärgert sich, dass Karina das Handy nicht ausmacht.

B4 Ihre Meinung?

Wen verstehen Sie besser? Michael oder Karina? Silvia oder Simon? Julia oder Paul? Sprechen Sie in kleinen Gruppen.

Also, ich verstehe Karina sehr gut. Warum ärgert sich Michael, wenn sie auf ihr Handy schaut?

Warum legt Karina ihr Handy nicht mal weg? ...

6 34–36 C1 Lieblingsorte

a Hören Sie drei Interviews. Was sind die Lieblingsorte der Personen? Ordnen Sie zu.

1 
Sandy

2 
Lara

3 
Amaniel

	Foto
Sandy	
Lara	
Amaniel	

A

B

C

b Hören Sie noch einmal und notieren Sie Stichworte.

	Sandy	Lara	Amaniel
Lieblingsort?	Wiener Platz		
Warum Lieblingsort?	besonders schön, ...		
Wie oft schon dort?			

C2 Ein Urlaubstag an meinem Ort

a Planen Sie einen Tag für Ihre Partnerin / Ihren Partner und notieren Sie.

– Wo könnte sie/er hingehen?
– Was sollte sie/er dort machen?

	Wo?	Was?
vormittags	Flohmarkt	günstige Sachen kaufen
mittags ...		

b Ein Satz in jeder Spalte passt nicht. Streichen Sie ihn und ordnen Sie richtig zu.

einen Vorschlag machen / Ratschlag geben	positiv reagieren ☺	negativ reagieren ☹
Du solltest unbedingt ... ansehen. Du könntest abends ins Kino/... gehen. ~~Das ist keine gute Idee~~. Geh/Fahr doch zu/zum/zur ... Wie wäre es mit einem Flohmarkt/...? Ich habe da einen Vorschlag: ... ist wirklich toll. Vielleicht hast du Lust auf ...?	Super! Gute Idee. Das finde ich toll. Schade, da kann ich leider nicht. Das mache ich gern. Das ist ein toller Vorschlag. Einverstanden.	Ach, ich würde eigentlich lieber ... Also, ich weiß nicht. Das finde ich nicht so interessant. Das ist doch langweilig. Ich finde das nicht so gut. Okay, das machen wir. Das ist keine gute Idee.

c Stellen Sie Ihrer Partnerin / Ihrem Partner Ihren Plan vor. Wie findet sie/er ihn? Verwenden Sie Sätze aus b.

Vormittags könntest du zum Flohmarkt am Bahnhof gehen. Da ...

Gute Idee!

WIEDERHOLUNG

Du solltest/könntest
... ansehen. / ins Kino gehen.

D Kosenamen

D1 Ordnen Sie zu.

- ◯ das Haus
- ◯ das Häuschen
- ◯ die Maus
- ◯ das Mäuschen

D2 Was meinen Sie? Was sind typische Kosenamen? Kreuzen Sie an.

Lesen Sie dann den Text in D3 und vergleichen Sie.

○ • der Esel ○ • das Bärchen ○ • der Schatz ○ • der Drache ○ • der Engel

D3 Lesen Sie den Text noch einmal und ordnen Sie zu.

Süße | Bärchen | Prinzessin | ~~Schätzchen~~ | Dickerchen

der Kosename, -n: liebevolle Anrede für den Partner und für Familienmitglieder

„Sag mir was Nettes" – Deutsche zeigen bei Kosenamen wenig Fantasie.

Die Deutschen sind bei der Wahl von Kosenamen eher einfallslos: Fast jeder Zweite nennt seinen Partner oder seine Partnerin *Schatz*, Schätzchen oder *Liebling*. Auch Kosewörter aus der Tierwelt, wie ____________, *Häschen*  oder *Mausi* sind sehr populär. Oder aber der Kosename steht für bestimmte Eigenschaften: Der etwas runde Mann wird schnell zum ____________, der starke Raucher zum *Stinkerchen*, die schöne Frau zu *meine Schöne*. Beliebt sind außerdem – vor allem bei Männern – Begriffe aus den Bereichen Märchen und Essen wie ____________, *Engelchen* oder ____________. Aber Vorsicht! Welcher Mann findet es schon lustig, wenn seine *Mausi* ihn vor den Arbeitskollegen *Dickerchen* nennt? Kosenamen sind reine Privatsache! Übrigens: Eine Befragung hat gezeigt, dass viele Leute dankbar sind, wenn ihr Partner sie einfach mit ihrem richtigen Namen anspricht, denn sie empfinden Kosenamen oft als unangenehm oder respektlos.

D4 Suchen Sie passende Wörter in D3 und ergänzen Sie.

SCHON FERTIG? Sammeln Sie Kosenamen in Ihrer Sprache und übersetzen Sie.

-bar, -ig, -los, un-	-er, -in, -ung, -e	... + ...
danken – dankbar	rauchen –	die Arbeit + der Kollege –
die Lust –	der Partner –	
der Einfall –	befragen –	das Tier + die Welt –
angenehm –	schön –	

D5 Welche Gruppe findet in zehn Minuten die meisten Wörter? Suchen Sie auch im Wörterbuch.

-ung -er -chen -in -ig -bar -los un-

E Ich **würde** gern ... **machen**.

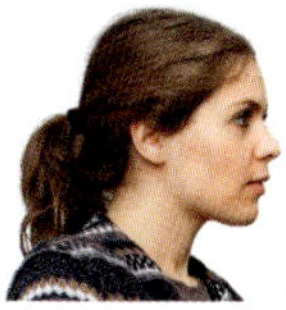

E1 Wünsche und Träume

Was passt? Ordnen Sie zu.

1 Das wünsche ich mir jetzt gleich!
2 Das wünsche ich mir für die Zukunft!
3 Wenn ich noch einmal zwanzig wäre ...

○ Ich würde gern sehr gut Deutsch sprechen!
Ich wäre gern verheiratet!
Ich wünsche mir viele Kinder!
Ich möchte einen guten Beruf erlernen.
Ich würde meine Familie in Iran gern zweimal im Jahr besuchen!

(1) Ich würde jetzt gern einen Spaziergang machen.
Ich wäre am liebsten den ganzen Tag mit Tim zusammen.
Ich hätte gern viel mehr Zeit!
Ich würde jetzt am liebsten nichts planen.

○ würde ich viel mehr Eis essen!
wäre ich öfter mit meinen Freunden zusammen!
würde ich öfter Karussell fahren.

hätte ich gern ein Haustier.
würde ich das Leben nicht so ernst nehmen.

WIEDERHOLUNG

Wünsche
Ich würde gern gut Deutsch sprechen.
Ich wäre gern verheiratet.
Ich hätte gern ein Haustier.
Ich möchte einen Beruf erlernen.

E2 Meine Wünsche

a Welche Wünsche haben Sie auch? Markieren Sie in E1. Welche Wünsche haben Sie noch? Notieren Sie.

b Schreiben und malen Sie Ihre Traumblase und hängen Sie sie im Kursraum auf.

Meine Wünsche

Ich hätte gern ein bequemes Sofa.
Ich wünsche mir und meiner Familie Gesundheit.
Ich wäre gern jünger.
...

Grammatik und Kommunikation

Grammatik

1 Wiederholung: Perfekt ÜG 5.03, 5.04, 5.05

regelmäßige und unregelmäßige Verben	trennbare Verben
ge**macht**	kennen**ge**lern**t**
ge**troff**en	mit**ge**komm**en**

nicht-trennbare Verben	Verben auf -ieren
bekomm**en**	telefon**iert**
	stud**iert**

Das war ein schöner Tag! Was haben Sie gemacht? Schreiben Sie fünf Sätze.

Gestern war so ein schöner Tag! Ich bin schon ganz früh aufgestanden. ...

2 Wiederholung: Präteritum ÜG 5.06

	sein	haben	wollen	dürfen	können	müssen
ich/er/sie	war	hatte	wollte	durfte	konnte	musste

3 Wiederholung: Satzverbindungen mit *wenn – weil – dass*
ÜG 10.06, 10.08, 10.09

Ich fühle mich unwohl,	wenn	ich mein Handy nicht dabei	habe.
Ich fühle mich unwohl,	weil	ich dann nicht erreichbar	bin.
Dir ist es egal,	dass	ich das nicht machen	kann?

Ergänzen Sie die Sätze.

Ich singe laut, wenn _____

Ich freue mich, weil _____

Ich bin der Meinung, dass _____

4 Wiederholung: Konjunktiv II ÜG 5.17

Wunsch	Vorschlag
Ich hätte (gern) ...	Wir könnten ... rausgehen.
Ich wäre (gern) ...	Ratschlag
Ich möchte ...	Du solltest ... ansehen.
Ich würde (gern) ...	

Ich wäre wirklich gern verheiratet.

Erfinden Sie drei Kosenamen mit -chen.

Dickerchen, ...

5 Wiederholung: Wortbildung ÜG 11.01, 11.02

Adjektive	Nomen
Nomen/Verb → Adjektiv	**Komposita: Nomen + Nomen**
danken → dank**bar**	die Arbeit + **der** Kollege →
Lust → lust**ig**	**der** Arbeitskollege
Einfall → einfalls**los**	
Adjektiv → Adjektiv	**Nomen → Nomen**
angenehm → **un**angenehm	Partner → Partner**in**
	Bär → Bär**chen**
	Verb → Nomen
	rauchen → Rauch**er**
	befragen → Befrag**ung**
	Adjektiv → Nomen
	schön → die/der Schön**e**

Kommunikation

VORSCHLÄGE MACHEN: Du solltest unbedingt ...

Du solltest unbedingt ... ansehen.
Du könntest abends ins Kino / zum Essen / ... gehen.
Geh/Fahr doch zu/zum/zur ...
Wie wäre es mit einem Flohmarkt/...?
Ich habe da einen Vorschlag: ... ist wirklich toll.
Vielleicht hast du Lust auf ...?

EINEN VORSCHLAG ANNEHMEN: Das finde ich toll!

Super! Gute Idee. | Das finde ich toll.
Das mache ich gern. | Das ist ein toller Vorschlag.
Einverstanden. | Okay, das machen wir.

EINEN VORSCHLAG ABLEHNEN: Also, ich weiß nicht.

Ach, ich würde eigentlich lieber ...
Also, ich weiß nicht. Das finde ich nicht so interessant.
Das ist doch langweilig. | Ich finde das nicht so gut.
Schade, da kann ich leider nicht. | Das ist keine gute Idee.

SICH ETWAS WÜNSCHEN: Ich möchte ...

Ich wünsche mir ... | Ich möchte ...
Ich hätte gern ... | Ich wäre gern ...
Ich würde gern ...

Ihre Freundin / Ihr Freund hat heute auf nichts Lust. Was schlagen sie ihm/ihr vor?

Du könntest heute
...

Sie möchten noch mehr üben?

6 | 37–39 AUDIO-TRAINING

VIDEO-TRAINING

Lernziele

Ich kann jetzt ...

A ... über mich und wichtige Personen in meinem Leben sprechen: *Ich bin Jakobs und Janas Mutter.* ______ ☺ 😐 ☹
B ... Streitgespräche führen und über Konflikte sprechen: *Warum legt Karina ihr Handy nicht mal weg?* ______ ☺ 😐 ☹
C ... Vorschläge machen und darauf reagieren: *Wie wäre es mit einem Flohmarkt?* ______ ☺ 😐 ☹
D ... deutsche Kosenamen verstehen: *Schätzchen ...* ______ ☺ 😐 ☹
E ... über Wünsche und Träume sprechen: *Ich würde jetzt gern einen Spaziergang machen.* ______ ☺ 😐 ☹

Ich kenne jetzt ...

... je 3 Wörter mit *-ung/-bar/-los/-er/-ig/un-/-chen*:

______
______
______
______
______
______

Lösung zu Seite 170, Übung B2:
1 Aufgabenverteilung im Haushalt / 2 zu wenig gemeinsame Zeit / 3 Partnerin/Partner hört nicht richtig zu / 4 Geld / 5 Freizeitgestaltung und Hobbys / 6 Kindererziehung / 7 Familie/Schwiegereltern

LESEN

Alles, nur nicht stehen bleiben, Birgitta!

BIRGITTA SCHULZE UND SIEBEN ABSCHNITTE AUS 76 LEBENSJAHREN

Mit 16 hast du natürlich Träume.
Ich wollte zum Theater. Aber meine Mutter konnte die Schauspielschule nicht bezahlen. Mein Vater ist im Krieg gefallen und wir waren fünf Geschwister.

Mit 26 habe ich das dritte Kind bekommen.
Damals war das ganz normal, viele haben jung geheiratet. Ernst, mein Mann, ist fast zehn Jahre älter als ich. Er war Beamter im Finanzamt und ich habe mich um die Kinder und den Haushalt gekümmert.

Mit 36 war ich oft müde.
So ein Leben als Hausfrau und dreifache Mutter kann wirklich ganz schön anstrengend sein. Ich habe gedacht: Wenn die Kinder aus dem Haus sind, kommt auch wieder eine leichtere Zeit.

Mit 46 waren die Kinder weg.
Damals ist es mir richtig schlecht gegangen. Ich hatte Depressionen. Ich hatte keine Idee, was ich jetzt noch machen sollte. Mein Leben hat auf einmal stillgestanden.

Mit 56 ging es mir wieder besser.
Die Krise war vorbei und ich hatte neue Aufgaben: Ich war aktives Mitglied bei „Amnesty International" und in unserem Kulturverein. Und dreifache Oma war ich auch!

Mit 66 habe ich mich prima gefühlt.
Mein Mann und ich sind viel gereist. Und ich habe die wachsende Familie genossen, wir hatten ja nun schon fünf Enkelkinder. Mein Jugendtraum ist auch wahr geworden: Ich habe eine nette Theatergruppe gefunden.

Heute bin ich 76 und habe Probleme mit der Gesundheit.
Theater kann ich leider nicht mehr spielen, aber das Leben liebe ich noch immer! Vor vier Jahren hatten mein Mann und ich Goldene Hochzeit*. Ist es nicht ein großes Glück, wenn man zusammen alt werden darf?

* „Goldene Hochzeit" feiert ein Ehepaar, wenn es 50 Jahre lang verheiratet ist.

1 Lesen Sie den Text. Was wissen Sie über Birgitta Schulze? Ergänzen Sie.

Sie ist heute ________ Jahre alt. Sie hat ________ Geschwister.
Ihr Mann heißt ______________________ und war ______________________ von Beruf.
Sie hat ________ Kinder. Sie hat ________ Enkelkinder. Sie ist seit ________ Jahren verheiratet.
Ihr Hobby war ______________________ . Sie war Mitglied bei ______________________
und im ______________________ .

2 Was haben Sie in diesem Alter erlebt oder was planen Sie für diesen Lebensabschnitt? Erzählen Sie im Kurs.

Mit 16 ...
Mit 26 ...
Mit 36 ...
Mit 46 ...
Mit 56 ...
Mit 66 ...
Mit 76 ...

Mit 16 hatte ich einen Traum: Ich wollte eine Reise um die ganze Welt machen.
Mit 26 habe ich geheiratet und bin nach Bremerhaven gezogen.
Mit 46 hätte ich gern ein eigenes Haus mit Garten.
Mit 66 werde ich meine Weltreise endlich machen.
Mit 76 würde ich gern auch noch so glücklich sein wie Birgitta.

PROJEKT

Wir haben es geschafft, Leute!

A1 war nur der Anfang,
ich weiß es noch wie heute.
Jetzt haben wir A2!
Ist das nicht super, Leute?
Wir haben das geschafft:
A1 und auch A2.
Jetzt holen wir uns B1!
Seid ihr auch mit dabei?

Herzlichen Glückwunsch!

Sie haben das Sprachniveau A2 erreicht und können die deutsche Sprache jetzt schon richtig gut verstehen, sprechen und schreiben. Wie gut? Na, das können Sie allen im Kurs zeigen. Schreiben Sie ein Gedicht oder lernen Sie ein deutschsprachiges Lied. Arbeiten Sie zu zweit oder in kleinen Gruppen und präsentieren Sie Ihre Ergebnisse dann im Kurs.

Ein paar Tipps:
Ihr Gedicht soll mindestens vier Zeilen haben und nicht mehr als zwölf. Sie können Ihr Gedicht auswendig vortragen oder ablesen. Ihr Lied kann ein bekannter Popsong sein, ein Rap, ein Kinderlied, was Sie möchten. Im Internet finden Sie viele deutschsprachige Lieder und Liedtexte. Es macht nichts, wenn Sie noch nicht alle Wörter kennen. Sehen Sie im Wörterbuch nach oder singen Sie mit.

Arbeitsbuch

A Ich **hätte** gern ein bisschen Ruhe!

A1

Grammatik entdecken

1 Wünsche

a Verbinden Sie.

1 Ich bin im Büro. — c Ich wäre lieber am Meer.
2 Ich habe einen Hund. — b Ich hätte lieber eine Katze.
3 Ich fahre in die Berge. — a Ich würde lieber an einen See fahren.

b Ergänzen Sie.

So ist es.	Das ist mein Wunsch.
ich bin	*ich wäre*
ich habe	ich hätte
ich fahre	ich würde

◇ A1

2 Was ist richtig? Kreuzen Sie an.

a Heute ist das Wetter schön. Herr Peters ☒ würde ○ wäre ○ hätte gern spazieren gehen, aber leider liegt er mit Fieber im Bett. Natürlich ○ würde ☒ wäre ○ hätte er gern gesund.
b Ihr spielt Fußball? Wir ☒ würden ○ wären ○ hätten gern mitspielen, aber leider müssen wir arbeiten.
c Tina und Nina sind mit ihren Eltern im Theater. Sie ○ würden ☒ wären ○ hätten lieber im Kino.
d Als Kellner läufst du den ganzen Tag sehr viel. ○ Würdest ○ Wärst ☒ Hättest du manchmal nicht lieber einen Bürojob?
e Am Sonntag habe ich Frühschicht. Ich ☒ würde ○ wäre ○ hätte so gern einmal wieder lange schlafen.

❖ A1

3 Was würden die Personen lieber machen?

Schreiben Sie Wünsche mit *wäre* – *hätte* – *würde* in der richtigen Form.

a Sie muss arbeiten. – in der Sonne liegen Sie würde lieber a
b Ich bin so allein. – bei dir sein
c Er muss für die Schule lernen. – mit Freunden ins Schwimmbad gehen Ich wäre
d Wir müssen noch eine Übung schreiben. – auf dem Balkon sitzen Ich hätte
e Es regnet und ich muss noch nach Hause gehen. – schon zu Hause sein wäre
f Ich muss arbeiten. – Urlaub haben ich würde

a Sie würde lieber in der Sonne liegen.
Ich wäre lieber …

A2

4 Schreiben Sie die Antworten.

a ◆ Hallo, wo bist du gerade?
○ Ich liege gerade am Strand. Das Wetter ist herrlich.
◆ *Oh, da wäre ich jetzt auch gern. / Oh, ich würde auch gern am Strand liegen.*

b ○ Weißt du, ich habe heute frei und sitze im Garten.
◆ Schön, da wäre ich jetzt auch.

c ○ Stell dir vor, in einer Stunde fliege ich nach Istanbul. Dort leben meine Eltern.
◆

d ○ Wir sind in den Bergen. Wir wandern zum Feldberg.
◆ Oh

A3 **5 Olivias Wünsche**

a Verbinden Sie.

1 in einem Film | 2 in die Augen | 3 Zeit | 4 Ausflüge | 5 mit den Kollegen

a ausgehen | b verbringen | c unternehmen | d mitspielen | e schauen

b Ergänzen Sie die Wünsche aus a mit *würde*.

1 Olivia würde gern in einem Film mitspielen. Aber sie arbeitet zurzeit viel am Theater.
2 Sie ______ einmal George Clooney ______.
Aber darauf muss sie wohl lange warten.
3 Am Abend ______ mit ihren Kindern ______.
Aber abends muss sie arbeiten!
4 Am Wochenende ______.
Aber leider: Da arbeitet sie auch!
5 Nach der Theater-Vorführung ______
______. Aber sie ist zu müde.

A3 2 1 **6 Was ist richtig? Hören Sie und kreuzen Sie an.**

Michael ...
- a ☒ verbringt viel Zeit mit seiner Mutter.
  - ○ würde gern mehr Zeit mit seiner Mutter verbringen.
- b ○ geht heute Abend aus.
  - ☒ würde gern wieder einmal ausgehen.
- c ☒ muss heute noch viele Dinge machen.
  - ○ würde gern viele Dinge machen.
- d ☒ fährt am Samstag an einen See.
  - ○ würde gern am Samstag an einen See fahren.

A3 2 2 Phonetik **7 Satzakzent: Wunschsätze**

a Was wird besonders stark betont? Sie hören die Sätze zweimal: einmal leise, dann laut.
Markieren Sie die Betonung: ___ .

1 Mein Sohn muss für eine Prüfung lernen.
Natürlich wäre er viel lieber im Schwimmbad oder in der Disko.
2 Mein Mann hätte gern mehr Werkzeug.
Er würde nämlich unsere Waschmaschine gern selbst reparieren.
3 Meine Tochter wäre gern schon achtzehn.
Sie würde so gern den Führerschein machen.
4 Ich würde gern mal wieder abends ausgehen oder mit einer Freundin telefonieren. Aber ich bin zu müde.

LERNTIPP Betonen Sie die wichtigste Information im Satz.

2 3 **b** Hören Sie noch einmal und sprechen Sie nach: einmal leise, dann laut.

c Schreiben Sie einen Wunsch wie in a und markieren Sie die Betonung: ___ .
Lesen Sie Ihren Wunsch zuerst leise, dann laut.

Ich bin Köchin.
Ich hätte lieber eine andere Arbeit.

B Trotzdem habe ich gewonnen.

B1 **8 Schreiben Sie die Sätze mit *trotzdem*.**

a Am Montag hat Marvin eine Prüfung.
Aber: Er fährt am Samstag in die Berge.
Trotzdem fährt er am Samstag in die Berge. /
Er fährt trotzdem am Samstag in die Berge.

b Am Bahnhof merkt er, dass er das Wasser und die Wurstbrote zu Hause vergessen hat.
Aber: Er steigt in den Zug.

c In den Bergen regnet es. Aber: Marvin wandert.

d Am Sonntag will Marvin den ganzen Tag lernen. Aber: Zuerst schläft er aus.

e Montag: Marvin hat nur wenig gelernt. Aber: Er besteht die Prüfung.

◇ B1 **9 *Trotzdem …***

a Verbinden Sie.

1 Du verdienst viel.	a Du hast schon viele Freunde gefunden.
2 Du lernst erst drei Monate Deutsch.	b Du spielst noch immer nicht gut.
3 Du spielst seit Jahren Fußball.	c Du möchtest noch mehr Geld.
4 Du bist neu in der Stadt.	d Du hast noch viele Schokoladeneier.
5 Du arbeitest wenig.	e Du sprichst schon so gut Deutsch. Toll!
6 Ostern ist schon lange vorbei.	f Du hast Skier gekauft.
7 Es gibt keinen Schnee.	g Du sagst, dass du Stress hast.

b Schreiben Sie die Sätze aus a mit *trotzdem*.

1 Du verdienst viel. Trotzdem möchtest du noch mehr Geld.
2
3
4
5
6
7

❖ B1 **10 Und Sie? Was machen Sie trotzdem? Schreiben Sie.**

Eigentlich bin ich krank. Trotzdem gehe ich zur Arbeit.

a Eigentlich bin ich krank.
Trotzdem ______.

b Es kommt nichts im Fernsehen.
Trotzdem ______.

c Ich will mich gesund ernähren.
Trotzdem ______.

d Eigentlich feiere ich nicht gern Feste.
Trotzdem ______.

e Meine Wohnung ist nicht groß.
Trotzdem ______.

C Du **könntest** auch mitmachen.

C1 11 Schreiben Sie Vorschläge mit *könnte-*.

a ◆ Ich brauche ein bisschen Bewegung.
○ Dann mach einen Spaziergang! / Du könntest einen Spaziergang machen.

b ◆ Ich würde gern mal wieder einen Film sehen. Aber allein habe ich keine Lust.
○ Ich komme mit, wenn du möchtest. / ....

c ◆ Meine Nachbarin hat nächste Woche Geburtstag.
○ Schenken Sie ihr Blumen. / ....

d ◆ Das Wetter ist heute in den Bergen so schön.
○ Machen wir einen Ausflug? / ....

e ◆ Ich bin erkältet.
○ Ich gebe dir eine Tablette. / ....

C2 12 Schreiben Sie Sätze.

a ◆ Wir möchten die Stadt ansehen.
○ Ihr könntet eine Stadtrundfahrt machen. (eine Stadtrundfahrt machen)
◆ Ach nein, wir würden lieber einen Stadtspaziergang machen. (einen Stadtspaziergang machen)

b ◆ Mir ist langweilig. Was könnte ich machen?
○ Du .... (ins Museum gehen)
◆ Ich .... (draußen etwas unternehmen)

c ◆ Ich habe Hunger!
○ Sie .... (eine Pizza kaufen)
◆ Ach nein, ich .... (ein Schnitzel essen)

d ◆ Mein Bruder hat keine Idee fürs Wochenende.
○ Er .... (raus an den Wannsee fahren)
◆ Nein, ich glaube: Er .... (sich eine Stadt ansehen)

e ◆ Das Wetter ist so schön. Was könnten wir unternehmen?
○ Wir .... (wandern gehen)
◆ Ach nein, ich .... (im Garten grillen)

C3 13 Ordnen Sie das Gespräch.

(4) ○ Schade, das geht leider nicht. Meine Mutter kommt am Wochenende zu Besuch. Aber wie wäre es nächste Woche?
( ) ◆ Tschüs.
( ) ○ Gern. Gute Idee. Wir haben schon lange nicht mehr gemeinsam gefrühstückt.
( ) ○ Schade. Na dann, vielleicht ein anderes Mal. Ich rufe dich wieder an. Oder ... warte mal: Wie wäre es am Mittwochabend? Wir könnten wenigstens mal wieder etwas trinken gehen.
( ) ○ In Ordnung. Bis dann. Ich freue mich. Tschüs.
( ) ◆ Hallo, Susi. Du, ich würde dich gern zum Frühstück einladen. Hast du Lust?
( ) ◆ Da kann ich leider nicht. Da bin ich bei Freunden in Dresden.
( ) ◆ Hast du am Sonntagmorgen Zeit?
( ) ◆ Einverstanden. Das machen wir. Ich hole dich um sechs ab.

C3 14 Hast du Zeit?

a Ordnen Sie zu.

das geht bei mir | Wie wäre es | Das machen wir | Hast du Lust | Also, dann | Warum nicht | ~~Wir könnten mal~~ | tut mir sehr leid | Wir würden gern | vielen Dank für die Einladung | haben wir leider keine Zeit

1

- ◆ Hallo, wie geht's dir?
- ○ Danke, gut. Wir haben uns lange nicht gesehen. *Wir könnten mal* wieder was zusammen unternehmen. ________________ ?
- ◆ Klar. ________________ ?
- ○ ________________ mit Kino?
- ◆ Gute Idee. ________________ . Im Tivoli kommt gerade ein toller Film.
- ○ Hast du morgen Abend Zeit?
- ◆ Ja, ________________ .
- ○ ________________ bis morgen Abend!

2

- ◆ Guten Tag, Frau Müller.
- ○ Guten Tag, Frau Huber.
- ◆ Am 7. August feiert mein Mann seinen 60. Geburtstag. Wir würden Sie und Ihren Mann gern zum Kaffee einladen.
- ○ ________________ kommen, Frau Huber. Aber nachmittags ________________ . Wir müssen beide arbeiten.
- ◆ Schade, dass Sie nicht kommen können!
- ○ Ja, ________________ , aber trotzdem ________________ .

2 🔊 4–5 b Hören Sie und vergleichen Sie.

◇ C3 15 Ordnen Sie zu und schreiben Sie Antworten: ☺ = positiv oder ☹ = negativ.

Samstagabend – lieber in die Disko gehen | ~~gern mitkommen – Uhrzeit?~~ | leidtun – keine Lust haben | gute Idee – Stuttgart gegen Hamburg spielen | einverstanden – Uhrzeit?

a ◆ Ich gehe morgen auf dem Markt einkaufen. Kommst du mit?
○ ☺ *Ich komme gern mit. Um wie viel Uhr?*

b ◆ Wir könnten am Wochenende ein Fußballspiel ansehen.
○ ☺ ________________

c ◆ Ich würde am Samstagabend gern in eine Bar gehen.
○ ☹ ________________

d ◆ Ich würde gern Fahrrad fahren.
○ ☹ ________________

e ◆ Ich würde gern am Sonntagmittag mit dir auf den Flohmarkt gehen.
○ ☺ ________________

❖ C3 16 Schreiben Sie kurze Gespräche.

Machen Sie Vorschläge und reagieren Sie positiv ☺ oder negativ ☹.

a ☹ Tennis spielen – erkältet sein – in zwei Wochen wieder?
b ☺ eine Radtour machen – am nächsten Wochenende – wohin fahren?
c ☺ schwimmen gehen – morgen Nachmittag – wann genau treffen?
d ☹ Donnerstagabend essen gehen – keine Zeit haben – vielleicht Freitag?

a ○ Ich würde gern mit dir Tennis spielen.
● Schade, das geht leider nicht. …

D Wochenendaktivitäten und Veranstaltungen

D3 17 Endlich Wochenende!

a Lesen Sie und ergänzen Sie die Namen.

Endlich Wochenende! Sicher kennt ihr das auch: Eine ganze Woche mit Stress und Arbeit liegt hinter euch. Jetzt freut ihr euch auf das Wochenende. Wir wollen von euch wissen: Wie sieht euer perfektes Wochenende aus? Welche Tipps habt ihr für die anderen? Schreibt hier im Forum.

Katinka11

Ich interessiere mich für Kultur. Ein Besuch in einem Museum oder in der Oper – dafür nehme ich mir oft Zeit. Oder für Konzerte! Am nächsten Wochenende findet die „Jazz-Nacht" statt. In mehr als 30 Konzerten treten Musiker in Bars und auf dem Stadtplatz auf.

Abdul_K

Das ist eine typisch deutsche Frage. Ständig fragen meine Kollegen: „Abdul, was machst du am Wochenende?" Muss man immer einen Plan haben? Ich verbringe das Wochenende am liebsten mit meiner Familie. Wenn das Wetter gut ist, machen wir vielleicht eine Radtour oder eine Wanderung. Wenn es regnet, bleiben wir zu Hause. So einfach ist das.

Stefan1293

Abdul hat recht. Wir haben in Deutschland so viel Urlaub und Freizeit und immer soll man etwas unternehmen. Auf dem Balkon oder auf dem Sofa sitzen – das ist doch auch mal schön.

LukasN

Mir wäre das zu langweilig. Ich probiere gern etwas Neues aus. Mein Tipp: Am Samstag bietet die Volkshochschule einen „Tag der offenen Tür" an. Politik, Kultur, Fotografie, Sprachen, ... – für jeden ist etwas dabei. Und am besten finde ich: Die Teilnahme ist kostenlos und man muss sich nicht anmelden.

Vanessa

Ein perfektes Wochenende ist für mich ein Wochenende in der Natur: im Garten arbeiten, spazieren gehen, mit Freunden grillen. Und am Sonntagvormittag gehe ich auf den Flohmarkt. Dort finde ich immer etwas.

1 ______________ verbringt das Wochenende gern draußen.
2 ______________ ruht sich am liebsten nur aus.
3 ______________ macht gern neue Sachen.
4 Katinka11 besucht gern Musikveranstaltungen.
5 ______________ möchte sein Wochenende nicht immer planen.

b Lesen Sie noch einmal und korrigieren Sie.

1 Die Konzerte in der „Jazz-Nacht" finden ~~in Restaurants und in der Oper~~ statt.
in Bars und auf dem Stadtplatz
2 Abdul verbringt gern Zeit mit seinen Freunden.
____
3 Stefan findet: Deutsche haben wenig Urlaub und Freizeit.
____
4 Lukas geht am Samstag zu einem Politikkurs an der Volkshochschule.
____
5 Den Samstagnachmittag verbringt Vanessa auf dem Flohmarkt.
____

D3 18 Wie sieht Ihr perfektes Wochenende aus?

Schreibtraining

Welche Tipps haben Sie für die anderen im Kurs? Schreiben Sie einen Forums-Beitrag wie in 17a.

D

D3 19 Einen Ausflug planen

Prüfung

Sie möchten mit Freunden am Wochenende einen Ausflug machen. Planen Sie mit Ihrer Partnerin / Ihrem Partner, was Sie tun möchten. Hier sind ein paar Notizen:

Wohin fahren und wie hinkommen?
Was ansehen/unternehmen?
Essen/Getränke?
Was brauchen wir noch (Schwimmsachen, Sonnencreme ...)?

Wohin wollen wir am Wochenende fahren?

Wir könnten doch nach ...

D3 20 Wie heißen die Wörter? Ergänzen Sie.

Aktivitäten

A **Lauftreff** für Anfänger und Fortgeschrittene:
jeden Donnerstag von 18–19 Uhr;
_______________ (menahTeil)
kostenlos; Anmeldung nicht
_______________ (forlicherder);
_______________ (punktTreff)
vor dem Rathaus
Bitte pünktlich sein, wir warten nicht!

B Die _______________
(schuVolkslehoch) hat **noch Plätze** im aktuellen _______________ (mesSeter)
frei! _______________ (renErfah)
Sie mehr darüber im Programmheft der VHS Penzing.

Veranstaltungen

C Der **Deutsche Alpenverein** bietet eine **Winterreise** nach Salzburg an:
____
(rundStadtfahrt), Weihnachtsmarkt,
Fahrt mit der _Bahn_ (hanB) auf die Festung Hohensalzburg.
Termin: 18.12.–19.12.
Preis pro Person: 49 Euro
_______________ (dungmelAn)
unter **0151-13141516**

D Lieben Sie die
_______________ (turNa)?

Vortrag über Wildkräuter
15.12., 16 Uhr, Kurhaus Bad Kohlgrub
_______________ (trittEin) frei

D3 21 Satzmelodie und Pausen

2 🔊 6 **a** Hören Sie und achten Sie auf die Pausen: | = kurze Pause oder || = lange Pause.

Phonetik

Ich arbeite viel _→_ | und komme immer sehr spät nach Hause _↘_ ||. Trotzdem nehme ich mir Zeit für Gymnastik ____ ||. Sport ist wichtig ____ |, weil ich den ganzen Tag im Büro sitze ____ ||. Am Wochenende ruhe ich mich aus ____ ||. Wenn das Wetter schön ist ____ |, sitze ich im Garten und lese ____ ||. Und wenn am Abend Fußball im Fernsehen kommt ____ |, bin ich glücklich ____.

2 🔊 6 **b** Hören Sie noch einmal und ergänzen Sie in a die Satzmelodie: → oder ↘.

c Lesen Sie den Text in a laut.

E2 22 Stadtfest Lamstein

a Wo kann man das machen? Lesen Sie und ordnen Sie zu.
Achtung: Manchmal gibt es mehrere Lösungen.

1 Musik hören 2 tanzen 3 etwas lernen 4 Sport machen 5 etwas kaufen

Stadtfest Lamstein am 12. Juli – Programm

(3) (5) **Fußgängerzone**

10–18 Uhr	Kunsthandwerkermarkt und Flohmarkt: Handwerker und Künstler aus ganz Europa zeigen und verkaufen Bilder, Geschirr und vieles mehr. Auf dem Flohmarkt finden Sie Kleidung, Spielzeug, CDs – alles zum kleinen Preis.
10–16 Uhr	Nähen Sie gern? Schneiderin Meral Toprak gibt Tipps.
13–14 Uhr	Holz & Hammer: Mini-Kurs „Holzarbeiten" mit Carsten Kröger
ab 14 Uhr	Basteln mit Papier (für Kinder ab 4 Jahren)
15–16 Uhr	Holz & Hammer: Mini-Kurs „Holzarbeiten" mit Carsten Kröger

◯ ◯ **Schwimmbad Heinemannstraße**

10–12 Uhr	Schnupper-Schwimmen für Erwachsene Sie können nicht schwimmen? Kein Problem!
13–16 Uhr	Lustige Wasserspiele für Groß und Klein

◯ **Sportpark am Wald**

10–14 Uhr	Laufen ohne Ende: 10-km-Lauf (10.00 Uhr), 5-km-Lauf (11.30 Uhr), verschiedene Kinderläufe, Anmeldung unter: laufen@sportverein-lamstein.de
15–19 Uhr	großes Fußballturnier für alle Hobby-Fußballspieler und Fußball-Fans ab 4 Jahren

◯ ◯ **Rathausplatz**

ab 10 Uhr	Musik und Tanz den ganzen Tag mit DJ Kevin vom Radiosender Energy24
10–18 Uhr	Showprogramm mit Bauchtanz, Musikvorführungen, Feuerkünstlern, ...
18–20 Uhr	Kinder-Disko
20–23 Uhr	Partymusik: Tanzen Sie mit!
ab 23 Uhr	Feuerwerk

b Wo und wann können Sie das machen? Lesen Sie noch einmal und notieren Sie den Ort und die Uhrzeit.

1 Ihre Tochter, zwölf Jahre, tanzt total gern. Rathausplatz, 18-20 Uhr
2 Sie wollen schwimmen lernen. ____________
3 Sie möchten selbst einen Rock nähen. Sie wissen aber nicht, wie. ____________
4 Sie suchen günstige Spielsachen für Ihre Kinder. ____________
5 Sie joggen wochentags jeden Abend. Schaffen Sie 10 Kilometer? ____________

E2 23 Eine Nachricht schreiben

Prüfung

Sie haben sich mit einer Freundin / einem Freund für das Stadtfest verabredet. Schreiben Sie eine SMS.

– Entschuldigen Sie sich, dass Sie zu spät kommen.
– Schreiben Sie, warum.
– Nennen Sie einen neuen Treffpunkt und eine neue Uhrzeit.

Schreiben Sie zu allen drei Punkten.

Test Lektion 8

1 Was ist richtig? Kreuzen Sie an.

1 ______ /6 Punkte

WÖRTER

	verbringen	machen	fahren	ansehen
a eine Rundfahrt	○	⊗	○	○
b eine Wanderung	○	○	○	○
c eine Oper	○	○	○	○
d Zeit mit der Familie	○	○	○	○
e an einen See	○	○	○	○
f ein Wochenende am See	○	○	○	○
g raus in die Natur	○	○	○	○

______ 0–3 / 4 / 5–6

2 Schreiben Sie Sätze über Lars mit *trotzdem*.

2 ______ /4 Punkte

GRAMMATIK

Es ist Wochenende!

a Trotzdem steht Lars früh auf. (früh aufstehen)

b ______________________________ (ins Büro fahren)

c ______________________________ (acht Stunden arbeiten)

Es ist kalt!

d ______________________________ (morgens joggen gehen)

e ______________________________ (im See schwimmen)

3 Ergänzen Sie: *wäre – hätte – würde – könnte.*

3 ______ /10 Punkte

a ◆ Sara würde gern in einem Haus leben, nicht in einer Mietwohnung. Denn sie ______________ gern einen Garten. Jedes Wochenende ein Grillfest machen – das ______________ schön, sagt sie!

○ Na ja, sie ______________ doch eine Wohnung mit Balkon mieten.

b ◆ Marco ______________ so gern mal wieder ausgehen. Aber nie hat seine Frau Zeit.

○ Er ______________ ja mal die Wäsche waschen und sauber machen. Dann ______________ seine Frau mehr Zeit.

c ◆ Ich bin Verkäuferin. Eigentlich ______________ ich lieber Künstlerin. Ich ______________ am liebsten den ganzen Tag malen, basteln und singen. Aber dann ______________ ich kein Geld.

○ Wie ______________ es, wenn du Malkurse anbieten würdest?

◆ Gute Idee!

______ 0–7 / 8–11 / 12–14

4 Ergänzen Sie das Gespräch.

4 ______ /5 Punkte

KOMMUNIKATION

◆ Wir k__nn__e__ m__l w__e__e__ (1) in eine Bar gehen.

○ Klar, w a r u m (2) nicht? Wie wäre es am Freitagabend?

◆ T__ __ m__ __ __ __ __d (3), aber da habe ich Fußballtraining. Am Samstag?

○ E__ __v__ __st__ __d__ __ (4). U__ w__ __ v__ __ __ __ __r (5) sollen wir uns treffen?

◆ Ist 20.00 Uhr okay?

○ Ja, d__ __ g__h__ b__ __ m__ __ (6). Ich hole dich um acht ab.

______ 0–2 / 3 / 4–5

1 Medien im Alltag

2 🔊 7–10 a Worüber sprechen die Leute? Hören Sie vier Gespräche und ordnen Sie zu.

A ◯ Mediathek im Internet

B ① Radiosender

C ◯ Nachrichten im Fernsehen

D ◯ Sportzeitschriften

2 🔊 7–10 b Was möchten die Leute sehen, lesen oder hören? Verbinden Sie. Hören Sie dann noch einmal und vergleichen Sie.

Gespräch 1	Berichte über internationalen Fußball
Gespräch 2	Dokumentation in der Mediathek
Gespräch 3	Nachrichten auf TV Deutschland um acht
Gespräch 4	Nachrichten aus der Region

2 Verbinden Sie.

a Welche Zeitung berichtet über das Fußballspiel von gestern?
b Ich suche eine Zeitung mit dem Freizeitprogramm für Sonntag.
c Wie wird denn das Wetter heute Abend bei uns?
d Wo gibt es im Fernsehen gute Kinderprogramme?

1 Keine Ahnung. Aber mach mal das Radio an. Da kommen gleich die Nachrichten und das Wetter.
2 Im Kinderkanal. Da gibt es auch keine Werbung.
3 Ich weiß es nicht. Schau doch im Internet, dort findest du auf jeden Fall etwas über das Spiel.
4 Nehmen Sie die „Rasthofer Presse", die hat einen Extra-Teil für das Wochenende.

3 Wählen Sie eine Situation und spielen Sie.

Sie sind in einem Zeitschriftenladen und möchten eine Modezeitschrift kaufen.

Sie möchten sich informieren, wie bei Ihnen das Wetter am Wochenende wird.

Sie haben am Freitagabend noch nichts vor. Sie sehen gern Quizshows im Fernsehen.

Auf welchem Sender kommt …?
Wann fängt … an?
Ich suche …
Welche Zeitung …?

Fokus Beruf: Computer und Internet

1 Computer und Internet: Sprechen Sie.

– Brauchen Sie für Ihre Arbeit einen Computer?
– Nutzen Sie das Internet?
– Wenn ja: Wofür?

Bestellungen machen | E-Mails schreiben | mit Kunden telefonieren | Rechnungen/Verträge/Listen/Angebote schreiben | Kundenanfragen beantworten | recherchieren | ...

Also, ich brauche das Internet. Ich skype oft mit Kunden im Ausland.

Ich schreibe nur Rechnungen an meinem Computer. ...

2 Sicherheit für Ihre Daten und im Internet

a Lesen Sie die Tipps und den Text und ordnen Sie zu.

1 Vorsicht: Nicht jede E-Mail und jeden Anhang öffnen!
2 Programme nur aus zuverlässigen Quellen herunterladen.
3 Sichere Passwörter schützen Ihren Computer.

So ist Ihr Computer sicher!

○ Sie sollten nur Programme von sicheren Seiten herunterladen. Wenn Sie das nicht machen, haben Sie ganz schnell einen Virus auf dem Computer.

○ Sichern Sie Ihren Computer mit einem Passwort. Achten Sie darauf, dass das Passwort nicht zu einfach ist. Am besten ist eine Kombination aus Buchstaben und Zahlen. Ändern Sie Ihr Passwort regelmäßig.

○ Wichtig für E-Mails: Öffnen Sie keine E-Mails, wenn Sie den Absender nicht kennen. Kriminelle wollen Ihre Daten (Adresse, Telefon, Bankverbindung) und Ihr Geld.

b Irina Korschunowa hat fünf E-Mails bekommen.
Welche E-Mails sollte sie nicht öffnen? Kreuzen Sie an.

E-Mail Eingang | E-Mail Ausgang | Papierkorb

	vom	Absender	Betreff
☒	7. April	calypso jorden	Sie haben gewonnen!!!
○	6. April	faber@buero.mayer.de	Re: Meeting am 15.4.
○	5. April	jean kraemer	Rreeplica Swwisss Watches
○	5. April	newsletter@handelskammer.de	Newsletter April
○	5. April	Ihrkonto@hypervereinsbank.de	Wichtig!!! Neue PIN für Ihr Girokonto

c Welche E-Mails sind gefährlich? Was kann passieren? Sprechen Sie.

Ich kenne den Namen nicht. Dann öffne ich die E-Mail nicht.

Die Bank fragt in einer E-Mail nicht nach einer PIN-Nummer. Die ist geheim.

Wenn man nicht sicher ist: Lieber nicht öffnen.

A Das ist ja eine **tolle** Wohnung!

1 Wie heißt das Gegenteil? Verbinden Sie.

Wieder-holung

a	billig	klein	b	lang	langweilig	c	modern	leise
	jung	dunkel		interessant	leicht		gut	hässlich
	groß	teuer		neu	kurz		laut	alt
	hell	alt		schwierig	alt		schön	schlecht

2 Verrückter Flohmarkt: Sehen Sie das Bild an und ordnen Sie zu.

Wieder-holung

~~modern~~ groß lang alt klein kurz

◆ Wie gefällt/gefallen Ihnen ...

a die Kette? ○ Die ist nicht schlecht. Aber sie ist viel zu ________.

b das Regal? ○ Das ist zu ________. Da passt doch gar kein Buch rein.

c der Tisch? ○ Nicht so gut, die Beine sind zu ________.

d das Buch? ○ Das ist mir zu ________. Das passt in keine Tasche.

e das Handy? ○ Das ist doch gar nicht mehr *modern*.

f diese Schuhe? ○ Ach, die sind zu ________. Die sind ja schon kaputt.

3 Ergänzen Sie: ● *der* – ● *das* – ● *die* – ● *die*.

A1

a ● *die* Kerze — Das ist eine bunte Kerze.
b ________ Kerzenständer — Das ist ein schöner Kerzenständer.
c ________ Handy — Das ist ein gutes Handy.
d ________ Bücher — Das sind interessante Bücher.
e ________ Saftgläser — Das sind keine schönen Saftgläser.

4 Markieren Sie in 3 und ergänzen Sie.

A1 Grammatik entdecken

● der Kerzenständer	Das ist ...	ein/kein	schön*er*	Kerzenständer.	*-er*
● das Handy		ein/kein	gut____	Handy.	____
● die Kerze		eine/keine	bunt____	Kerze.	____
● die Bücher	Das sind ...	/	interessant____	Bücher.	____
● die Saftgläser		keine	schön____	Saftgläser.	⚠ ____

5 Ergänzen Sie.

A2

a Das ist keine billig*e* Kamera. Das ist eine teur____ Kamera.
b Das ist keine praktisch____ Brieftasche. Das ist eine viel zu groß____ Brieftasche.
c Das ist kein klein____ Feuerzeug. Das ist ein groß____ Feuerzeug.
d Das ist kein hübsch____ Bikini. Das ist ein hässlich____ Bikini.
e Das sind keine neu____ Schuhe. Das sind alt____ Schuhe.

A

6 Verbinden Sie.

A2

◆ Guck mal, hier. Das ist/sind doch ...

a ein tolles — 2 Handy.
b ein hübscher
c eine preiswerte
d praktische

1 Bikini.
2 Handy.
3 Gläser.
4 Geldbörse.

○ Also, ich weiß nicht. Das ist/sind doch ...

e keine schöne
f kein praktischer
g keine guten
h kein interessantes

5 Koffer.
6 Lampe.
7 Buch.
8 Bildschirme.

7 Im Kaufhaus: Vergleichen Sie mit dem Einkaufszettel und schreiben Sie.

A2

- Regal, niedrig
- Gläser, groß
- Mantel, schwarz
- Lampe, billig
- Bett, breit

◆ Schau mal. Da hinten ist/sind ...

a Regale. ○ *Ja, aber da sind nur hohe Regale. Dort ist leider kein niedriges Regal.*
b Gläser. ○ ...
c Mäntel. ○ ...
d Lampen. ○ ...
e Betten. ○ ...

8 Ordnen Sie zu.

A2

du sicher | weiß nicht | ~~findest du~~ | geht so

◆ Guck mal, hier. Das ist ja ein toller Wandteppich.
○ Hm, *findest du* ?
◆ Und was sagst du zu der Plastiktischdecke? Die ist doch sehr praktisch.
○ Tja, ich ... .
◆ Oh! Schau mal da drüben! Das Poster. Das passt super in meine Wohnung.
○ Bist ... ?
◆ Und es kostet nur 45 Euro. Das ist ja preiswert.
○ Na ja, ...

B2 9 Anzeigen

a Markieren Sie noch sechs Wörter.

LABEKOKRATZERMIABESTECKDSESTOFFEDEWAHÖHEAT
EANTOZUSTANDHLOPARMETALLKISQOFHOLZPLATTEFE

b Ordnen Sie die Wörter aus a zu.

1
Suche
bunte ....
und eine alte
Nähmaschine.

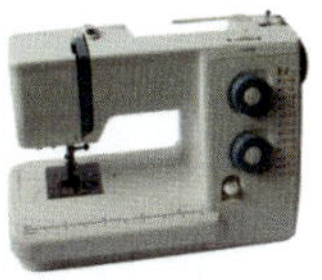

2
Ich verkaufe meine schönen Küchenregale aus
....
..................................: 0,80 m
Breite: 1,10 m
Einwandfreier Zustand.
Keine ....

3
Verkaufe ein neues
..................................-Set
mit 24 Teilen in schlichtem Design für nur 45 Euro.

4
Biete unseren alten Gartentisch. Der Tisch hat eine 5 cm dicke Holzplatte. ....: gebraucht.
Kostenlos an Selbstabholer.

B2 10 Markieren Sie in 9b und ergänzen Sie.

Grammatik entdecken

der Gartentisch	Biete	unseren	alten Gartentisch.	-en
das Besteck	Verkaufe	ein	.... Besteck-Set.	....
die Holzplatte	Der Tisch hat	eine	.... Holzplatte.	....
die Stoffe	Suche	/	.... Stoffe.	....
die Küchenregale	Ich verkaufe	meine	.... Küchenregale.	....

B2 11 Ergänzen Sie.

- ◆ Guck mal, der Laden „Dekorprofi“ hat gerade viele preiswerte Angebote. Da müssen wir am Samstag unbedingt mal vorbeischauen.
- ○ Wir brauchen doch gar keine neu.......... Sachen. Ich finde, wir sind schon super eingerichtet. Außerdem hast du erst letzte Woche eine neu.......... Lampe und einen neu.......... Teppich mitgebracht.
- ◆ Ja, stimmt. Aber ich wünsche mir doch schon lange einen schön.......... Kerzenständer und ein hübsch.......... Poster.
- ○ Wir brauchen doch kein neu.......... Poster!
- ◆ Ach bitte, ich mag unser alt.......... Bild überhaupt nicht mehr. Außerdem brauchen wir eine neu.......... Tischdecke. Und im „Dekorprofi“ haben sie eine super Qualität!

B2 12 Was ist richtig? Kreuzen Sie an.

a Diesen Tisch aus Holz habe ich ○ nach ○ zu ☒ von einem alten Freund gekauft.
b Geschirr kaufe ich am liebsten ○ nach ○ seit ○ in einem guten Geschäft.
c Garantie hast du nur ○ von ○ bei ○ aus einer neuen Espressomaschine.
d Das Salatbesteck aus Plastik passt nicht ○ mit ○ bei ○ zu unseren neuen Salatschüsseln.

B2 13 Markieren Sie die Endungen in 12 und ergänzen Sie.

Grammatik entdecken

der Freund	von einem alten Freund	-en
das Geschäft	in einem gut___ Geschäft	___
die Espressomaschine	bei einer neu___ Espressomaschine	___
die Salatschüsseln	zu unseren neu___ Salatschüsseln	___

B2 14 Ergänzen Sie.

a ◆ Was suchen Sie?
○ Ich brauche einen Anzug mit einer schönen Jacke.
b ◆ Kann ich Ihnen helfen?
○ Ja, ich suche einen Küchenschrank mit ein___ klein___ Regal.
c ◆ Suchen Sie etwas?
○ Ja, einen Computer mit ein___ groß___ Bildschirm.
d ◆ Haben Sie eine Frage?
○ Ja. Gibt es dieses Kleid auch mit rot___ oder blau___ Blumen?
e ◆ Gefällt Ihnen dieser Tisch?
○ Nein. Ich brauche einen Tisch mit ein___ breit___ Schublade.

B2 15 Im Laden: Ergänzen Sie.

a ◆ Sieh mal, da hinten gibt es praktische Plastikbecher und -teller mit bunt___ Blumen.
○ Super! Wir brauchen dringend ein paar neu___ Plastikbecher.
b ◆ Ich würde gern eine schön___ Müslischale für meinen klein___ Sohn kaufen.
○ Hier ist eine in einer schön___ Farbe.
c ◆ Wir brauchen noch einen neu___ Teppich.
○ Ja, aber hier habe ich noch keine hübsch___ Teppiche gesehen.
d ◆ Das ist aber ein toll___ Poster.
○ Ja, stimmt. Aber wir brauchen kein neu___ Poster. Und es passt auch nicht zu unserem hell___ Sofa.
e ◆ Gibt es hier keine preiswert___ Lampen?
○ Doch. Dort hinten habe ich eine günstig___ Lampe mit einem schön___ Lampenschirm gesehen.

◇ B2 16 Was ist richtig? Kreuzen Sie an.

A

BIETE

Versteigere unsere drei Jahre
☒ alte ○ alter Waschmaschine
mit 24 ○ verschiedene
○ verschiedenen Programmen.
Bitte keine ○ telefonische
○ telefonischen Nachfragen.

B

SUCHE

Suche zwei ○ bunte
○ bunten Sessel mit
einer ○ passenden
○ passende Lampe für
meine neue Wohnung.

C

BIETE

Biete einen ○ alter
○ alten Kinderwagen.
Er ist vier Jahre alt,
aber noch in einem sehr
○ guter ○ guten Zustand.

D

BIETE

Verkaufe mein fast
○ neues ○ neuem Handy
mit nur ○ wenige
○ wenigen Kratzern auf
der Rückseite.

E

SUCHE

Suche eine ○ preiswerte
○ preiswerter Stehlampe
mit einem ○ schönes
○ schönen Lampenschirm.

B2 17 Online-Markt: Schreiben Sie fünf Anzeigen.

Beginnen Sie die Anzeigen mit „Verkaufe/Biete/Suche/Versteigere …“.

• Kochbuch • Kühlschrank
• Kinderbücher • Tisch
• Kinderfahrrad • Lampe …

drei Jahre alt | asiatisch | gut
modern | klein | schön | hell
bunt | preiswert | …

• schönes Licht • alte Stühle
• leckere Rezepte • schöne Bilder
• guter Zustand • lustige Geschichten
• helle Möbel • kleiner Sohn
• große Schublade für Gemüse …

Suche ein asiatisches Kochbuch mit leckeren Rezepten.

B3 18 Rhythmischer Akzent

2 ◀)) 11
Phonetik

a Hören Sie und sprechen Sie nach. Achten Sie auf den Rhythmus.

Sieh mal da,
ein dicker, warmer Schal — ein alter, großer Wecker — ein schwarzes Regal — ein tolles Besteck
eine schöne Kette — eine schwarze Jacke — schöne, alte Bücher — billige Bildschirme
Ich brauche keinen dicken, warmen Schal, keinen alten, großen Wecker.
Ich brauche einen großen Schrank, einen langen Rock, einen eleganten Mantel.

b Sprechen Sie dann mit eigenen Beispielen im Rhythmus.

B3 19 Hören Sie und sprechen Sie nach.

2 ◀)) 12
Phonetik

Achten Sie auf den Rhythmus.

von einem alten Freund – aus einem dünnen Stoff – nach einem schönen Urlaub –
in einem guten Geschäft – zu einem tollen Konzert – mit einer blauen Bluse –
mit einem bunten Bikini – mit langen Haaren – mit roten Rosen – aus frischen Tomaten

C Am schönsten finde ich den Teppich.

C1 20 Ordnen Sie das Gegenteil zu und ergänzen Sie.

am längsten | am langsamsten | am scheußlichsten | am jüngsten | am leichtesten | am niedrigsten | am leisesten | am schlechtesten | ~~am billigsten~~

	+	++	+++		+	++	+++
a	billig	billiger	am billigsten	↔	teuer	teurer	am teuersten
b			am schönsten	↔			
c				↔			am ältesten
d			am höchsten	↔			
e				↔			am besten
f			am schwersten	↔			
g			am kürzesten	↔			
h				↔			am lautesten
i			am schnellsten	↔			

C2 21 Ordnen Sie zu.

~~schöner~~ | praktischer | wichtiger | spannender | teurer

a ◆ Oh, sieh mal, der Hut da hinten.
○ Ja, der ist schön. Aber den hier finde ich noch schöner.
◆ Stimmt. Aber guck mal auf das Preisschild.
Der ist auch ______.

b ◆ Guck mal. Der Rucksack ist toll.
○ Ja, aber den Koffer finde ich ______.

c ◆ Schau mal, dort drüben sind Bücher im Angebot. Da möchte ich mal nach einem Liebesroman gucken.
○ Ich finde Krimis ______ als Liebesromane.

d ◆ Musst du auch noch in die Elektro-Abteilung?
○ Ja, meine Tochter wünscht sich ein Handy. Aber noch ______ wäre ihr ein Tablet.

C3 22 Ergänzen Sie: *als – wie*.

a Salat ist gesünder als Pudding.
b Olga geht genauso gern ins Theater ______ ins Fußballstadion.
c Online-Nachrichten sind aktueller ______ Nachrichten in Zeitungen.
d Mohammed gefällt Hip-Hop besser ______ Jazz.

C3 23 Ergänzen Sie.

a Kuchen esse ich gern. Eis esse ich auch gern. Kuchen esse ich genauso gern wie Eis.
b Das Wetter ist heute gut. Gestern war es nicht so gut. Das Wetter ist heute besser als gestern.
c Die Kamera kostet 299 Euro. Der Fernseher kostet auch 299 Euro.
Die Kamera kostet ______ der Fernseher.
d Das Metallregal ist 2,20 m hoch. Das Holzregal ist 1,50 m hoch.
Das Metallregal ist ______ das Holzregal.
e Yasim lernt seit sechs Monaten Deutsch. Ali lernt seit drei Monaten Deutsch.
Yasim lernt ______ Ali.

C4 24 Ergänzen Sie.

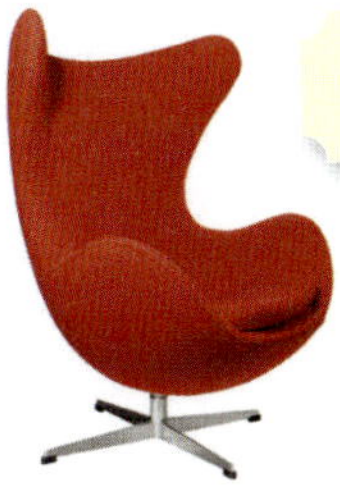

617,- €

Annas Sessel

280,- €

Lindas Sessel

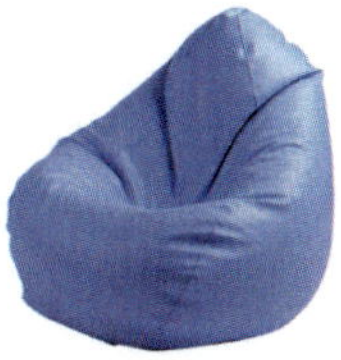

65,- €

Ewas Sessel

a groß: Lindas Sessel ist *größer als* Ewas Sessel, aber *am größten* ist Annas Sessel.
b teuer: Annas Sessel ist .... Lindas Sessel ist .... Ewas Sessel.
c billig: Ewas Sessel ist .... Lindas Sessel und Annas Sessel.
d modern: Ewas Sessel ist .... Lindas Sessel.
Aber .... ist Annas Sessel.

◇ C4 25 Ordnen Sie zu.

am liebsten | lieber als | ~~jünger als~~ | am jüngsten | leichter als | am leichtesten | Am schnellsten | schneller als

a Ich bin *jünger als* mein Bruder. Aber meine Schwester ist ....
b Englisch ist .... Deutsch und .... ist meine Muttersprache.
c Ins Kino gehe ich .... ins Theater.
Aber .... besuche ich Freunde.
d Mit dem Fahrrad bin ich .... zu Fuß.
.... bin ich mit dem Motorrad.

❖ C4 26 Schreiben Sie Vergleiche.

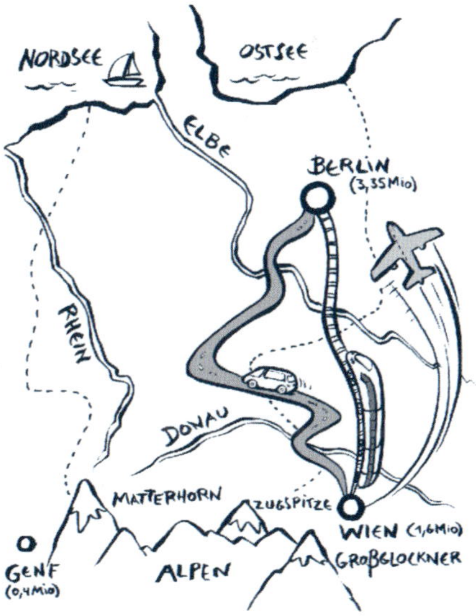

a **weit:** Berlin → Genf: 1100 km, Berlin → Alpen: 680 km, Berlin → Ostsee: 205 km
b **schön:** Nordsee + / Alpen ++ / zu Hause +++
c **hoch:** der Großglockner 3797 Meter / das Matterhorn 4478 Meter / die Zugspitze 2963 Meter
d **lang/kurz:** Rhein 1320 Kilometer / Elbe 1165 Kilometer / Donau 2850 Kilometer
e **groß:** Einwohner: Genf 0,2 Millionen / Berlin 3,5 Millionen / Wien 1,8 Millionen
f **lang, billig/teuer:** Wien – Berlin:
Zug: 9:33 Stunden, 90 Euro /
Flugzeug: 1:30 Stunden, 189 Euro /
Auto: 9 Stunden, 160 Euro

a Die Ostsee liegt weit von Berlin entfernt. Die Alpen liegen noch weiter von Berlin entfernt. Am weitesten von Berlin entfernt liegt Genf.

D Interviews im Radio

D2 **27 Verbinden Sie.**

a ● einen Kredit | b ● eine Statistik | c ● Scharade | d ● Tabak | e ● ein Schaufenster | f ● Termine

1 spielen | 2 aufnehmen | 3 lesen | 4 dekorieren | 5 vorschlagen | 6 rauchen

D3 **28 Ordnen Sie zu.**

~~Da spare ich nicht~~ | am meisten gebe ich | Ich gebe nicht viel Geld | Ich kaufe am liebsten

◆ Sieh mal hier. Ich habe mir einen tollen neuen Mantel gekauft.
○ Oh ja, der ist schön. War das ein Angebot?
◆ Nein, leider nicht. Aber Kleidung ist mir wichtig. Da spare ich nicht.
○ .... für Kleidung aus, denn unsere Miete ist schon wieder gestiegen und für Wasser und Gas müssen wir auch immer mehr bezahlen.
▲ Unsere Wohnung ist nicht so teuer. Und Kleidung ist mir nicht so wichtig. .... Bio-Lebensmittel. Bei Nahrungsmitteln achte ich immer auf gute Qualität.
□ Ja, das ist mir auch wichtig. Aber .... für Reisen aus. Meine Urlaube sind mir am wichtigsten.

D3 **29 Frau Kilian bekommt Post.**

a Was ist hier passiert? Kreuzen Sie an.

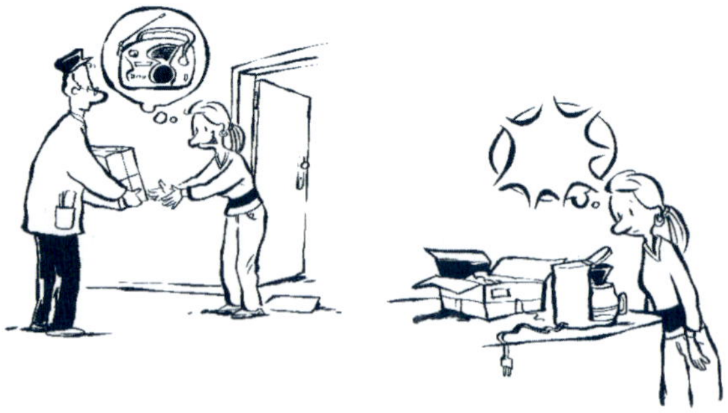

○ Frau Kilian bekommt von ihrem Mann eine Kaffeemaschine zum Geburtstag.
○ Frau Kilian hat ein Radio bestellt. Aber im Päckchen ist eine Kaffeemaschine.
○ Frau Kilian hat eine Kaffeemaschine bestellt. Jetzt braucht sie ein Radio.

b Frau Kilian schreibt an die Firma „Hansa Versand".
Lesen Sie die Fragen und markieren Sie die Antworten im Text.

1 Was hat Frau Kilian genau bestellt?
2 Wann hat Frau Kilian bestellt?
3 Was ist passiert?
4 Was soll die Firma „Hansa Versand" tun?

E-Mail senden

Sehr geehrte Damen und Herren,

ich habe am 22. Januar bei Ihnen das Radio „Extech 2020" bestellt. Aber Sie haben mir eine Kaffeemaschine geschickt. Bitte holen Sie die Kaffeemaschine bei mir ab und schicken Sie mir das Radio.

Mit freundlichen Grüßen
Susanne Kilian

D3 30 Einen Beschwerdebrief schreiben

Schreibtraining

a Schreiben Sie die Sätze höflicher.

Ich habe bei Ihnen einen Fernseher bestellt. ...

1 Er funktioniert nicht. Leider *funktioniert er nicht.*

2 Die Rechnung stimmt nicht. Es tut mir leid, aber ....

3 Schicken Sie eine neue Rechnung. Bitte ....

b Schreiben Sie einen Brief.

1 Anzug bestellt – 15. März – zu klein – zurückschicken möchten – Anzug in Größe 52 schicken

2 Kamera gekauft – Modell X995 – vor einem halben Jahr – kaputt sein – noch Garantie haben – Kamera reparieren und zurückschicken

Sehr geehrte Damen und Herren,
am 15. März habe ich bei Ihnen einen Anzug bestellt.
Leider ist ...
...
Mit freundlichen Grüßen, ...

LERNTIPP Denken Sie an die *Sie*-Form und schreiben Sie höflich, wenn Sie Briefe oder E-Mails an Firmen oder Behörden schreiben.

D3 31 Sie möchten im Internet bestellen.

Prüfung

Lesen Sie die Aufgaben 1 bis 6 und die Informationen auf der Webseite.
Welchen Begriff klicken Sie an? Kreuzen Sie an: a, b oder c.

1 Sie brauchen eine neue Kaffeemaschine.
a ○ Elektronik
b ○ Elektrogeräte
c ○ Möbel und Wohnen

2 Sie möchten Ihrem Sohn eine Gitarre schenken.
a ○ Musikinstrumente
b ○ Spielzeug
c ○ Elektronik

3 Sie möchten einen Kühlschrank kaufen.
a ○ Möbel und Wohnen
b ○ Elektrogeräte
c ○ Kontakt

4 Sie haben ein Radio bestellt. Es ist kaputt.
a ○ Rückgabe
b ○ Elektronik
c ○ weitere Produkte

5 Sie möchten Kinderkleider kaufen.
a ○ Kontakt
b ○ Spielzeug
c ○ weitere Produkte

6 Sie haben eine Frage zum Internet-Einkauf.
a ○ Rückgabe
b ○ Kontakt
c ○ Garantie

E Meine Lieblingssachen

E2 32 Ordnen Sie zu und ergänzen Sie in der richtigen Form.

kinderlos | wolkenlos | fehlerlos | schlaflos | ~~kostenlos~~

a Ein Regal. Es kostet nichts. → ● ein kostenloses Regal
b ein Sommertag ohne Wolken → ● ein .... Sommertag
c eine Nacht ohne Schlaf → ● eine .... Nacht
d ein Ehepaar ohne Kinder → ● ein .... Ehepaar
e ein Test ohne Fehler → ● ein .... Test

E2 33 Wichtige Gebrauchsgegenstände

a Sehen Sie die Texte und die Bilder an und ordnen Sie zu.

○ 
① 
○ 
○ 

Thema: Was ist euer liebster Alltagsgegenstand?

1 
Ali
Ich liebe Musik und ich kann nicht ohne meine Kopfhörer leben. Ich habe lange gespart und sie mir letztes Jahr gekauft. Ich mag sie, weil ich so immer und überall Musik hören kann und niemanden störe.

2 
Noemi
Mein Lieblingsgegenstand ist dieser Schlüssel. Er ist mir wichtig, denn er gehört zu meinem Auto und das macht mich flexibel.

3 
Saida
Diese Kamera habe ich von meinen Eltern bekommen. Mit ihr habe ich schon viele schöne und manche lustige Situationen fotografiert und mit meinen Freunden geteilt. Sie ist besonders wertvoll für mich, weil ich so viele schöne Erinnerungen damit verbinde.

4 
Milena
Diesen Kugelschreiber habe ich von einer lieben Freundin bekommen. Das ist schon einige Jahre her. Damals habe ich Geschichten geschrieben. Heute ist er mir wichtig, weil ich damit all meine Gedanken aufschreibe.

b Warum sind die Gegenstände für die Personen wichtig? Lesen Sie und markieren Sie.

E2 34 Hören Sie vier kurze Gespräche und wählen Sie die richtige Lösung a, b oder c.

2 🔊 13–16
Prüfung

1 Wo sind die Schlüssel?
a ○ 
b ○ 
c ○ 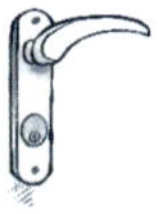

2 Wofür interessiert sich der Mann?
a ○ 
b ○ 
c ○ 

3 Wofür bekommt die Frau noch Karten?
a ○ 
b ○ 
c ○ 

4 Was hat die Frau nicht bekommen?
a ○ 
b ○ 
c ○ 

Test Lektion 9

9

1 Markieren Sie noch sieben Wörter und ordnen Sie zu.

1 ____ /7 Punkte

WÖRTER

ABBIKINIENIKAMERATABRIEFTASCHERILSTOFFALD
FEUERZEUGNOMETALLANHUTFUORRUCKSACKWETI

a Kleidung: Bikini, ____________________
b Gegenstände: ____________________
c Materialien: ____________________

____ 0–3 | 4–5 | 6–7

2 Ergänzen Sie.

2 ____ /9 Punkte

GRAMMATIK

a Verkaufe meinen alten Schreibtisch mit einer dick______ Holzplatte.
b Suche einen breit______ Kinderkleiderschrank mit bunt______ Türen.
c Biete vier schmal______ Gartenstühle. Sie sind erst ein Jahr alt und in einem gut______ Zustand.
d Ich brauche eine klein______ Stehlampe mit einem schön______ Lampenschirm.
e Wir versteigern unser hell______ Sofa mit einem passend______ Sessel.

3 Ergänzen Sie in der richtigen Form mit *genauso … wie – am … – … als*.

3 ____ /7 Punkte

a gesund: Anna macht dreimal pro Woche Sport. Ihre Schwester macht nur einmal pro Woche Sport. Ihr Bruder macht jeden Tag Sport. Anna lebt gesünder als ihre Schwester. Ihr Bruder lebt ____________________.
b alt: Serina ist 20 Jahre alt. Ihre Schwester ist 17 und ihr Bruder ist 22 Jahre alt. Serina ist ____________________ ihre Schwester. Und ihr Bruder ist ____________________.
c billig: Der Rucksack kostet 100 Euro. Der Koffer kostet 150 Euro und die Brieftasche kostet 50 Euro. Der Rucksack ist ____________________ der Koffer. ____________________ ist die Brieftasche.
d langweilig: Kemal liest nicht gern Krimis. Er liest auch keine Liebesromane. Er findet Krimis ____________________ Liebesromane.
e hoch: Das Regal hat eine Höhe von 1,70 m und der Schrank hat auch eine Höhe von 1,70 m. Der Schrank ist ____________________ das Regal.

____ 0–8 | 9–12 | 13–16

4 Ergänzen Sie.

4 ____ /6 Punkte

KOMMUNIKATION

◆ Wofür g e b en Sie am meisten Geld a u s (a)?
○ Für meine Reisen. Das i _ t mir sehr w _ _ _ ti _ (b). Da s _ _ _ _ i _ _ (c) nicht.
▲ S _ _ _ v _ _ l (d) gebe ich für mein Auto aus. Aber _ _ m _ _ _ _ en (e) gebe ich für die Miete aus.
□ Ich gebe auch viel Geld für die Miete aus. Aber ich gebe auch gern Geld für meine Hobbys aus. A _ l _ _ b _ _ en (f) kaufe ich Bücher. In der Freizeit lese ich viel.
● Bücher und andere Gegenstände sind mir ü _ _ _ _ _ _ _ t n _ _ _ _ (g) wichtig. Ich gebe mein Geld gern für gutes Essen aus.

____ 0–3 | 4 | 5–6

Fokus Beruf: Etwas zurückschicken oder kündigen

1 Ein Rücksendeformular ausfüllen

Anja Schreiber hat für das Praxisteam der Gemeinschaftspraxis Ellerau neue T-Shirts und Hosen bestellt. Eine Hose ist zu groß.

a Was macht Frau Schreiber? Was meinen Sie? Kreuzen Sie an.

1 ○ Frau Schreiber tauscht die Hose um.
2 ○ Frau Schreiber füllt ein Rücksendeformular aus und schickt es zusammen mit der Hose zurück.
3 ○ Frau Schreiber kann die Hose nicht zurückschicken und muss sie zum Schneider bringen.

b Sehen Sie das Formular an und vergleichen Sie mit Ihrer Antwort in a. Welche Nummer muss Frau Schreiber eintragen? Ergänzen Sie.

RÜCKSENDUNG **an Heindl Versand Postfach, 79114 Freiburg**

KUNDE: Gemeinschaftspraxis Ellerau
Königsberger Straße 7
25479 Ellerau

KUNDEN-NR.: 3786 3547 90

ARTIKELBEZEICHNUNG	BESTELL-NR.	GRÖSSE	MENGE	WARENWERT
Damenhose weiß	1531932	42	1	32,90

Bitte hier die Nummer Ihres Rücksendegrundes eintragen ▶ ☐☐

Legen Sie diesen Schein bitte Ihrer Rücksendung bei! Danke!

RÜCKSENDEGRUND

QUALITÄT	
Artikel beschädigt / zerbrochen	12
Materialfehler	13
ARTIKEL PASST NICHT	
zu weit / zu groß / zu lang	21
zu eng / zu klein / zu kurz	31
KATALOGABBILDUNG	
Artikel anders als beschrieben / abgebildet	41
LIEFERUNG/BESTELLUNG	
zu spät / falsch geliefert	51
falsch bestellt	61
ARTIKEL GEFÄLLT NICHT	71

2 Ein Zeitungs-Abo kündigen

Die Gemeinschaftspraxis Ellerau bekommt seit einigen Jahren die Fachzeitschrift „Arzt & Praxis“. Nun möchte die Praxis das Abonnement kündigen. Ordnen Sie den Brief.

Gemeinschaftspraxis Ellerau • Königsberger Straße 7 • 25479 Ellerau

Medien & Co
Berlin Allee 12
40212 Düsseldorf

Ellerau, 12.04.20..

○ Bitte schicken Sie uns eine Bestätigung, dass Sie diese Kündigung bekommen haben.
(1) Kündigung Abonnement / Kundennummer 23.0987
○ Mit freundlichen Grüßen
○ hiermit kündigen wir unser Abonnement der Fachzeitschrift „Arzt & Praxis“, Kundennummer 23.0987, zum nächstmöglichen Termin.
○ Sehr geehrte Damen und Herren,

i.A. Anja Schreiber

1 Herr Mazzullo ist im Elektrogeschäft „Zenit“.

2 17 a Was kauft Herr Mazzullo?
Hören Sie das Gespräch und kreuzen Sie an.

- ○ einen Wäschetrockner
- ○ eine Waschmaschine
- ○ eine Spülmaschine

2 17 b Lesen Sie den Vertrag. Hören Sie dann noch einmal und ergänzen Sie.

NIT ELEKTRO ZENIT ELEKTRO ZENIT ELEKTRO ZENIT ELEKTRO ZENIT ELEKTR

Verkäufer: Butnikowski — **Kaufvertrag:** KV 5839

Käufer: Ricardo Mazzullo — **Lieferung:** ○ ja ○ nein; Preis: ……

Lieferadresse: Tellstr. 5, 90409 Nürnberg — **Tag/Uhrzeit:** wird telefonisch vereinbart

Telefon tagsüber: – — **Selbstmontage:** ○ ja ○ nein

Mobiltelefon: …… — **Anschluss/Aufstellen des Geräts:** ○ ja ○ nein

Kaufgegenstand: …… — **Abholung Altgerät:** ○ ja ○ nein

Preis: 499,-

Anzahlung: …… — **Restzahlung bei Anlieferung:** ……

Zahlungsmodalität: ○ bar ○ per Nachnahme ○ Überweisung ○ Kreditkarte ○ EC-Karte

Datum / Unterschrift Käufer — Datum / Unterschrift Verkäufer

2 Verbinden Sie.

a Zahlungsmodalitäten	1 Sie müssen jetzt gleich ... Euro zahlen. Den Rest dann später.
b Anzahlung	2 Bauen Sie das Gerät selbst auf?
c Restzahlung	3 Und ... Euro zahlen Sie, wenn wir liefern.
d Lieferadresse	4 Wie bezahlen Sie? Bar oder mit Kreditkarte?
e Selbstmontage	5 Sollen wir Ihr altes Gerät mitnehmen?
f Abholung Altgerät	6 Und wohin sollen wir liefern?
g Lieferzeit	7 In zwei bis drei Wochen liefern wir die/das/den ...

3 Rollenspiel: Im Elektrogeschäft

Schreiben Sie ein Gespräch. Die Sätze/Wörter in 2 helfen Ihnen.
Spielen Sie dann das Gespräch mit Ihrer Partnerin / Ihrem Partner.

Käuferin/Käufer
Sie kaufen einen Fernseher / eine Spülmaschine / ... und beantworten die Fragen der Verkäuferin / des Verkäufers.

Verkäuferin/Verkäufer
Sie füllen den Kaufvertrag aus. Stellen Sie Fragen.

◇ Entschuldigen Sie?
◆ Ja? Wie kann ich Ihnen helfen?
◇ ...

A Hier **wird** das **reingeschrieben**.

A1 **1 Ordnen Sie zu.**

Die Fenster werden geputzt. | Amelie bringt zwei Pakete zur Post. | Das Auto wird in der Werkstatt repariert. | ~~Christine putzt ihre Fenster.~~ | Herr Maier repariert sein Auto. | Die Pakete werden nach Hause gebracht.

A 

Christine putzt ihre Fenster.

B 

C 

D 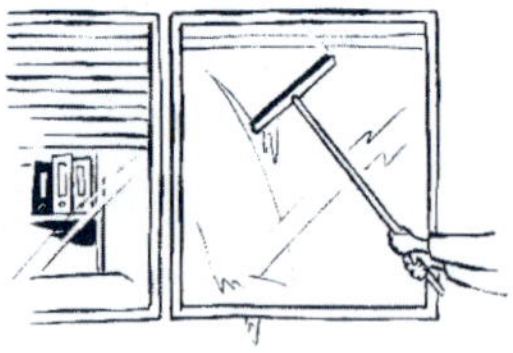

E 

F 

A2 **2 Ordnen Sie zu.**

transportiert | sortiert | ~~gebracht~~ | geschrieben

Zuerst wird ein Brief ______. Dann wird er zur Post gebracht. Dort werden alle Briefe ______. Schließlich werden sie in einem Lkw oder Flugzeug ______.

A2 **3 Ergänzen Sie die Sätze aus 2.**

Grammatik entdecken

Dann	wird	er zur Post	gebracht.

A3 **4 Was ist richtig? Kreuzen Sie an und ergänzen Sie in der richtigen Form.**

a Warum ○ wird ☒ werden Bananen geerntet (ernten), wenn sie noch nicht reif und weich sind?

b Die grünen und noch harten Bananen ○ wird ○ werden noch nicht ______ (verkaufen).

c Das Paket ○ wird ○ werden noch ______ (wiegen).

d Diese Sendung ○ wird ○ werden erst morgen ______ (verschicken).

e Wann ○ wird ○ werden mein Paket ______ (liefern)?

f Wo ○ wird ○ werden die Kartons ______ (lagern)?

A3

5 Was ist das?

a Ergänzen Sie mit ● *der* – ● *das* – ● *die*.

1

● das Paket

2

3

4

5

6

b Ergänzen Sie.

1

einen Brief v……………

2

ein Geschenk v……………

3

Äpfel w……………

4

das Obst t……………

A4
2 🔊 18
Phonetik

6 Hören Sie und sprechen Sie nach.

b – p	g – k	d – t
Bahn – Plan	Glas – Kleidung	Datum – Termin
Bar – Ehepaar	Garten – Karten	Dose – Tasse
backen – einpacken	gesund – krank	denken – trinken

A4
2 🔊 19
Phonetik

7 Laute *b – p, g – k, d – t*

a Hören Sie *b* oder *p*, *g* oder *k*, *d* oder *t*? Kreuzen Sie an.

	b	p		g	k		d	t
Ich bleibe.	☒	○	Es regnet.	○	○	Sie sind sehr freundlich.	○	○
Bleib doch hier!	○	○	Sag doch etwas!	○	○	Tut mir leid.	○	○
Schreibst du mir?	○	○	Ich sage nichts.	○	○	Leider nicht.	○	○
Ich schreibe bald!	○	○	Zeigen Sie es mir!	○	○	Tschüs, bis bald!	○	○

b Lesen Sie die Sätze laut.

B Was für ein Formular ...?

B1 **8 Ergänzen Sie.**

a senden — • die Sendung
b .... — • die Verpackung
c beraten — ....
d .... — • die Entscheidung
e (sich) .... — • die Ernährung
f .... — • die Übung
g .... — • die Meinung
h wohnen — ....
i .... — • die Lieferung

senden
↓
• **die** Send**ung**

B2 **9 Was ist richtig? Kreuzen Sie an.**

	ein	eine	einen	/	
a Was für	○	○	○	☒	Briefmarken brauche ich für diesen Brief?
b Was für	○	○	○	○	Formular muss ich ausfüllen?
c Was für	○	○	○	○	Karton passt hier?
d Was für	○	○	○	○	Verpackung ist für diese Sendung richtig?
e Was für	○	○	○	○	Briefumschlag soll ich nehmen?

B2 **10 *Was für ...?* Ergänzen Sie.**

a ◆ Sie müssen bitte noch eine Zollinhaltserklärung ausfüllen.
○ Wie bitte? Was für eine Erklärung?
◆ Hier, sehen Sie: die Zollinhaltserklärung.

b ◆ Wohin hast du denn dieses Formular gelegt?
○ .... Formular meinst du?
◆ Den Paketschein. Den müssen wir doch noch ausfüllen und mit dem Paket zur Post bringen.

c ◆ Wo ist denn der Brief?
○ .... Brief?
◆ Na, du weißt schon, das Einschreiben. Ich habe es hier auf den Schreibtisch gelegt.

d ◆ Guten Tag, ich möchte bitte Briefmarken.
○ .... Briefmarken möchten Sie? Normale oder Sondermarken?
◆ Zeigen Sie mir doch bitte die Sondermarken.

e ◆ Wo ist denn die Benachrichtigungskarte?
○ .... Karte?
◆ Die Benachrichtigungskarte für das Einschreiben. Das muss ich doch abholen.

B2 **11 Ordnen Sie zu.**

Was für eine Möglichkeit | ~~Was für Briefmarken~~ | Ausweis dabei | diese Zollinhaltserklärung ausfüllen | die Benachrichtigungskarte | ich brauche bitte Briefmarken

a ◆ Guten Morgen, ...
○ Was für Briefmarken möchten Sie?
◆ Ich hätte gern drei 1,45 €-Briefmarken.

b ◆ Guten Tag, ich möchte einen wichtigen Brief verschicken.
………………………………………… gibt es denn da?
○ Schicken Sie ihn am besten per Einschreiben. Dann kommt er sicher an.

c ◆ Ich möchte dieses Paket nach Tunesien schicken.
○ Da müssen Sie ………………………………………… .
◆ Ach so.

d ◆ Ich möchte bitte mein Päckchen abholen.
○ Haben Sie ………………………………………… und
Ihren ………………………………………… ?
◆ Ja, klar. Bitte sehr.

B3 **12 Anna schickt Nino ein Paket. Füllen Sie den Paketschein für Anna aus.**

Bücher | Georgien | ~~00995/32/549388~~ | Nino Aptsiauri, Sandukeli 16, 0108 Tbilissi | Anna Levcovic, Schönallee 22, 40545 Düsseldorf

Paket und Päckchen international

Absender

…………………………
…………………………
…………………………
Postleitzahl …………… Ort ……………
Deutschland

Empfänger

00995/32/549388
Tel.
…………………………
…………………………
…………………………
Land

Falls nicht zustellbar
○ Rücksendung an Absender

Bitte füllen Sie den Paketschein in Druckbuchstaben aus.

Zollinhaltserklärung
Art der Sendung (bitte ankreuzen) ☒ Geschenk ○ Dokumente ○ Sonstiges

Inhaltsbeschreibung
…………………………

B3 **13 Hören Sie und sprechen Sie nach. Achten Sie auf die markierten Buchstaben.**

2 🔊 20
Phonetik

in Griechenland – aus Griechenland | in Dortmund – aus Dortmund | ein Bild – das Bild | vor sechs – nach sechs | von dir – mit dir | von Bremen – ab Bremen | ansehen – aussehen

B3 **14 Hören Sie und sprechen Sie nach.**

2 🔊 21
Phonetik

Er ist aus Bremen. – Sind Sie aus Dortmund? – Schreib doch mal! – Mein Freund bringt mir Blumen. – Frag doch Beate! – Glaubst du das? – Hilfst du mir? – Wir fliegen ab Berlin. – Gefällt dir die Musik? – Was sind denn das für Bücher? – Was willst du denn heute Abend machen?

B3 **15 Sprechen Sie das Sprichwort zuerst langsam, dann immer schneller.**

Phonetik

Lernst du was, dann kannst du was.
Kannst du was, dann bist du was.
Bist du was, dann hast du was.

C Die 20 verschiedenen Bierdeckel hier ...

C1 **16 Ergänzen Sie in der richtigen Form.**

Sieh mal, ...

a • die *große* Puppe. (groß)
b • der .... Wecker. (lustig)
c • die .... Spiele. (toll)
d • der .... Laptop. (schwarz)
e • das .... Kinderfahrrad. (rot)
f • die .... Wanduhr. (bunt)

C1 **17 Was ist besser? Schreiben Sie Gespräche.**

a • der Wecker schwarz / besser: weiß
b • das Handy grau / besser: schwarz
c • die Sportschuhe grün / besser: blau
d • die Handytasche bunt / besser: grau

a ◇ Der schwarze Wecker hier ist doch super, oder?
• Ich finde den weißen Wecker besser.

C1 **18 Ergänzen Sie in der richtigen Form.**

◆ Meine Schwester macht nächste Woche eine große Party. Was soll ich anziehen?
○ Hm, wie findest du ...

a die Hose mit *der roten Bluse*?
(• die rote Bluse)
b die Jacke mit ....?
(• das bunte T-Shirt)
c dazu den Schal mit ....?
(• die bunten Blumen)
d den Hut mit ....?
(• der blaue Schal)

C1 **19 Markieren Sie in 17 und 18 und ergänzen Sie.**

Grammatik entdecken

Wer?/Was?	Wen?/Was?	Mit wem? / Womit?	
der *schwarze*	den *weißen*	mit dem	• Wecker/Schal
das	das	mit dem	• Handy/T-Shirt
die	die	mit der *roten*	• Handytasche/Bluse
die	die	mit den	• Sportschuhe/Blumen

C1 **20 Ergänzen Sie.**

a ◆ Den blau*en* Pullover hat mir meine Mutter geschenkt. Der ist schön, oder?
○ Ja. Mit dem warm........ Pulli frierst du bestimmt nicht mehr.
b ◆ Und von wem ist die schwarz........ Tasche mit dem weiß........ Schiff darauf?
○ Die ist von meiner Tante.
c ◆ Den Schal in dem ander........ Geschäft finde ich viel schöner.
○ Welchen meinst du? Den rot........ Schal mit den klein........ bunt........ Blumen für 12 Euro?

◇ C1 21 Was ist richtig? Kreuzen Sie an.

a Ich nehme ☒ den blauen Rock. ○ der blaue Rock.
b Mir gefällt das Kleid mit ○ der gelben Jacke. ○ die gelbe Jacke.
c Zieh doch den Rock zusammen mit ○ die braunen Stiefel ○ den braunen Stiefeln an!
d Du musst unbedingt die Bluse zusammen mit ○ dem blauen Tuch ○ das blaue Tuch anziehen.
e ○ Dem schwarzen Hemd ○ Das schwarze Hemd gefällt mir sehr gut!
f Gefällt dir ○ den blauen Anzug? ○ der blaue Anzug?
g Ich glaube, ich nehme ○ der schwarzen Jacke. ○ die schwarze Jacke.

❖ C1 22 Kleidung kaufen: Schreiben Sie vier Gespräche.

Wie findest du …?
Wie gefällt dir …?
Probier doch mal …
Mir gefällt … gut. / nicht so gut. / besser.
Schau, … finde ich schön.

◇ Wie findest du das schwarze T-Shirt mit den roten Blumen?
• Mir gefällt das rote T-Shirt dort besser.
◇ …

C2 23 Was ist das? Ergänzen Sie mit • *der* – • *das* – • *die*.

A

B

C

D

E

A • die Eisenbahn
B ....
C ....
D ....
E ....

C2 24 Ordnen Sie zu.

unwichtig ~~unangenehm~~ unmodern unordentlich unfreundlich

a Jeden Tag Regen! Das Wetter hier ist wirklich sehr unangenehm.
b ◆ Nie weiß Sandra, wo ihre Sachen sind! Sie ist so ....!
○ Mach dir keine Sorgen. Das ist normal in diesem Alter.
c In dieses Restaurant gehe ich nie mehr! Der Kellner war so .... zu uns.
d Komm, die Küche räumen wir morgen auf. Das ist doch jetzt ....
e Ich finde, wir sollten unser altes Sofa verkaufen. Es ist total ....!

C4 25 Leser erzählen

a Welche Überschrift passt? Lesen Sie die Zeilen 1–8 und kreuzen Sie an.

1 ○ **Souvenirs für Groß und Klein**

2 ○ **Und was sammeln Sie?**

3 ○ **Meine Kindheit**

Viele Menschen sammeln schon seit ihrer Kindheit etwas. Als Kinder sehen sie, dass ihre Eltern oder Großeltern etwas sammeln – etwa Münzen, Bierdeckel oder andere Souvenirs. Gern helfen sie beim Sortieren – und werden so selbst zu kleinen Sammlern z. B. von Stofftieren, schönen Steinen oder Blättern. Oft bleibt die Freude am Sammeln auch später.

Hannah, 26 Jahre, aus Dortmund

Vor drei Jahren war ich für einige Zeit im Krankenhaus. Meine beste Freundin Chinda hat mich oft besucht und mir einmal einen kleinen Elefanten aus Holz mitgebracht. Chindas Eltern kommen aus Thailand und dort ist der Elefant ein Symbol für Glück, Kraft und Energie. Und weil man ja nie genug Glück haben kann, sammle ich seit diesem Tag Elefanten: kleine Figuren aus Holz oder Plastik, Plüschtiere oder Elefanten auf Briefmarken und Münzen.

Elias, 31 Jahre, aus Linz

Mit 16 Jahren war ich mit meinem großen Bruder auf meinem ersten Open-Air-Festival: drei Tage im Sommer bei blauem Himmel und Sonne an einem wunderschönen See mit Pop-Konzerten bis nach Mitternacht. Diese Tage vergesse ich nie. Die Eintrittskarte von diesem ersten Festival habe ich damals in mein Zimmer über mein Bett gehängt. Jetzt habe ich eine eigene Wohnung und diese erste Eintrittskarte hängt mit vielen anderen aus den letzten Jahren über meinem Bett. Wenn ich diese Tickets ansehe, dann erinnere ich mich an jedes Einzelne dieser Konzerte, an die Musik, an die Freunde, an Tage im Regen oder bei wunderbarem Sommerwetter. Deshalb sammle ich diese Eintrittskarten.

Simona, 19 Jahre, aus Stuttgart

Ich liebe T-Shirts! Sie sind bequem und man kann sie immer und zu allem tragen: zu Röcken oder Hosen in die Schule oder ins Büro, ins Kino, zum Grillabend bei Freunden, zu Hause – ja selbst im Bett als Pyjama. Ich weiß gar nicht, wie viele T-Shirts ich inzwischen habe – vielleicht 200? In allen Farben, mit Punkten, mit Streifen, mit Blumen, mit Sternen, aber natürlich auch einfarbig oder mit Schrift. Mein aktuelles Lieblings-T-Shirt ist übrigens ein weißes T-Shirt mit einer riesigen orangen Rose. Ich habe es in einem kleinen Laden in Barcelona gekauft. Immer, wenn ich es trage, erinnere ich mich an unseren tollen Urlaub in Spanien.

b Wer sammelt was? Lesen Sie die Zeilen 9–49 und ergänzen Sie die Namen.

1 ……………

2 ……………

3 ……………

c Wer sammelt warum?
Markieren Sie im Text und schreiben Sie.

Hannah sammelt Elefanten, weil sie Glück …
…

D Kontakt und Kommunikation

D1 26 Ergänzen Sie.

A

Finden junge Leute h e u t z u ta g e wirklich
gute Freunde in den sozialen N ___ t ___ w ___ k ___ ?
Wir haben jugendliche N ___ z ___ r gefragt.
Hier sind ihre Antworten: …

B

Was wissen Sie über das Kommunikationsverhalten von jungen Leuten w ___ l ___ w ___ t?
T ___ s ___ n Sie Ihr W ___ s ___ n darüber in unserem kleinen Q ___ z!

D1 27 Ordnen Sie zu.

habe geglaubt | Ich habe gedacht | ~~überrascht mich~~ | finde es interessant | ist doch erstaunlich

a ◆ Interessant! Jährlich werden weltweit 200 Milliarden E-Mails verschickt!
○ Wirklich? Das überrascht mich. Ich ………………………, dass es viel weniger sind.

b ▲ Es ………………………, dass in Deutschland täglich immer noch ca. acht Millionen Briefe verschickt werden.
■ ………………………, dass es 70 Millionen sind.

c ✚ Ich ………………………, dass Kinder im Durchschnitt mit acht Jahren schon ihr erstes Mobiltelefon bekommen.
○ In meinem Heimatland bekommen sie sicher schon mit sechs Jahren eins.

D2 28 Sie hören zwei Gespräche.

2 🔊 22–23
Prüfung

Entscheiden Sie bei jedem Gespräch: Ist die Aussage richtig oder falsch und welche Antwort (a, b oder c) passt am besten?

Gespräch 1

1 Die zwei Kolleginnen kommen aus dem Urlaub zurück.
○ richtig ○ falsch

2 Worüber beschwert sich Frau Nusser?
a ○ Dass sie wieder zurück zur Arbeit muss.
b ○ Dass sie so viele Mails lesen und beantworten muss.
c ○ Dass ihre Kollegin ihr nicht helfen wollte.

Gespräch 2

3 Die beiden Personen planen eine Geburtstagsfeier.
○ richtig ○ falsch

4 Was möchten sie machen?
a ○ Den Geburtstag von Frau Davela im Büro feiern.
b ○ Zusammen Kuchen backen.
c ○ Eine Feier für ihre Kollegin organisieren.

LERNTIPP Oft kommen Wörter aus der Aufgabe im Hörtext vor. Das heißt aber nicht, dass diese Antwort auch richtig sein muss.

E Sprachnachrichten auf der Mailbox

E2 **29 Eine Entschuldigung**

a Ordnen Sie die Nachricht auf der Mailbox.

- ◯ Natürlich bleibe ich am Abend länger im Büro. Ich hoffe, das ist in Ordnung.
- ◯ Dort müssen wir bestimmt warten, weil wir keinen Termin haben.
- ◯ Dann bis nachher, tschüs.
- ◯ weil mein Hund krank ist.
- (2) Es tut mir schrecklich leid, dass ich noch nicht im Büro bin.
- ◯ Guten Morgen, Herr Buhl! Wendler hier.
- ◯ Ich muss mit ihm in die Tierklinik fahren.
- ◯ Ich kann erst am Mittag ins Büro kommen,

2 🔊 24 **b** Hören Sie und vergleichen Sie.

E3 **30 Verbinden Sie.**

a • ein Visum | b viel • Erfolg | c auf • die Mailbox | d • einen Termin

1 sprechen | 2 verschieben | 3 beantragen | 4 wünschen

E3 **31 Nachrichten auf der Mailbox**

a Ordnen Sie zu.

~~Hallo, hier ist~~ | Ich wollte | Ich kann nicht | ihr seid nicht sauer | Es tut mir sehr leid

1

Hallo, hier ist Mira. ______________________, dass ich heute nicht zum Treffen mit dem Elternbeirat kommen kann. ______________________ kommen, weil ich dringend zum Konsulat muss. ______________________ das schon gestern machen, aber da war Lilja krank. Ich hoffe, ______________________ und die anderen vom Elternbeirat sind alle da. Bis bald!

den Termin verschieben | auf Wiederhören | ich kann nicht | Ich melde mich wieder | Ich wollte

2

Guten Tag, hier spricht Angela Barth. ______________________ morgen um 15.30 Uhr zur Grippeimpfung zu Ihnen in die Praxis kommen. Aber ______________________, weil ich erkältet bin. Könnten wir bitte ______________________? ______________________ für einen neuen Termin. Vielen Dank und ______________________.

2 🔊 25–26 **b** Hören Sie und vergleichen Sie.

E3 **32 Leider können Sie nicht kommen.**

Schreib-training

Schreiben Sie eine Nachricht.

Anruf von Vater bekommen | Mutter im Krankenhaus | nicht in die Kneipe mitkommen können | heute Abend Mutter besuchen | Treffen verschieben

Liebe Claudia,
gerade habe ich …
…
Es tut mir sehr leid, dass …
Vielleicht könnten wir …?

Test Lektion 10

1 Wie heißen die Wörter? Ergänzen Sie.

1 .... /9 Punkte

WÖRTER

a Briefmarken für Briefe, ... (tenkarPost) und .... (kePate) können Sie in Deutschland bei der Post kaufen. Dort können Sie auch gleich alles verschicken (verenschick).

b Wenn wir den Termin .... (benschiever) müssen, dann sprechen Sie mir bitte .... (dingtunbe) noch heute auf die .... (boxMail).

c Wie heißt denn dieser .... (gelVo) mit den kleinen weißen .... (tenPunk)?

d Aus jedem Urlaub bringe ich ein .... (Sounirve) mit. Letztes Jahr war es diese .... (zeMün).

.... 0–4 / 5–7 / 8–9

2 Ergänzen Sie in der richtigen Form.

2 .... /6 Punkte

GRAMMATIK

a Die Geschenke werden gekauft. (kaufen)

b Ein Geschenk .... (verschicken)

c Das Paket .... (verpacken)

d Die Formulare .... (ausfüllen)

e Der Termin .... (verschieben)

f Das Treffen .... (planen)

g Die Päckchen .... (wiegen)

3 Ergänzen Sie mit *einen* – *eine* – *ein* – / und der richtigen Endung.

3 .... /10 Punkte

a ◆ Was für ein Papier soll ich nehmen?
  ○ Nimm doch das blaue mit den gelb........ Punkten.

b ◆ Was für .... Bluse soll ich zu dem grau........ Rock tragen?
  ○ Am besten passt die weiß........, finde ich.

c ◆ Was für .... Geburtstagskuchen soll ich für Ina backen?
  ○ Back doch deinen lecker........ Apfelkuchen, der schmeckt ihr bestimmt!

d ◆ Was für .... Blumen soll ich für Oma kaufen?
  ○ Kauf rot........ Rosen. Die mag sie so gern.

e ◆ Was für .... Mantel möchtest du kaufen?
  ○ Einen braunen. Der passt gut zu meinen braun........ Stiefeln.

.... 0–8 / 9–12 / 13–16

4 Ordnen Sie die Nachricht auf der Mailbox.

4 .... /6 Punkte

KOMMUNIKATION

◯ es tut mir schrecklich leid,
◯ weil meine Oma zu Besuch kommt.
◯ Ich melde mich wieder. Bis später.
◯ Ich kann nicht kommen,
6 Ich hoffe, du bist nicht sauer.
◯ Hallo Kira,
◯ dass wir uns heute doch nicht treffen können.

.... 0–3 / 4 / 5–6

Fokus Alltag: Ein Bußgeldbescheid

1 Sehen Sie den Text an. Was ist das? Kreuzen Sie an.

a ○ eine Einladung b ○ eine Information über Parkmöglichkeiten c ○ eine Geldstrafe

Ordnungsamt Duisburg am Rhein

Sofian Abbasi
Mozartstraße 28
47057 Duisburg

Bußgeldbescheid – Aktenzeichen V ZR 229/134 **27.06.20..**

Sehr geehrter Herr Abbasi,

Sie haben am 24.06.20.. um 15.41 Uhr mit Ihrem PKW (amtliches Kennzeichen DU-AK 2347) folgende Verkehrsordnungswidrigkeit begangen: Sie haben länger als eine Stunde im absoluten Halteverbot geparkt (§ 12,13 StVO).

Ort: Grabenstraße 7, 47057 Duisburg   Zeuge: Hauptwachtmeister Winter

Wegen dieser Ordnungswidrigkeit wird gegen Sie ein Bußgeld von 32,50 Euro erhoben.
Bitte zahlen Sie das Bußgeld innerhalb von vier Wochen auf das unten genannte Konto.

Sie können innerhalb von zwei Wochen schriftlich Widerspruch gegen diesen Bescheid einlegen.

Mit freundlichen Grüßen
gez. Stefan Lohmann

2 Was ist richtig? Lesen Sie den Text in 1 und kreuzen Sie an.

a Wer bekommt den Brief? ☒ Herr Abbasi. ○ Die Stadt Duisburg.
b Was ist der Grund für den Brief? Er ○ ist zu schnell gefahren. ○ hat falsch geparkt.
c Was soll der Empfänger tun? Er soll ○ schreiben, dass er mit der Strafe einverstanden ist.
○ 32,50 Euro Strafe bezahlen.

3 Herr Abbasi ist nicht einverstanden und legt Widerspruch ein.
Lesen Sie den Text in 1 noch einmal und ergänzen Sie.

Widerspruch zu Aktenzeichen VZR 229/134, vom ....

Sehr geehrte Damen und Herren,

ich lege hiermit gegen den oben genannten Bußgeldbescheid Widerspruch ein.
Sie schreiben in dem Bußgeldbescheid, dass ich am ....
....

Das kann nicht stimmen, weil ich vom 22.06.20.. bis zum 26.06.20.. beruflich mit dem Auto in Frankfurt war. Zeuge: mein Kollege Herr Kleinschmidt.

Mit freundlichen Grüßen
Sofian Abbasi

Fokus Beruf: Sich über eine Ausbildung informieren 10

1 Frau Güner ist im Berufsinformationszentrum.

2 🔊 27 **a** Für welchen Beruf interessiert sich Frau Güner?
Hören Sie den Anfang des Gesprächs und kreuzen Sie an.

Frau Güner möchte ○ Lehrerin ○ Erzieherin werden.

2 🔊 28 **b** Hören Sie nun das Gespräch ganz und verbinden Sie.

1 Wenn man einen mittleren Schulabschluss hat,
2 Die Ausbildung in Deutschland
3 In den ersten zwei Jahren
4 Im Berufspraktikum im dritten Lehrjahr
5 Wenn man länger in dem Beruf arbeitet,

a gibt es neben der schulischen Ausbildung nur kurze Praktika.
b verdient man mehr.
c dauert die Ausbildung drei Jahre.
d verdient man ca. 1400 Euro im Monat.
e findet an einer Schule statt.

2 Rollenspiel: Im Berufsinformationszentrum

a Wählen Sie einen Ausbildungsberuf und notieren Sie Fragen.

Ausbildung	**Verkäufer/in**	**Assistent Maschinenbautechnik (m/w)**	**Restaurant-fachmann/-frau**
Art der Ausbildung	dual im Betrieb mit Schulbesuch	schulisch an Berufsfachschule	dual im Betrieb mit Schulbesuch
Dauer der Ausbildung	2 Jahre	2 Jahre	3 Jahre
Verdienst in der Ausbildung	mind. 560,– € max. 820,– €	keiner	mind. 440,– € max. 890,– €
Verdienst nach der Ausbildung	2140,– € bis 2420,– €	2800,– € bis 3075,– €	2240,– €
Arbeitsort	Modehäuser, Baumärkte, Supermärkte, Kaufhäuser	Betriebe des Maschinen- und Anlagenbaus, Hersteller von Autos, elektrischen Anlagen oder Schiffen	Restaurants, Hotels

Wo kann ich mich bewerben?
Wie lange dauert …?
…

b Spielen Sie Gespräche im Berufsinformationszentrum. Die Fragen und die Informationen aus der Tabelle helfen Ihnen. Tauschen Sie auch die Rollen.

Sie sind Berufsberaterin/Berufsberater. Antworten Sie auf die Fragen.

Guten Morgen. Bitte setzen Sie sich. Wie kann ich Ihnen helfen?

Sie interessieren sich für einen Ausbildungsberuf. Stellen Sie Fragen.

Guten Tag, mein Name ist Ivanova. Ich interessiere mich für die Ausbildung als …

A Ihr kommt **aus dem Hotel**.

A1 **1 Woher kommst du? Ergänzen Sie: *von – aus*.**

Woher kommst du gerade? 

a • Bäcker: vom Bäcker — • Bäckerei Schulze: aus der Bäckerei Schulze
b • Metzger: ______ — • Metzgerei: ______
c • Ärztin: ______ — • Krankenhaus: ______
d • Kollegen: ______ — • Büro: ______

A2 **2 Wo und wohin?**

Wiederholung A1, L11

a Ergänzen Sie: *bei – in*.

Wo bist du gerade? 

1 • Bäcker: beim Bäcker — • Bäckerei Schulze: in der Bäckerei Schulze
2 • Metzger: ______ — • Metzgerei: ______
3 • Ärztin: ______ — • Krankenhaus: ______
4 • Kollegen: ______ — • Büro: ______

b Ergänzen Sie: *zu – in*.

Wohin gehst du jetzt? 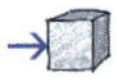

1 • Bäcker: zum Bäcker — • Bäckerei Schulze: in die/zur Bäckerei Schulze
2 • Metzger: ______ — • Metzgerei: ______
3 • Ärztin: ______ — • Krankenhaus: ______
4 • Kollegen: ______ — • Büro: ______

A3 **3 Ergänzen Sie.**

A 

B 

C 

D 

a Die Katze von Herrn Lehmann springt auf den Tisch. Sie sitzt ______ Tisch. Sie springt ______ Tisch.
b Herr Lehmann geht ______ Arzt. Er ist ______ Arzt. Er kommt ______ Arzt.
c Herr Lehmann geht ______ Kino. Er ist ______ Kino. Er kommt ______ Kino.
d Herr Lehmann fährt ______ Tankstelle. Er tankt ______ Tankstelle. Er fährt ______ Tankstelle weg.

A3 **4 Ordnen Sie zu.**

B aus dem Supermarkt ◯ zum Supermarkt ◯ in den Supermarkt ◯ vom Supermarkt ◯ vom Fußballplatz ◯ auf den Fußballplatz ◯ in den Zoo ◯ vom Zoo ◯ zum Zoo ◯ aus dem Zoo

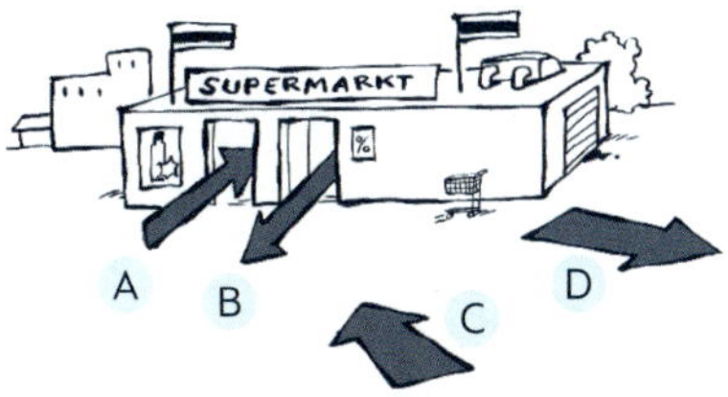

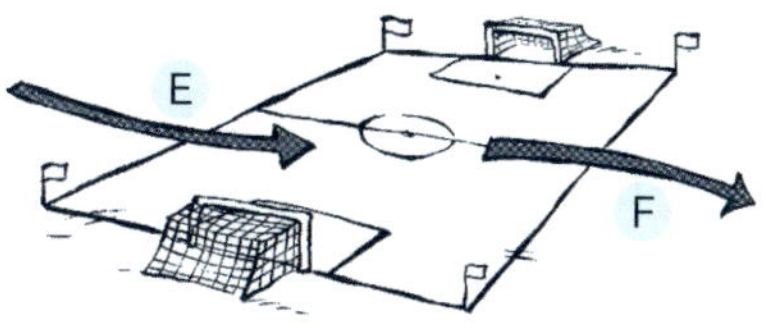

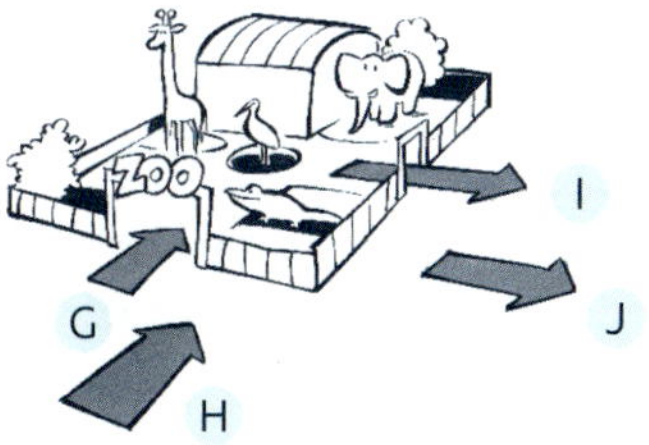

◇ A3 **5 Ordnen Sie zu.**

zur | zum | ~~von~~ | aus | von | vom | auf | Im | im

a ○ Hast du an das Geld für den Urlaub gedacht?
◆ Ja, ich komme gerade _von_ der Bank.

b ○ Hast du schon getankt?
◆ Klar, ich komme gerade ________ der Tankstelle.

c ○ Ich habe Kopfschmerzen.
◆ Du Arme. Ich gehe gleich ________ Apotheke und hole Tabletten.

d ○ Wo warst du denn so lange?
◆ ________ Supermarkt. Ich habe noch Obst gekauft.

e ○ Deine Haare sind ja so kurz!
◆ Schön, nicht wahr? Ich komme gerade ________ Friseur.

f ○ Oje, schon so spät! Mein Zug!
◆ Kein Problem. Ich bringe dich ________ Bahnhof.

g ○ Jetzt warte ich schon 20 Minuten vor dem Kino, aber Linus ist immer noch nicht ________ dem Kino gekommen.
◆ Er ist ja auch gar nicht ________ Kino, er ist ________ dem Fußballplatz.

❖ A3 **6 Was muss Mario tun? Schreiben Sie.**

Schatz, ich musste wegfahren.
Kümmerst Du Dich bitte um die Kinder?

Jana:
7.45 Uhr Schule
13 Uhr Schule Ende
15–16 Uhr Mathe-Nachhilfeunterricht
16.30 Uhr Zahnarzt
vorher Pauli von Daniel abholen

Pauli:
9 Uhr Kindergarten
14 Uhr Kindergarten Ende
ca. 15 Uhr zu Daniel

Bussi! Kerstin

Um 7.45 Uhr muss Mario Jana zur Schule fahren. Um 9 Uhr muss er Pauli in den Kindergarten bringen. Um 13 Uhr kommt …

B Gehen Sie dann **durch den Stadtpark**.

B1 **7 Wie ist Oliver gelaufen?**
Sehen Sie das Bild an und ordnen Sie.

- ○ Dann ist er um den Sportplatz herumgelaufen.
- ○ Danach ist er durch den Wald gelaufen.
- ○ Jetzt ist er gegenüber der Kirche.
- (1) Erst ist er am See entlang bis zur Brücke gelaufen.
- ○ Hinter dem Wald ist er nach links gelaufen.
- ○ Er ist bis zu einem Sportplatz gelaufen.
- ○ Dann ist er über die Brücke gelaufen.
- ○ Er ist die Kirchstraße entlanggelaufen, am Bahnhof vorbei.

◇ B1 **8 Was ist richtig? Kreuzen Sie an.**

a Wohin fährst du denn? Du musst doch ○ durch ☒ über die Brücke fahren.
b Meinst du, man darf ○ auf dem ○ gegenüber vom Supermarkt parken?
c ◆ Wo geht es denn hier zur Post?
○ Ganz einfach, gehen Sie ○ um die Poststraße herum. ○ die Poststraße entlang.
d ◆ Darf man ○ durch die ○ gegenüber der Altstadt fahren, wenn man ins Zentrum möchte?
○ Nein, Sie können nur ○ an der ○ bis zur nächsten Ampel fahren.
e ◆ Ich glaube, wir sind schon ○ durch den Schillerplatz gefahren. ○ am Schillerplatz vorbeigefahren.
○ Dann musst du jetzt ○ um die ○ bis zur Innenstadt herumfahren, dann kommen wir wieder zurück.

❖ B1 **9 Ordnen Sie zu und ergänzen Sie mit *der – das – die* in der richtigen Form.**

~~um ... herum~~ | an ... vorbei | bis zur | durch | entlang | gegenüber | über

a Dieser Parkplatz ist heute leider geschlossen. Fahren Sie bitte weiter ______ Wilhelmstraße und dann links. Nach 250 Metern ist ein Parkhaus. Sie finden es leicht, denn ______ d______ Parkhaus ist eine große Tankstelle.
b Leider können Sie nicht ______ d______ Brücke fahren. Sie wird gerade repariert. Fahren Sie bitte noch ca. zwei km d______ Straße ______. Sie geht um den kleinen Wald dort hinten herum. Kurz nach dem Wald kommen Sie zu einer anderen Brücke.
c Ich wohne im Hinterhaus. Das heißt: Du musst ______ d______ Hof gehen, ______ d______ Mülltonnen ______ und dann stehst du vor meiner Haustür.

B2 **10 Verbinden Sie.**

a in die falsche Richtung — 4 fahren
b an der Kreuzung
c am Fluss entlang
d etwas in der Stadt
e die nächste Ausfahrt

1 gehen
2 abbiegen
3 nehmen
4 fahren
5 anschauen

B2 11 Falsche Richtung!

a Paul hat Franz den Weg aufgeschrieben. Wie muss Franz gehen? Lesen Sie den Text und zeichnen Sie den Weg in die Karte: ------->

● Franz startet hier. -------> Diesen Weg ist Franz gegangen.

- vor dem Bahnhof links
- an der Kreuzung am Supermarkt rechts abbiegen
- nach der Ampel wieder rechts
- durch den Stadtpark am Lambach-Ufer entlang
- bis zur Parkstraße, dort
- über den kleinen Fluss bis zur Kirche
- links um die Kirche herum
- hinter der Kirche links in den Kirchweg
- zweites Haus auf der linken Seite

b Franz ist den falschen Weg gegangen. Schreiben Sie.

Vor dem Bahnhof ist er rechts gegangen. …

c Wie kommt er jetzt zu Paul? Schreiben Sie.

Franz muss wieder bis zur Ampel zurückgehen. Dann …

B3 12 Sie hören ein Gespräch. Wo sind die Kollegen?

2 29 Prüfung

Wählen Sie für die Aufgaben 1 bis 6 ein passendes Bild aus A bis I. Wählen Sie jedes Bild nur einmal. Achtung: Nicht alle Bilder passen.

Person	1 Tina	2 Adem	3 Mario	4 Carla	5 Oksana	6 Robert
Lösung						

A

B

C

D

E
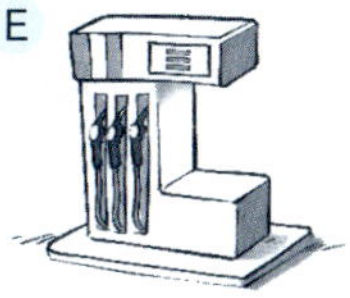
F

G

H

I
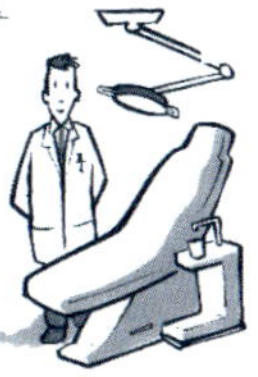

C Deshalb möchte ich ja in den Zoo.

13 Ergänzen Sie: *weil – denn.*

Wiederholung
A1, L14
A2, L1

a Marvin geht gern in den Zoo, denn er interessiert sich für Tiere.
b Er hätte gern einen Hund, ... man mit einem Hund so viel unternehmen kann.
c Aber seine Eltern wollen keinen Hund, ... ein Hund viel Arbeit macht.
d Sie wollen lieber eine Katze, ... Katzen sind sehr selbstständig.
e Marvin ist einverstanden, ... er mag alle Tiere.

C1
14 Luisa wohnt jetzt in der Großstadt.

Grammatik entdecken

a Verbinden Sie.

1 Luisa ist unzufrieden mit ihrem Auto.
2 Sie hat keine Garage.
3 In der Stadt gibt es viele Busse und Bahnen.
4 Ihr Navi funktioniert nicht mehr.
5 Sie möchte mehr Sport machen.

a Deshalb braucht sie gar kein Auto.
b Sie will deshalb nur noch Fahrrad fahren.
c Sie fährt deshalb oft in die falsche Richtung.
d Deshalb möchte sie es verkaufen.
e Sie muss deshalb das Auto draußen parken.

b Schreiben Sie die Sätze aus a. Markieren Sie *deshalb* und den Grund.

1 Luisa ist unzufrieden mit ihrem Auto. Deshalb möchte sie es verkaufen.
2 ...

C2
15 Schreiben Sie Sätze mit *deshalb.*

a Auf der Autobahn ist ein Unfall passiert. (es – einen Stau geben) Deshalb gibt es einen Stau.
b Wir haben fast kein Benzin mehr. (wir – tanken müssen)
....
c Oje, die Autobatterie ist leer. (das Auto – stehen bleiben)
....
d Das Auto ist stehen geblieben. (wir – zu Fuß gehen müssen)
....

C2
16 Ordnen Sie die Sätze.

a Tiago liebt Skateboardfahren, ② fährt deshalb ③ bei jedem Wetter. ① er
b Seine Mutter ist nicht so glücklich darüber, ◯ er ◯ weil ◯ nach Hause kommt. ◯ oft mit Verletzungen
c Auch heute ist Tiago mit dem Skateboard gestürzt, ◯ weil ◯ nicht richtig ◯ er ◯ aufgepasst hat.
d Er ist sehr schnell gefahren, ◯ hat er ◯ das Ende vom Bürgersteig ◯ nicht rechtzeitig gesehen. ◯ deshalb
e Mama musste ein Pflaster auf Tiagos Arm kleben, ◯ er ◯ sich verletzt hat. ◯ weil

◇ C2 17 Schreiben Sie Sätze.

a Anton möchte fit werden, deshalb möchte er mehr Sport machen.
(er möchte mehr Sport machen)

b Als Kind ist er gern Rad gefahren, deshalb ……
…… (er möchte wieder viel Rad fahren)

c Sein Fahrrad ist aber kaputt, deshalb ……
…… (er muss ein neues kaufen)

d Der Mann im Fahrradgeschäft empfiehlt ihm ein Mountainbike, weil
…… (das ist praktisch)

e Auf seiner ersten Radtour stößt er mit einer anderen Radfahrerin zusammen, weil ……
…… (er guckt nicht auf den Weg)

f Sein Knie blutet, aber das beachtet Anton nicht, weil ……
…… (die Frau gefällt ihm so gut)

g Er möchte die Frau gern kennenlernen, deshalb ……
(er lädt sie in ein Café ein)

❖ C2 18 *Weil* oder *deshalb*? Schreiben Sie die Geschichte.

A 

ich – den Radfahrer nicht sehen →
ich – eine Nachricht auf meinem Handy lesen

Ich habe den Radfahrer nicht gesehen, weil ich eine Nachricht auf meinem Handy gelesen habe.

B 

wir – zusammenstoßen →
ich – stürzen

Wir sind zusammengestoßen. Deshalb bin ich gestürzt.

C 

ich – nicht aufstehen können →
mein Knie – sehr wehtun und
meine Hand – bluten

Ich konnte …

D 

der Radfahrer – nicht stehen bleiben und nicht helfen →
ich – mit dem Handy Hilfe holen wollen

Der Radfahrer …

E 

ich – meine Freunde nicht anrufen können →
der Akku – leer sein

Aber oje, ich …

F 

er – sehr nett sein →
er – gleich ein Pflaster auf meine Hand kleben

Zum Glück ist ein Mann gekommen. Er …

C2 **19 Schreiben Sie die markierten Wörter neu mit *-bar*.**

a Dieses Rad ist ein altes Modell. Wir können es leider nicht mehr liefern.
Es ist leider nicht mehr lieferbar.

b Diese zwei Räder sind ganz unterschiedlich. Man kann sie nicht vergleichen. Sie sind nicht ______.

c ◆ Die Fahrradkleidung ist bequem, man kann sie wirklich gut tragen.
Sie ist gut ______.
○ Kann man sie auch gut waschen? Ich meine:
Ist sie gut ______?

d Dieses Fahrrad ist nicht teuer. Ich kann es bezahlen. Es ist ______.

e Kann man dieses Fahrrad abschließen? Ist es ______?

C3 **20 Verkehrsmeldungen**

a Bilden Sie Wörter und ordnen Sie zu.

Aus Bau Fahr fahrt fall ho le len sich Spur ~~Stau~~ stel tig über Un vor bahn

Aktuelle Verkehrsnachrichten

Melden Sie uns gern aktuelle Verkehrsnachrichten per Telefon. So helfen Sie mit, dass unser Verkehrsservice noch besser und aktueller wird.
Unsere kostenlose Hotline: 0800 – 1111199

1 A10 Südlicher Berliner Ring
Zwischen der ______ Ludwigsfelde-Ost und der Ausfahrt Ludwigsfelde-West liegen Gegenstände auf der ______. Fahren Sie bitte besonders ______ und ______ Sie nicht.

2 A20 Rostock Richtung Stettin
Zwischen Pasewalk-Süd und Prenzlau-Ost ______ mit vier Autos.
Die rechte ______ ist nicht befahrbar.

3 A24 Berliner Ring Richtung Pritzwalk
Bei Neuruppin ______, 2 km Stau.

2 🔊 30 **b Hören Sie und vergleichen Sie.**

C3 **21 Laute *ts* und *pf* sprechen und schreiben**

2 🔊 31 **a Hören Sie und sprechen Sie nach.**

Phonetik

1 Kreuzung – Schatz – Benzin – plötzlich – nichts – Station – Zoo – Information – Platz – funktionieren – rechtzeitig – stürzen – rechts
2 Apfel – empfehlen – Pfanne – Pflaster – Pflanze – Kopf – Topf

b Schreiben Sie Sätze mit den Wörtern aus a und lesen Sie sie laut.

Biegen Sie an der Kreuzung rechts ab.
Entschuldigung, könnten Sie mir ein Pflaster geben?
Ich bin gestürzt.

LERNTIPP Üben Sie schwierige Laute zuerst isoliert, dann im Wort und dann im Satz. Beispiel: *t-s, t-s – ts, ts – Kreuzung – Biegen Sie an der Kreuzung ab.*

D Bei jedem Wetter unterwegs

D2 22 Ergänzen Sie die Wetterwörter.

a • der Sturm — stürmisch
b • der Regen — ....
c • .... — eisig
d • .... — gewittrig
e • die Wolke — ....
f • .... — neblig
g • die Sonne — ....
h • der Wind — ....

D2 23 Ordnen Sie zu.

Aussichten | Bürger | Gefahr | gefährlich | Landungen | Hitze | ~~komplett~~ | kräftiger | Region | Flughafen | Sorgen | Vermeiden | verspricht | ~~Starts~~ | voraussichtlich | verhindern

A

Sonnenschein ja – aber ohne .... für die Gesundheit!

- .... Sie dafür, dass Sie an heißen Tagen genug trinken!
- .... Sie Arbeiten unter freiem Himmel, in der Mittagszeit sind sie tabu.
- Kein Sport in der .... – das ist nicht nur ungesund, das ist sogar ....

B

Gute .... für Pfaffenstein! Schon lange beschweren sich die .... von Pfaffenstein über den Lkw-Verkehr mitten durch die Stadt. Eine neue Straße soll ...., dass die Lkws durch das Zentrum fahren müssen. Der Verkehr soll dann komplett über die neue Straße führen. Die Politik ....: In drei Jahren ist sie fertig.

C

Am .... Frankfurt kommt es in den nächsten zwei Stunden .... zu Verspätungen bei allen Starts und .... Grund dafür ist .... Wind in der .... Rhein-Main.

D2 24 Was ist richtig? Hören Sie und kreuzen Sie an.

2 🔊 32–36

a Das Wetter wird morgen ○ regnerisch. ☒ sommerlich.
b Wegen Schnee und Eis ○ hat es zum Teil schlimme Unfälle gegeben. ○ fällt der Schulunterricht heute überall aus.
c Die Flugzeuge können ○ im Moment nicht ○ in den nächsten Stunden wieder starten und landen.
d Aylin und Kathi wollen ○ mit dem Wagen ○ mit der S-Bahn zum Konzert fahren.
e Die Radiohörer sollen erzählen: ○ Was haben sie bei Gewitter schon alles erlebt? ○ Wo ist Chaos auf den Straßen?

E Verkehr

E1 25 Lösen Sie das Rätsel.

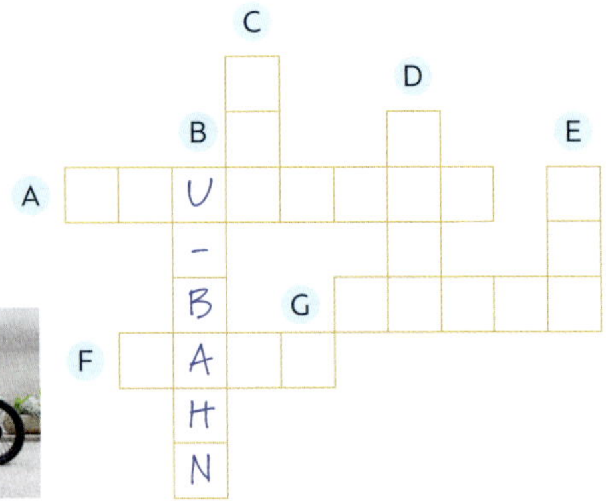

E2 26 Ordnen Sie zu.

~~gibt es viel mehr Verkehr~~ | ist bei uns in Mali nicht so | Mir ist aufgefallen, dass | Am besten gefällt mir, dass | Am schlimmsten finde ich | In meiner Heimat Bolivien ist das anders

a In Deutschland *gibt es viel mehr Verkehr* als bei uns in Kanada. .... den Verkehr in Großstädten. Autofahren in einer Großstadt – das finde ich furchtbar.

b .... die Deutschen viel Platz zum Parken brauchen. Bei uns in Italien nutzen die Autofahrer jede Möglichkeit und parken sogar auf dem Bürgersteig.

c Ich habe keinen Führerschein. Zum Glück kann man hier in Deutschland überall Rad fahren. .... Aber Radfahren ist anstrengend. Deshalb ist mein Ziel: den Führerschein machen.

d Die Fußgänger warten an einer roten Ampel, auch wenn kein Auto kommt. Das ....

e .... die Deutschen so selten hupen. Überholen, bremsen, losfahren, parken – ohne Hupen geht das bei uns in Pakistan nicht.

E2 27 Laut *ks* sprechen und schreiben

2 37 Phonetik

a Wo hören Sie *ks*? Kreuzen Sie an.

1 ☒ 2 ○ 3 ○ 4 ○ 5 ○ 6 ○ 7 ○ 8 ○ 9 ○ 10 ○

2 38

b Hören Sie und sprechen Sie nach.

1 Taxi – Praxis – Text
2 wechseln – Sachsen – sechs – Erwachsener
3 links – du tankst – du denkst – Volkshochschule
4 Lieblingstier – unterwegs – Angst – du springst

E2 28 Laut *kv* sprechen und schreiben

2 39 Phonetik

a Wo hören Sie *kv*? In Wort A oder B? Kreuzen Sie an.

1 A ☒ B ○ 2 A ○ B ○ 3 A ○ B ○ 4 A ○ B ○

2 40

b Hören Sie noch einmal und sprechen Sie nach.

1 Quartett – Karte
2 Kurs – Quiz
3 Wagen – Quadratmeter
4 Qualität – Gewitter

E2 **29 Lesen Sie die E-Mail. Wählen Sie für die Aufgaben 1 bis 5 die richtige Lösung a, b oder c.**

Prüfung

E-Mail senden

Hi Sammy,
wie geht's Dir? Wie ist das Wetter? Hoffentlich habt ihr mehr Sonne als wir. In Luzern ist es zurzeit eisig, um die null Grad und jeden Morgen so neblig, dass man die Hand nicht vor den Augen sieht! Am liebsten würde ich im warmen Bett bleiben. Ich muss natürlich trotzdem raus und zur Arbeit. Zum Glück fahren von meinem Wohnort regelmäßig Busse in die Stadt, denn ich habe kein Auto. Die öffentlichen Verkehrsmittel sind wirklich gut. Viel moderner als bei uns zu Hause – und pünktlich. Meistens! ☺ Nur sind sie leider ziemlich teuer. Ich habe eine Monatskarte, die ist ein bisschen günstiger. Meine Kollegen sagen: „Mach doch den Führerschein. Auf dem Land geht es ohne Auto nicht." Sehr witzig! Autofahren kostet doch auch Geld! Besonders in der Schweiz: Für die Benutzung der Autobahn muss man eine Jahresgebühr bezahlen. Und schon für kleine Fehler bekommt man einen Strafzettel. Wenn ich da an meine Heimat denke – dort ist das völlig anders. Auch die Strafen für zu schnelles Fahren sind in der Schweiz wahnsinnig hoch. Ein Freund musste einmal 100 Franken bezahlen – wegen 8 km/h! Das sind circa 100 Euro! Stell Dir das vor! Und dann das Benzin: Ständig reden meine Kollegen über die Benzinpreise. Manche haben eine App: Sie zeigt, wo das Benzin aktuell am günstigsten ist. Nein, ich bleibe gern Busfahrer und Fußgänger! ☺ Wie ist es mit dem Verkehr in Deutschland? Erzähl doch mal.
Viele Grüße
Yusuf

1 Der Nebel in Luzern ist
- a ○ eisig.
- b ○ sehr dicht.
- c ○ nicht so schlimm.

2 Yusuf möchte am liebsten
- a ○ jeden Tag in die Stadt fahren.
- b ○ nicht aufstehen.
- c ○ mit dem Auto zur Arbeit fahren.

3 Yusuf findet die Preise für Bus und Bahn
- a ○ nicht billig.
- b ○ ziemlich günstig.
- c ○ meistens okay.

4 Ein Freund musste 100 Franken
- a ○ für die Autobahn zahlen.
- b ○ zahlen, weil er einen Strafzettel bekommen hat.
- c ○ für zu hohes Tempo zahlen.

5 Für Yusufs Kollegen ist
- a ○ Benzin im Moment billig.
- b ○ Benzin nicht bezahlbar.
- c ○ das Thema Benzin sehr wichtig.

E2 **30 Schreiben Sie eine Antwort an Yusuf.**

Schreibtraining

- Wie ist das Wetter zurzeit an Ihrem Wohnort?
- Wie kommen Sie zur Arbeit / zum Deutschkurs / zum Ausbildungsplatz?
- Welche Unterschiede gibt es im Verkehr zwischen Deutschland und Ihrer Heimat?
- Was gefällt Ihnen (nicht)?

Lieber Yusuf,
wie nett, dass Du mir wieder einmal schreibst. Die Winter in der Schweiz sind bestimmt sehr kalt. Hier ist es im Moment …
Viele Grüße
…

Test Lektion 11

1 Bilden Sie Wörter und ordnen Sie zu.

~~Bau~~ bel Ge gen Hit Kreu ~~le~~ Ne Aus ~~stel~~ ter Wa wit ze zung fahrt

a Wetter: ______________________

b Straßenverkehr: Baustelle, ______________________

1 ...... /6 Punkte

WÖRTER

0–3
4
5–6

2 Ergänzen Sie.

A B C D

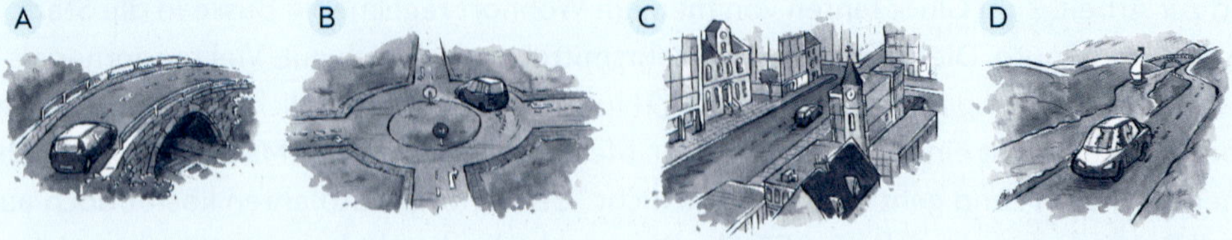

Karl fährt heute mit seinem Auto zum Zoo. Zuerst fährt er über die Brücke (A). Dann fährt er ________ ________ Kreisverkehr ________ (B). Danach fährt er ________ ________ Zentrum (C). Zum Schluss fährt er noch ________ Fluss ________ (D). Dann ist er schon am Zoo angekommen.

2 ...... /3 Punkte

GRAMMATIK

3 Schreiben Sie Sätze mit *deshalb*.

a Drago ist beim Fußballtraining hingefallen. (Sein Fuß tut jetzt sehr weh.)
Deshalb tut sein Fuß jetzt sehr weh.

b Am nächsten Morgen hat Drago immer noch Schmerzen. (Er geht zum Arzt.)
____

c Die Verletzung ist nicht so schlimm. (Der Arzt gibt Drago nur eine Salbe mit.)
____

d Nach drei Tagen sind die Schmerzen weg. (Drago kann wieder trainieren.)
____

e Drago spielt wieder jeden Tag Fußball. (Er ist glücklich.)
____

3 ...... /4 Punkte

0–3
4–5
6–7

4 Was ist richtig? Kreuzen Sie an.

a ◆ Was ist dir am Verkehr in Deutschland aufgefallen?
☒ ◻ Viele Leute fahren mit dem Rad zur Arbeit. Das finde ich interessant.
○ ◻ Ich fahre lieber mit dem Rad.

b ◆ Gehen die Menschen in deiner Heimat viel zu Fuß?
○ ◻ In meiner Heimat ist das anders als hier.
○ ◻ Nein, das ist zu gefährlich.

c ◆ Welche Unterschiede gibt es zwischen Stadt und Land?
○ ◻ Am schlimmsten finde ich die Landstraßen.
○ ◻ In der Stadt gibt es natürlich viel mehr Verkehr.

d ◆ Welche Verkehrsmittel werden bei euch oft benutzt?
○ ◻ Die meisten Leute fahren mit einem Moped.
○ ◻ Die Leute fahren oft sehr schnell.

e ◆ Was ist in Deutschland anders als in deinem Heimatland?
○ ◻ Bei uns ist das anders.
○ ◻ Mir ist aufgefallen, dass die Autofahrer weniger hupen.

4 ...... /4 Punkte

KOMMUNIKATION

0–2
3
4

1 Bernardo möchte ein gebrauchtes Auto kaufen.

Was muss er tun? Lesen Sie und ordnen Sie die Schritte beim Autokauf.

Gebrauchtwagenkauf – das sollten Sie wissen!

○ Fahren dürfen Sie das Auto nämlich erst, wenn Sie es angemeldet haben. Deshalb müssen Sie zu einer Behörde gehen: zur Zulassungsstelle. Denken Sie an alle notwendigen Dokumente (eVB-Nummer, Zulassungsbescheinigungen I und II, HU-Bericht, Ausweis). Sie bezahlen eine kleine Gebühr, lassen die Autokennzeichen in einem Schilderladen machen und dann heißt es endlich: Gute Fahrt!

○ Zuerst müssen Sie natürlich das passende Auto finden. Dafür sehen Sie sich am besten die Angebote von Autoportalen im Internet oder die Anzeigen in der Zeitung an. Privat oder beim Autohändler kaufen? Das ist eine schwierige Frage. Ein Kauf von privat ist meistens günstiger, aber Garantie bekommen Sie nur beim Autohändler.

○ Wenn Sie sich für den Wagen entschieden haben, machen Sie einen Kaufvertrag. Aber bitte schriftlich. Nur so können Sie sicher sein. Wichtig, besonders, wenn Sie von privat kaufen: Der Verkäufer muss Ihnen auch den HU-Bericht, die Zulassungsbescheinigungen Teil I (Fahrzeugschein) und Teil II (Fahrzeugbrief) geben. Diese wichtigen Dokumente brauchen Sie unbedingt.

(4) Anschließend müssen Sie das Auto versichern. Die Preise von Versicherungen sind sehr unterschiedlich. Vergleichen Sie verschiedene Angebote. Wenn Sie sich für eine Versicherung entschieden haben, bekommen Sie von der Versicherung eine eVB-Nummer. Diese Nummer brauchen Sie für die Auto-Anmeldung.

○ Haben Sie einen interessanten Wagen gefunden? Dann machen Sie einen Termin und testen Sie das Auto bei einer Probefahrt. Achten Sie dabei besonders auf die Bremsen. Funktioniert alles ohne Fehler und macht das Fahren mit dem Auto Freude? Dann sprechen Sie mit dem Verkäufer über den Preis.

• das Autokennzeichen

• der Fahrzeugbrief

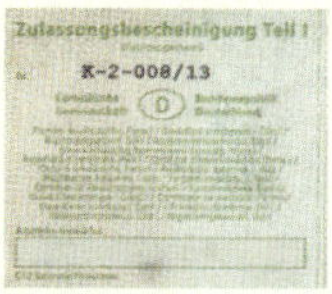

• der Fahrzeugschein

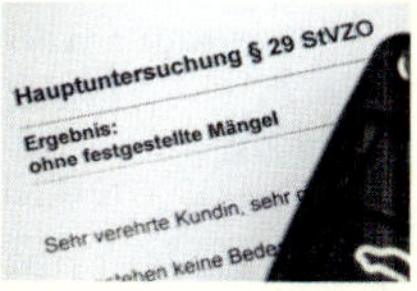

• der HU-Bericht

2 Was muss Bernardo zur Zulassungsstelle mitnehmen?

Lesen Sie noch einmal und kreuzen Sie an.

a ☒ Personalausweis oder Reisepass
b ○ Führerschein
c ○ Versicherungsbestätigung (eVB-Nummer)
d ○ Zulassungsbescheinigung Teil I (Fahrzeugschein) und Zulassungsbescheinigung Teil II (Fahrzeugbrief)
e ○ Kaufvertrag
f ○ Autokennzeichen
g ○ HU-Bericht

3 Haben Sie schon einmal ein gebrauchtes Auto gekauft? Oder ein anderes Fahrzeug (Moped, Fahrrad ...)?

Erzählen Sie.

Ich habe vor ein paar Monaten ein Auto gekauft. Es ist schon zehn Jahre alt, aber alles funktioniert gut und das Auto war sehr günstig ...

Fokus Beruf: Ein Unfall auf dem Weg zur Arbeit

1 Hassan Amiri hatte einen Unfall.

2 🔊 41 **a** Was ist passiert? Hören Sie den Anfang des Gesprächs und kreuzen Sie an.

1 ○

2 ○

2 🔊 42 **b** Was ist richtig? Hören Sie nun das Gespräch ganz und kreuzen Sie an.

1 Herr Amiri informiert nach dem Unfall ☒ seinen Arbeitgeber. ○ seine Krankenversicherung.
2 Er ist im Krankenhaus, ○ weil er stark verletzt ist. ○ aber zum Glück hat er nichts Schlimmes.
3 Bei einem Unfall auf dem Weg zur Arbeit zahlt ○ die Berufsgenossenschaft. ○ der Arbeitgeber.
4 Man ○ darf auf dem Weg zur Arbeit noch einen extra Weg nehmen.
○ muss auf direktem Weg zur Arbeit fahren.
5 Herr Amiri ○ kann zu jedem Arzt ○ muss zu einem Durchgangsarzt gehen.

2 Was schreiben die Personen in die Unfallmeldung? Ordnen Sie zu.

A

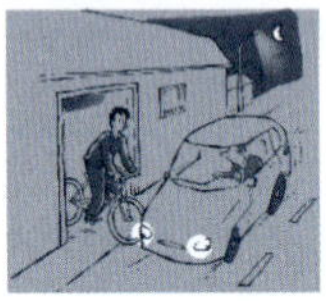

B

C

D

Schilderung des Unfallhergangs
○ Ich bin mit dem Fahrrad von rechts gekommen, durfte also fahren. Der andere Radfahrer hat aber nicht angehalten. Deshalb sind wir zusammengestoßen.

Schilderung des Unfallhergangs
○ Ich war Richtung Stadtmitte unterwegs. An der Straße hat ein Auto geparkt. Plötzlich hat ein Autofahrer die Tür aufgemacht. Ich konnte nicht mehr ausweichen.

Schilderung des Unfallhergangs
○ Gestern hat es die ganze Nacht geschneit. Um fünf Uhr bin ich zur Frühschicht gefahren, da waren die Straßen noch voll Schnee. Ich bin sehr langsam gefahren, aber plötzlich war da Eis und ich bin von der Straße gerutscht.

Schilderung des Unfallhergangs
(A) Ein Radfahrer ist ohne Licht aus einem Hof gekommen. Es war schon dunkel. Deshalb konnte ich den Radfahrer nicht sehen und habe sein Vorderrad gestreift.

3 Was berichten Sie Ihrer Kollegin / Ihrem Kollegen?

Sprechen Sie mit Ihrer Partnerin / Ihrem Partner.

mit dem Rad auf dem Weg zur Arbeit sein → parkende Autos an der Seite sein → eine Autotür sich plötzlich öffnen → nicht mehr bremsen können

mit dem Rad nach Hause fahren → ein anderer Radfahrer ohne Licht von rechts kommen → zusammenstoßen

jeden Abend auf der Stadtautobahn im Stau stehen → ein anderer Autofahrer das Stau-Ende nicht sehen → von hinten auf mein Auto fahren

A Wollen wir **an die** Mosel fahren?

A2 Wiederholung A1, L11

1 Ordnen Sie zu.

bei | von | aus | vom | aus der | ~~in~~ | zu | ~~aus dem~~ | in | nach | zum | ins | beim | nach | in der | im | in die | aus

	Wo? Sie ist …	**Wohin?** Sie fährt …	**Woher?** Sie kommt …
a	in Italien.	………… Italien.	………… Italien.
b	………… Schweiz.	………… Schweiz.	………… Schweiz.
c	………… Zürich.	………… Zürich.	………… Zürich.
d	………… Kino.	………… Kino.	aus dem Kino.
e	………… Claudia.	………… Claudia.	………… Claudia.
f	………… Arzt.	………… Arzt.	………… Arzt.

A2 Wiederholung A1, L11

2 Was ist richtig? Kreuzen Sie an.

a ◆ Ich fahre jetzt mit dem Auto ○ nach dem ☒ zum Bahnhof. Soll ich dich mitnehmen?
○ Vielen Dank, aber ich muss zuerst noch ○ zu ○ bei meiner Mutter.
Sie wohnt ○ auf ○ in der Maistraße. Da kann ich den Bus nehmen.

b ◆ Ich muss heute Nachmittag ○ nach dem ○ zum Arzt.
○ Ach, ich habe gedacht, dass du gestern schon ○ beim ○ im Arzt warst.
◆ Nein, er hatte gestern keinen Termin mehr frei.

c ◆ Fahrt ihr dieses Jahr im Urlaub wieder ○ nach ○ in Italien?
○ Nein, wir waren doch letztes Jahr ○ in ○ nach Rom.
In diesem Sommer wollen wir ○ nach ○ in die Türkei.

d ◆ Wir gehen heute Abend ○ zum ○ ins Kino. Kommst du mit?
○ Ich kann leider nicht. Ich fahre ○ zu ○ bei meiner Freundin. Sie ist krank.

A2

3 Urlaubsziele

a Ordnen Sie zu.

~~die Insel~~ | der See | die Wüste | der Osten | der Strand | die Küste | das Meer | die Berge | der Norden | der Wald

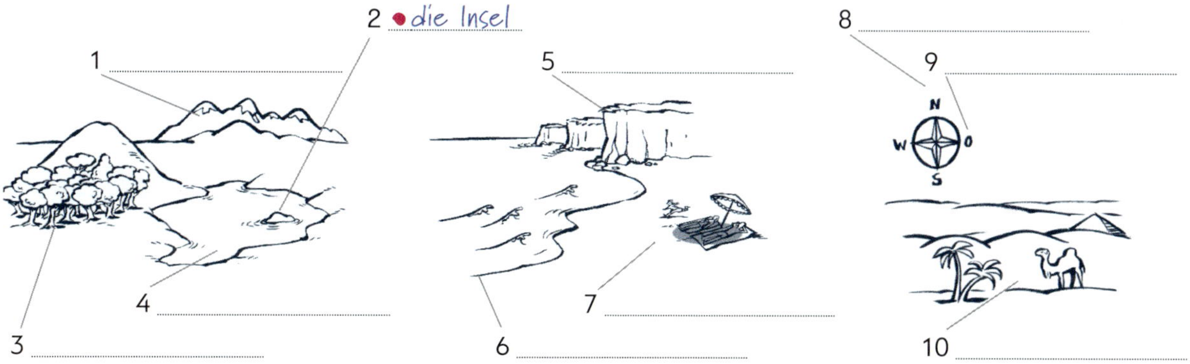

b *in – an – auf*: Wohin fährst du? Ordnen Sie zu.

die Berge | die Ostsee | ~~der Westen~~ | der Strand | die Insel | die Küste | der Schwarzwald | der Rhein | das Land | der See | der Süden | das Meer | die Wüste | die Mosel | der Berg

in	an	auf
den Westen	…	…

A

A2 **4 Was ist richtig? Kreuzen Sie an.**

◆ Wohin fahrt ihr denn dieses Jahr in den Urlaub?

○ Wir haben uns noch nicht entschieden. Ich möchte gern ☒ ans ○ aufs Meer fahren, am liebsten ○ in ○ nach Italien. Dort können wir jeden Tag ○ in den ○ an den Strand gehen oder ○ zu einer ○ in eine kleine Stadt fahren und etwas besichtigen. Meine Frau dagegen möchte lieber ○ auf die ○ in die Berge fahren, nach Österreich oder ○ zum ○ in den Schwarzwald. Sie wandert sehr gern und fährt nicht so gern ○ in den ○ nach dem Süden, weil es ihr im Sommer dort zu heiß ist. Und ihr? Was macht ihr?

◆ Wir fahren mit den Kindern wieder ○ an die ○ auf die Ostsee. Jedes Jahr fahren wir ○ in die ○ auf die Insel Hiddensee. Ich gehe gern am Morgen ○ in die ○ an die Küste und sehe mir die Natur und die Vögel an. Wir sind immer wieder begeistert von dieser ruhigen Insel!

A3 **5 Lösen Sie das Rätsel.**

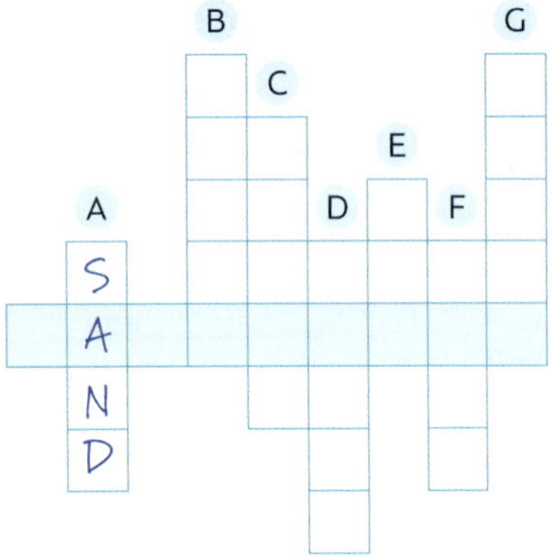

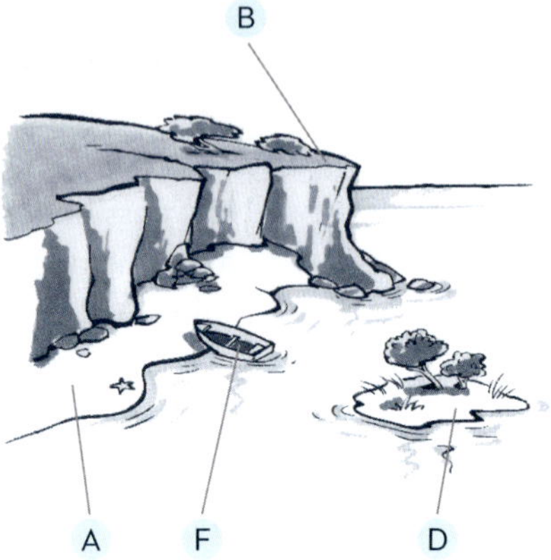

Lösung: ……………………

A3 **6 Bilden Sie Wörter und ordnen Sie zu.**

~~Wahl~~ hof bir he Un ge de Kü kunft Bau Pfer ter Ge ern

Urlaub auf dem ……………………

Bei uns im schönen Schwarzwald finden Sie eine schöne und günstige …………………… .

Sie haben die *Wahl*: Wir haben Zimmer für Singles, Paare und Ferienwohnungen für Familien. Auf unserem Hof gibt es zwei Hunde, drei Katzen und auch viele …………………… . Wenn Sie oder Ihre Kinder gern reiten: Wir haben auch vier …………………… . In der Nähe gibt es auch einen kleinen See. Dort können Sie im Sommer baden. Das Wasser ist zwar hier oben im …………………… ein bisschen kühl. Aber das ist vor allem in den Sommermonaten sehr angenehm.

Reservieren Sie unter: bergerhof@t-online.de.

A4 7 Was ist richtig? Kreuzen Sie an.

		Wohin?	Wo?
a	Im August fahren wir	☒ ans Meer.	○ am Meer.
b	Ich war noch nie	○ in die Wüste.	○ in der Wüste.
c	Am Samstag fahren wir	○ ins Gebirge.	○ im Gebirge.
d	Waren Sie schon einmal	○ in die Türkei?	○ in der Türkei?
e	Am liebsten fahren wir	○ in den Süden.	○ im Süden.
f	Wann gehen wir	○ an den Strand?	○ am Strand?
g	Es war sehr windig	○ an die Atlantikküste.	○ an der Atlantikküste.
h	Ich fahre immer gern	○ in die Alpen.	○ in den Alpen.
i	Warst du schon einmal	○ an den Titisee?	○ am Titisee?

◇ A4 8 Ordnen Sie zu.

~~bei~~ in bei im in die in der am in den im

E-Mail senden

Hallo Ina,

am Wochenende waren wir .... Müritzsee. Wir haben dort bei meiner Schulfreundin Ines gewohnt. Es war wunderbar! Den ganzen Samstag waren wir .... Natur und haben .... See gebadet. Wir wollten uns vor allem ausruhen und keine Sehenswürdigkeiten besichtigen. Am Abend sind wir mit einem kleinen Boot über den See .... eine andere Stadt zu einem Film-Festival gefahren. Später gab es noch ein großes Gewitter, aber zum Glück sind wir noch trocken .... Ines angekommen!

Seit gestern bin ich nun wieder .... Büro. Puh! Wir wollten doch mal zusammen .... Berge fahren!? Ich muss zwar viel arbeiten, aber für eine Wanderung mit Dir .... Bergen habe ich immer Zeit. ☺

Viele Grüße, Christine

❖ A4 9 Sehen Sie die Bilder an und ergänzen Sie.

Hallo Sara,

wie geht es Dir? Julio und ich hatten im Juli zehn Tage Urlaub. Wir sind nach Frankreich (A) gefahren. Zuerst waren wir .... (B). Dort sind wir mit einem Schiff .... (C) gefahren. Danach haben wir die vielen Sehenswürdigkeiten besichtigt. Wir waren begeistert! Nach vier Tagen sind wir weiter .... (D) gefahren und haben .... (E) direkt .... (F) gewohnt. Die Sandstrände dort sind kilometerlang. Jeden Tag haben wir .... (G) gebadet. Das Wasser war zwar kühl, aber draußen waren 31 Grad – da ist man schnell wieder trocken. ☺

Herzliche Grüße, Marie

A

B

C

D G

E

F

B **Gutes** Wetter wäre auch nicht schlecht.

B2 10 Ergänzen Sie.

A

Übernachtung im historischen Zentrum von Bamberg mit Blick auf den berühmten Dom

Vermiete groß*es* Zimmer mit drei Betten für klein_____ Familie oder Gruppe. Von privat.

B

Lieben Sie Camping? Dann sind Sie bei uns richtig!

Klein_____ Campingplatz in ruhig_____ Lage im Loisachtal, perfekt_____ Startpunkt für schön_____ Bootstouren auf der Loisach und zahlreich_____ Wanderungen durch das Tal.

C

Von privat:
romantisch_____ Ferienhaus im Schwarzwald

Unser Angebot:
- Urlaub ohne laut_____ Verkehr
- schön_____ Landschaft
- 4 groß_____ Doppelzimmer und 3 Einzelzimmer mit schön_____ Blick auf die Berge
- gut_____ Essen

D

Schön__ Ferienwohnungen im Westerwald zu vermieten!

Wir bieten Ihnen modern_____ Wohnungen mit groß_____ Zimmern. Jede Wohnung mit neu_____ Bad und extra WC. Ruhig_____ Lage mit Blick auf Wiesen und Berge und vor allem ohne laut_____ Autos. Auf Wunsch mit Halbpension.

B2 11 Markieren Sie in 10 und ergänzen Sie.

Grammatik entdecken

	Wer?/Was?	Wen?/Was?	Wem?/Was?
● der	_____ Campingplatz	ohne _____ Verkehr	mit _____ Blick
● das	_____ Essen	*großes* Zimmer	mit _____ Bad
● die	_____ Landschaft	für _____ Familie	in _____ Lage
● die	_____ Ferienwohnungen	ohne _____ Autos	mit _____ Zimmern

◇ B2 12 Was ist richtig? Kreuzen Sie an.

a Suche ☒ schönes ○ schöne ● Zimmer für zwei Personen.
b ○ Günstigen ○ Günstige ● Ferienwohnung mit ○ schönen ○ schönem ● Balkon und ○ heller ○ helle ● Küche auf Bauernhof für ○ große ○ großen ● Familie noch frei.
c Suche ○ ruhigen ○ ruhige ● Unterkunft in ○ günstige ○ günstiger ● Pension oder bei ○ netter ○ netten ● Familie vom 17. 7. – 24. 7.
d ○ Kleinen ○ Kleines ● Hotel mit ○ ruhigen ○ ruhige ● Zimmern in Rom. Zimmer ab 79 € pro Nacht mit Halbpension.

13 Schreiben Sie Anzeigen.

B2

A

rot | schwarz | Punkte

B

beige | rot | Streifen

C

alt | groß | braun | aus Holz

(A) Verkaufe rotes Sofa mit schwarzen Punkten für nur 69 €.

D

echt | aus Gold

E

schnell | weiß

F

neu | groß | schwarz

14 Eine E-Mail schreiben: Wählen Sie ein Thema.

B2 Prüfung

A

Sie besuchen für ein Wochenende Freunde in Berlin. Schreiben Sie Ihrer Deutschlehrerin / Ihrem Deutschlehrer eine E-Mail aus Berlin. Schreiben Sie etwas zu folgenden Punkten. Vergessen Sie nicht die Anrede und den Gruß.

- Mit wem sind Sie in Berlin?
- Was besichtigen Sie dort?
- Was gefällt Ihnen besonders gut? Warum?
- Was gefällt Ihnen nicht so gut? Warum?

B

Ihre Kollegin, Frau Burger, hat Sie und Ihre Familie am Wochenende eingeladen. Leider haben Sie keine Zeit. Schreiben Sie eine E-Mail. Schreiben Sie etwas zu folgenden Punkten. Vergessen Sie nicht die Anrede und den Gruß.

- Danken Sie Frau Burger für die Einladung.
- Entschuldigen Sie sich.
- Warum können Sie nicht kommen?
- Wann können Sie sie besuchen?

C Etwas buchen

15 Ergänzen Sie: *am – um – im – bis – von/vom ... bis – für.*

Wiederholung A1, L8 L12

a ◆ Ich möchte bitte ein Doppelzimmer reservieren.
○ Ja, gern, wann brauchen Sie das Zimmer?
◆ Von Freitag ______ Montag früh, also ______ drei Nächte.

b ◆ Wann ist denn der Supermarkt geöffnet? Weißt du das?
○ Ja, Montag ______ Freitag ______ 8.00 Uhr ______ 20.00 Uhr und ______ Samstag, glaube ich, schließen sie ______ 18.00 Uhr.

c ◆ Wann machst du denn dieses Jahr Urlaub?
○ Leider erst ______ Herbst, wahrscheinlich ______ Oktober.

d ◆ Wann hat denn Inge Geburtstag?
○ ______ 13. Februar.

e ◆ Ist das Hotel ______ Winter geschlossen?
○ Ja, ______ 1. Dezember ______ 31. März.

16 Was ist richtig? Kreuzen Sie an.

Wiederholung A1, L8 L12

	Vor	Seit	Nach	
a Wann gehst du immer joggen?	☒	○	○	der Arbeit, da bin ich noch fit.
b Wann hat denn Frau Suter angerufen?	○	○	○	ungefähr einer Stunde.
c Was machst du heute noch?	○	○	○	dem Unterricht fahre ich erst einmal nach Hause.
d Wie lange wartest du denn schon?	○	○	○	zehn Minuten.
e Wie lange leben Sie schon in Köln?	○	○	○	zwei Jahren.
f Wann haben Sie den Kurs begonnen?	○	○	○	einem halben Jahr.

C1

17 Was ist richtig? Kreuzen Sie an.

a ◆ Guten Tag, kann ich Ihnen helfen?
○ Ja, gern. Wir möchten ein Wochenende in Wien verbringen. Hätten Sie da ein gutes Angebot für uns? Fahrt hin und zurück und Hotel ☒ für ○ ab zwei Nächte.

◆ Ja, da habe ich etwas für Sie: ein sehr günstiges Angebot ○ ohne ○ für 49 € pro Person im Bus hin und zurück. Und für den Aufenthalt in Wien kann ich Ihnen auch ein schönes Hotel empfehlen: für nur 99 € im Doppelzimmer ○ für ○ ohne Frühstück. Das Angebot gilt schon ○ von ○ über Donnerstag an, Sie zahlen dann also nur für zwei Nächte, bleiben aber drei.
○ Hm, das klingt nicht schlecht. Aber eine Busfahrt? Wie lange dauert die denn?
◆ Moment ... Also, die Fahrt dauert etwas ○ über ○ ab drei Stunden.
○ Super! Dann möchten wir die Reise gleich buchen.

b ▲ Erzählt doch mal. Wie war denn euer Wochenende in Wien?
□ Wien ist wirklich sehr schön. Aber zuerst hatte unser Bus ○ ab ○ über eine Stunde Verspätung. Dann wollten wir eine Tour mit dem Schiff auf der Donau machen, aber ○ von November an ○ über November fahren die Schiffe nicht mehr so oft, und am Sonntag hatten sie keine freien Plätze mehr. Na ja, dann sind wir ○ über ○ ab zwei Stunden an der Donau spazieren gegangen. Das war auch sehr schön!

C2 18 Im Reisebüro: Ordnen Sie zu.

~~buchen~~ | der Termin schon ausgebucht | von Freitag, den 14.5., bis | eine Direktverbindung | Für wie viele Personen | noch andere Angebote | von Juni an | mit dem Zug für

- ◆ Ich möchte gern eine Wochenendreise nach Basel buchen.
  Sie haben da ein Angebot im Prospekt. Für 139 € inklusive Fahrt und Unterkunft.
- ○ Sehr gern. ……………………?
- ◆ Für zwei Personen.
- ○ Wann möchten Sie denn fahren?
- ◆ Nächstes Wochenende, …………………… Sonntag, den 16.5.
- ○ Hm, leider ist …………………….
  Aber …………………… haben wir wieder freie Plätze.
- ◆ Schade. Wir haben leider nur an diesem Wochenende Zeit.
- ○ Kein Problem. Wir haben auch …………………….
  Zum Beispiel nach Basel …………………… 59 € hin und zurück.
  Und eine günstige Pension finde ich bestimmt für Sie.
- ◆ Ist das ……………………?
- ○ Ja.
- ◆ Das ist ein guter Vorschlag. Ich spreche mit meiner Frau und melde mich wieder. Danke!

C2 19 Satzakzent und Satzmelodie

Phonetik

a Lesen Sie die Texte. Markieren Sie die Betonung ____, die Satzmelodie → oder ↘ und die Pausen: | = kurze Pause oder || = lange Pause.

1 Rheinreise

Ich sage: → Eins. ↘ (|)
Vorbei an Mainz. ↘ (||)
Ich sage: → Zwei. ↘ (|)
An Kaub vorbei. …… ○
Ich sage drei: …… ○
Die Loreley. …… ○
Ich sage vier: …… ○
In Köln ein Bier. …… ○
Ich sage überhaupt nichts mehr. …… ○
Ich staune nur: …… ○
Da ist das Meer. …… ○

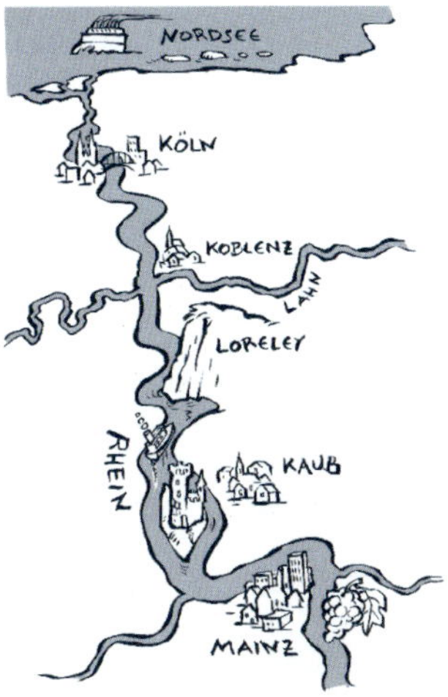

2 Die Ameisen*

In Hamburg leben zwei Ameisen, …… ○
Die wollen nach Australien reisen. …… ○
Bei Altona auf der Chaussee, …… ○
Da tun ihnen schon die Beine weh, …… ○
Und da verzichten sie weise …… ○
Dann auf den letzten Teil der Reise. …… ○

*Text leicht verändert. Original siehe Quellenverzeichnis.

2 🔊 43–44 **b** Hören Sie und vergleichen Sie.

D Nachrichten schreiben

D1 **20 Markieren Sie noch sieben Wörter.**
Schreiben Sie zu jedem Wort einen Satz.

ERILBNTKM(BEKANNT)ÖLOTALTSTADTMEINPACKENHNFÄNAKNATÜRLICHRGU
AUTARFÜHRUNGLPOHLDSTADTZENTRUMLIFERASURFENJUFDAUSSTELLUNG

Der Dom ist eine bekannte Sehenswürdigkeit in Köln.

D2 **21 Eine Einladung nach Wien**

Schreibtraining

a Lesen Sie die E-Mail und korrigieren Sie die markierten Wörter.

E-Mail senden

Lieber Anna,
wie geht es Dir? Wir haben uns lange noch mehr gesehen. — *nicht*
Komm doch mal in Wien! Du bist herzlich eingeladen. Ich könnte eine kleine Stadtführung durch die Altstadt für Dich gehen und anschließend können wir uns Schloss Schönbrunn schauen.
Und Du kannst unbedingt mit mir in mein Lieblingskaffeehaus gehen. Hast Du auch Lust auf ein Museum? In Wien es gibt sehr viele bekannte Museums und Ausstellungen.
Und natürlich kannst Du hier in Wien die berühmte Sachertorte probieren oder Apfelstrudel – der schmeckt nirgends so lecker wie bei uns! Bitte komm! Ich freue mich sehr über Dich!
Viele Grüßen
Mila

◇ **b** Annas Antwort: Schreiben Sie eine E-Mail.

Dank für die Einladung: komme gern | noch nie in Wien | gern Schloss besichtigen | Kaffeehaus super Idee | Wann?

Liebe Mila,
vielen Dank …
…
Bis bald in Wien!
Viele Grüße
Anna

❖ **c** Annas Antwort: Schreiben Sie eine E-Mail.

– Dank für Einladung
– keine Zeit
– neue Arbeit
– viel zu tun
– Einladung Mila an Kursort
– Vorschlag für gemeinsamen Ausflug

Hallo Mila,
vielen Dank …
…

Komm doch mal …
Möchtest du vielleicht …?
Ich möchte dir so gern … zeigen.
Bis bald!

D2 22 Eine E-Mail

a Lesen Sie die E-Mail. Was ist richtig? Kreuzen Sie an.

Pinar und Murad ...

1 ○ sind zum Wandern an den Rhein gefahren.
2 ○ haben eine Radtour am Rhein gemacht.

E-Mail senden

Hallo Hülya,
wie geht es Dir und Ismail? Wir haben uns lange nicht mehr gesehen. Ich hoffe, dass es euch und eurer Familie gut geht.
Murad und ich haben letzte Woche eine kurze Reise an den Rhein gemacht. Es ist so wunderschön dort! Wir haben unsere Fahrräder mitgenommen, denn es gibt einen wunderbaren Radweg am Fluss entlang. Er heißt „Rheinradweg“. Aber man kann dort auch sehr schöne Wanderungen oder Spaziergänge machen. Meistens haben wir in einer Jugendherberge geschlafen, denn das ist sehr günstig. Man kann dort auch frühstücken. Es gibt Zimmer für zwölf, sechs, vier oder auch nur für zwei Personen. Wir haben immer ein Doppelzimmer gebucht.
Fast jeden Tag sind wir 40–50 km mit dem Rad gefahren. Manchmal haben wir auch einen „Ruhetag“ gemacht und sind nur ein bisschen spazieren gegangen, am Fluss entlang oder durch die Weinberge. Wenn man sich so viel bewegt, dann ist man am Abend hungrig und müde. So haben wir am Abend meistens nur schnell noch etwas gegessen und sind immer ziemlich früh ins Bett gegangen und am Morgen spät aufgestanden.
Nächstes Jahr möchten wir zum Wandern in die Berge fahren. Wohin genau, das wissen wir noch nicht. Möchtet ihr nicht mitkommen?
Viele Grüße, Pinar

b Lesen Sie noch einmal und ergänzen Sie.

1 Wo waren Murad und Pinar? *am Rhein*
2 Wo kann man billig schlafen? ....
3 Was haben sie auch manchmal gemacht? ....
4 Was haben sie abends meistens gemacht? ....
5 Was möchten sie nächstes Jahr machen? ....

D2 23 Sie hören drei Ansagen aus dem Radio. Zu jeder Ansage gibt es eine Aufgabe.

2 🔊 45–47
Prüfung

Welche Lösung (a, b oder c) passt am besten?

1 Im Tierpark
a ○ ist an diesem Wochenende ein Elefantenbaby geboren.
b ○ bekommen alle Eltern ein Geschenk.
c ○ haben alle Geburtstagskinder freien Eintritt.

2 Wie wird das Wetter in Süddeutschland?
a ○ Am Abend gibt es Gewitter.
b ○ Es regnet nicht.
c ○ Es sind 25 Grad.

3 Die Autofahrer sollen
a ○ mit dem Bus 48 zum Stadion fahren.
b ○ mit dem Auto bis zum Platz der Freiheit fahren.
c ○ mit öffentlichen Verkehrsmitteln zum Stadion fahren.

LERNTIPP Lesen Sie vor dem Hören die Aufgaben. Denken Sie beim Hören nicht zu lange über eine Antwort nach, sonst verpassen Sie den nächsten Text.

E Einen Wochenendausflug planen

E2 24 Wollen wir ...?

a Ordnen Sie zu.

einen Vorschlag ... 1 machen 2 annehmen 3 ablehnen

1 Lass uns doch ... | ○ Ich bin dagegen. | ○ Super. Das ist eine gute Idee. | ○ Ich habe einen Vorschlag: ... | ○ Ja, gut, machen wir es so. | ○ Also, ich weiß nicht, ... | ○ Ach nein, darauf habe ich keine Lust. | ○ Wollen wir ...? | ○ Das ist aber keine gute Idee. | ○ Ich bin dafür. | ○ Wir könnten doch ...

b Schreiben Sie kurze Gespräche mit passenden Sätzen aus a.

1
■ ins Kino heute Abend?
○ ☹ ... → Kneipe?
■ ☺

2
■ am Samstag zusammen wandern gehen?
○ ☺

3
■ am Wochenende in die Berge fahren?
○ ☹ schon vor zwei Wochen dort → an den Bodensee?
■ ☹ ... → Ammersee?
○ ☺

① ■ *Wollen wir heute Abend ins Kino gehen?*
○ *Also, ich ...*

E3 25 Verbinden Sie.

Wir könnten doch ...

a an einen	Museum	fahren.
b im	Bus	gehen.
c ins	See	wandern.
d einen	Kino	fahren.
e ins	Ausflug	gehen.
f mit dem	Film	machen.
g an die	Schwarzwald	anschauen.
h einen	Ostsee	fahren.

E3 26 Ein Ausflug: Ordnen Sie zu.

~~Lass uns doch~~ | eine sehr gute Idee | Wollen wir | könnten wir | so machen wir es | Ich habe da eine Idee

Hallo Olivia,
wie geht es Dir? .... nicht mal wieder zusammen einen Ausflug machen? ....: *Lass uns doch* am Samstag an den Seehamer See fahren. Schwimmen, faulenzen ... ☺ Abends .... bei mir zu Hause zusammen kochen und Du könntest natürlich auch bei mir übernachten. Vielleicht bis Samstag? Svea

Hallo Svea, das ist ....! Ich komme gern am Samstag mit an den See. Treffen wir uns um 10 Uhr am Bahnhof? Ich freue mich! ☺

Gut, ...!
Bis Samstag um 10! LG Svea

1 Ergänzen Sie.

1 ...... /8 Punkte — WÖRTER

a In Hamburg gibt es viele S__h___ ___w__r___ __gk___ __t___. Die möchten wir n a t ü r l i c h alle b__s__c__t__g__ ___. Wir müssen aber noch eine U__t___ ___ku__f___ finden, denn wir wollen dort drei Nächte ü___ ___r__a__h___e___.

b Unseren nächsten Urlaub b___c___e___ wir wieder in einem R___i___e___ü___o und nicht im Internet.

c Im Stadtmuseum findet um 15 Uhr eine F___ ___r___ ___g durch die neue A___ ___st___ ___ ___ ___ng statt.

● 0–4 ● 5–6 ● 7–8

2 Ordnen Sie zu.

2 ...... /7 Punkte — GRAMMATIK

~~in der~~ im auf der an die nach im in den am

E-Mail senden

Liebe Julika,
viele Grüße von der Insel Mainau! Endlich sind wir mal wieder ______ Süden von Deutschland gefahren. Ich bin so gern ______ Bodensee und vor allem ______ schönen Insel Mainau. Hier können wir ______ Park spazieren gehen, in der Sonne liegen oder ______ See baden. Ach, wir fahren so gern ______ deutschen Seen! Am Sonntag müssen wir schon wieder ______ Leipzig zurückfahren. Schade!
Herzliche Grüße, Nora

3 Ergänzen Sie.

3 ...... /7 Punkte

A
Suche schöne Wohnung in gut______ Lage mit groß______ Balkon.

B
Ab Juni dringend günstig______ Wohnung mit groß______ Küche am Stadtrand gesucht.

C
Günstig______ Angebot:
Ruhig______ Hotel am See hat im August noch zwei schön______ Ferienwohnungen frei.

● 0–7 ● 8–11 ● 12–14

4 Verbinden Sie.

4 ...... /5 Punkte — KOMMUNIKATION

a Ich möchte eine Busfahrt von Ulm nach Salzburg und zurück buchen. — 3
b Für wie viele Personen?
c Wann möchten Sie denn fahren?
d Wie lange dauert die Fahrt?
e Ist das eine Direktverbindung?
f Was kosten die Tickets?

1 Sie kosten 24 € pro Person.
2 Ungefähr vier Stunden.
3 Ja, gern.
4 Ja, Sie müssen nicht umsteigen.
5 Vom 4. 7. bis 7. 7.
6 Für zwei Personen.

● 0–2 ● 3 ● 4–5

2 48 **Samira geht ab September in die Gesamtschule und braucht ein Schülerticket. Ihre Mutter füllt das Formular aus.**
Hören Sie das Gespräch zwischen Samira und ihrer Mutter und ergänzen Sie das Formular.

Bestellschein

Persönliche Zeitkarten

[X] Schülerticket [ ] Monatskarte für Auszubildende [ ] Abo 65plus

Persönliche Angaben

Ayed, Samira
Name Vorname

Sonnenallee 124
Straße Hausnummer

12047 Berlin
PLZ Ort

Ausbildungsstelle/Schule

Oranien-Gesamtschule
Ausbildungsstelle

Straße Hausnummer

PLZ Ort

Fahrtstrecke

Pannierstraße
von Haltestelle

Moritzplatz
zu Haltestelle

Hermannplatz
Umsteigehaltestelle

Geltungsdauer

von __ . __ .20.. bis 31.07.20..

Preise Berlin

[ ] Einzelkauf (Monatspreis) 29,50 Euro [ ] Abo (Monatspreis) 22,92 Euro [ ] Abo (Jahrespreis) 275,00 Euro

Zahlungsweise

[ ] Abbuchung monatlich per Bankeinzug [ ] Abbuchung 1x jährlich per Bankeinzug

Bankverbindung:

IBAN: DE72550800009776340989
Bank: Postbank Berlin

....
Stempel der Ausbildungsstelle

....
Ort, Datum

....
Unterschrift des Auftraggebers

Fokus Beruf: Eine Buchungsbestätigung

2 ◀)) 49 **1 Frau Abdelkader ist Sekretärin. Sie möchte für die IT-Abteilung ihrer Firma eine Unterkunft buchen.**
Hören Sie das Telefongespräch. Was ist richtig? Kreuzen Sie an.

a Frau Abdelkader sucht ein Hotel für ☒ eine Fortbildung ○ einen Büroausflug der Abteilung.
b Die Firma Netpool braucht ○ einen ○ keinen Konferenzraum.
c Das Hotel hat noch ○ 11 ○ 16 Zimmer frei.
d Die Firma bekommt ○ keine ○ eine Ermäßigung auf den Zimmerpreis.

2 ◀)) 49 **2 Frau Abdelkader hat eine Buchungsbestätigung vom Hotel erhalten. Leider gibt es vier Fehler.**
Lesen Sie die Buchungsbestätigung und hören Sie dann noch einmal. Korrigieren Sie die Fehler.

E-Mail senden

An: info@netpool.de

Betreff: Buchungsbestätigung (Nr.: 201.124)

Buchungsnummer: 201.124
Hotel „Zur Mühle" – Ihr Tagungshotel am Fuße des Schwarzwalds
Adresse: Bergstr. 2, 79117 Freiburg
Telefon: +49-761-778145
Anreise: 3. Mai
Abreise: ~~5. Mai~~ 6. Mai
Name des Gastes: Firma Netpool GmbH, Berlin (16 Personen)
Zimmer: 11 Einzelzimmer für jeweils 89 € / Nacht, inklusive Frühstück
5 Doppelzimmer für jeweils 190 € / Nacht, inklusive Frühstück
Zusatzleistungen: Reservierung Konferenzraum ○ klein ☒ groß
3.–4. Mai
140 € pro Tag

3 Schreiben Sie für Frau Abdelkader die E-Mail an das Hotel.

E-Mail senden

An: info@zurmuehle.net

Betreff: AW: Buchungsbestätigung (Nr.: 201.124)

Sehr geehrte Damen und Herren,
ich habe gerade die Buchungsbestätigung von Ihnen bekommen. Leider gibt es vier Fehler.
Am Telefon haben wir diese Punkte anders besprochen:
Die Abreise ist am 6. Mai.
....
....
Bitte schicken Sie mir noch einmal eine korrigierte Buchungsbestätigung zu.
Mit freundlichen Grüßen
Akilah Abdelkader

A Können Sie mir sagen, **was** ich da **tun muss**?

A2 **1 Verbinden Sie.**

a Sie müssen ein Konto bei einer Bank eröffnen,
b Wenn man Geld von einer Bank holt,
c Mit einer EC-Karte können Sie Geld abheben
d Auf dem Kontoauszug steht,
e Sie können die Kontoauszüge
f Fragen rund ums Konto

1 nennt man das auch „Geld abheben“.
2 werden am Bankschalter beantwortet.
3 wie viel Geld man auf seinem Konto hat.
4 in der Bank, online oder mit der Post bekommen.
5 weil Ihr Arbeitgeber Ihnen Ihren Lohn überweist.
6 und im Supermarkt bezahlen.

A2 **2 Ordnen Sie zu.**

wie | was | wie lange | wann | ~~wo~~

a Wissen Sie, *wo* der Anfängerkurs stattfindet?
b Können Sie mir sagen, ... der Anfängerkurs beginnt?
c Wissen Sie, ... der Kurs dauert?
d Können Sie mir sagen, ... ich zum Kurs mitbringen muss?
e Wissen Sie, ... die Lehrerin heißt?

A2 **3 Ergänzen Sie die Sätze aus 2.**

Grammatik entdecken

Wissen Sie,	*wo*	*der Anfängerkurs*	*stattfindet?*

A3 **4 Schreiben Sie die Sätze neu.**

a Was kostet ein Girokonto? Kannst du mir sagen, *was ein Girokonto kostet*?
b Wo ist der nächste Geldautomat?
Weißt du, ...?
c Wie viel kostet eine EC-Karte?
Kannst du mir sagen, ...?
d Welche Bank ist hier in der Nähe?
Weißt du, ...?
e Wie oft kriegt man Kontoauszüge?
Kannst du mir sagen, ...?
f Wer kann Geld von meinem Konto abheben?
Weißt du, ...?
g Wie funktioniert Online-Banking?
Weißt du, ...?
h Wie viel Geld kann ich pro Tag von meinem Konto abheben?
Kannst du mir sagen, ...?

5 Was ist richtig? Kreuzen Sie an.

A3

a ☒ Weißt du, wie spät es ist?
  ○ Weißt du, wie spät ist es?
b ○ Können Sie mir sagen, wo bleibt der Zug?
  ○ Können Sie mir sagen, wo der Zug bleibt?
c ○ Kannst du mir sagen, warum ärgerst du dich?
  ○ Kannst du mir sagen, warum du dich ärgerst?
d ○ Weißt du, wie lange wir noch warten müssen?
  ○ Weißt du, wie lange müssen wir noch warten?
e ○ Können Sie mir sagen, warum der Zug schon wieder zu spät kommt?
  ○ Können Sie mir sagen, warum kommt der Zug schon wieder zu spät?

6 Was müssen Sie hier schreiben? Ergänzen Sie.

A3

ERÖFFNUNG PRIVAT-GIROKONTO

☐ Girokonto plus ☐ Girokonto extra plus

Kundin/Kunde ☐ Frau ☐ Herr

A — Vorname	Name
B — Straße, Hausnummer	
B — Postleitzahl	Ort
C — Geburtsdatum	Geburtsort — D
ggf. Geburtsname	Staatsangehörigkeit — E
F — Telefonnummer	

Hier müssen Sie schreiben, ...

a ....
b ....
c ....
d ....
e *woher Sie kommen.*
f ....

7 Hören Sie und markieren Sie die Satzmelodie: →, ↗ oder ↘.

A3
2 50
Phonetik

Weißt du schon, *→* wann du kommst? ..... | Kommst du heute ..... oder erst morgen? .....
Sag mir bitte, ... wann wir uns treffen. ..... | Treffen wir uns um sechs ..... oder lieber erst später? .....
Kannst du mir sagen, ... wie man das schreibt? ..... | Schreibt man das mit „h" ..... oder ohne „h"? .....
Ich frage mich, ... warum du so sauer bist. ..... | Hast du ein Problem ..... oder bist du nur müde? .....

8 *Wissen Sie, ...?* Schreiben Sie und fragen Sie Ihre Partnerin / Ihren Partner.

A3
Phonetik

Achten Sie auf die Satzmelodie.

Wissen Sie, ...
Kannst du mir sagen, ...

Wann findet die Prüfung statt?
Wie lange dauert der Deutschkurs noch?
Wo hast du dein Wörterbuch gekauft?
Welche Aufgaben sollen wir zu Hause machen?
Wo kann ich mich für den nächsten Kurs anmelden?
Was kostet der nächste Kurs?

Wissen Sie, wann die Prüfung stattfindet?

B Darf ich fragen, **ob** Sie ... dabei **haben**?

B1 **9 Verbinden Sie.**

a Könnten Sie mal nachsehen, ob die Versicherung das Geld von meinem Konto abgebucht hat? — 4
b Darf ich fragen, ob Sie Ihren Personalausweis dabeihaben?
c Darf ich fragen, ob Sie mir Ihre Kontonummer geben können?
d Darf ich fragen, ob Sie sich für Aktien interessieren?
e Können Sie mir sagen, ob Ihre Telefongesellschaft „Phonecom" heißt?

1 Ja, den habe ich dabei. Hier ist er.
2 Ja, so heißt sie.
3 Ja, dafür interessiere ich mich.
4 Ja, natürlich.
5 Ja klar, das ist die 12345.

B2 **10 Lösen Sie das Rätsel.**

A						A	B	B	U	C	H	U	N	G
B			S		M									
C						N								
D											L			
E				B										
F							G							
G										N				
H	G					O								

a Ich verstehe die ... auf meinem Kontoauszug nicht. Was ist das für eine Firma?
b Mein Vater bekommt die Versicherung nicht in Raten, sondern in einer ... ausgezahlt.
c Im Moment bekommt man leider keine hohen ..., wenn man Geld spart.
d Wir bezahlen die Raten für unseren Kredit jeden Monat, also ...
e Welchen ... kann man mit der EC-Karte pro Tag maximal abheben?
f Ich bezahle fast immer mit der EC-Karte und habe deshalb wenig ... dabei.
g Am Geldautomaten kann man Bargeld ...
h Wenn man angestellt ist und seinen Verdienst nicht bar bekommt, braucht man ein ...

Lösung: Was du heute kannst ...., das verschiebe nicht auf morgen.

B3 **11 Was muss man hier ankreuzen? Ergänzen Sie.**

A — Ich bin ☐ Selbstständige/r ☐ Angestellte/r
☐ Arbeiter/in ☐ Beamtin/Beamter
B — ☐ Schüler/in, Student/in, Auszubildende/r
C — ☐ Hausfrau/-mann ☐ im Ruhestand
D — ☐ arbeitslos ☐ Sonstiges

Ich bin wie folgt tätig:

Beruf	Branche

E — Ich bin ☐ verheiratet. ☐ ledig. ☐ verwitwet.
☐ geschieden. ☐ getrennt lebend.

Hier muss man ankreuzen, ...

a *ob man Angestellte oder Angestellter ist.*
b ....
c ....
d ....
e ....

B4 12 Ich würde gern wissen, …

Schreiben Sie.

a Kann ich meine Bankgeschäfte auch online erledigen?
b Was kostet eine Kreditkarte?
c Kann ich den Kredit auch auf einmal abbezahlen?
d Wann muss ich die letzte Rate für den Kredit zahlen?
e Akzeptieren Ihre Geldautomaten auch Kreditkarten?
f Kann ich für das Taschengeld von meinem Sohn auch ein Konto eröffnen?

a Ich würde gern wissen, ob ich meine Bankgeschäfte auch online erledigen kann.

◇ B4 13 Am Bahnhof: Ordnen Sie zu.

~~ob~~ ob ob ob wann was wie lange

a Können Sie mir sagen, *ob* das Angebot noch gültig ist?
b Ich würde gern wissen, ... ein Ticket nach Mainz kostet.
c Können Sie mal nachsehen, ... die Zugfahrt nach Warschau dauert?
d Können Sie mir sagen, ... das eine Direktverbindung ist?
e Wissen Sie, ... man am Bahnhof einen Wagen mieten kann?
f Ich würde gern wissen, ... der Zug in Madrid ankommt.
g Können Sie mal nachsehen, ... der Zug pünktlich ist?

◆ B4 14 Schreiben Sie kurze Gespräche.

A Sie haben Ihre EC-Karte verloren.

B Sie möchten eine Kreditkarte bestellen.

C Sie suchen einen Geldautomaten.

D Sie möchten einen Fernseher kaufen, haben aber nicht genug Geld.

E Sie haben Ihre Bankverbindung vergessen.

F Sie möchten Geld wechseln.

(A) ● Was kann ich für Sie tun?
○ Ich habe meine EC-Karte verloren und wollte fragen, ob ich eine neue bekommen kann.

Können Sie mir sagen, …?
Können Sie mal nachsehen, …?
Darf ich fragen, …?
Ich wollte fragen, …
Ich würde gern wissen, …

C Dort können Sie Ihr Konto prüfen **lassen**.

C1 **15 Was macht Khalid selbst? Was lässt er machen? Sehen Sie die Bilder an und kreuzen Sie an.**

A

B

C
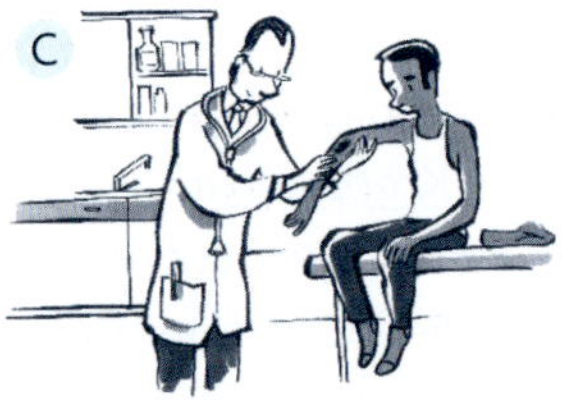
D

a Khalid ☒ wechselt die Reifen. ○ lässt die Reifen wechseln.
b Khalid ○ öffnet die Tür. ○ lässt die Tür öffnen.
c Khalid ○ untersucht den Arzt. ○ lässt sich beim Arzt untersuchen.
d Khalid ○ näht seine Hose. ○ lässt seine Hose nähen.

C1 **16 Ergänzen Sie *lassen* in der richtigen Form.**

a Anita lässt im Herbst die Reifen wechseln.
b .... ihr euch auch manchmal eine Pizza bringen?
c Wir .... unsere Wohnung donnerstags putzen.
d Ich kenne mich nicht gut mit Fahrrädern aus. Ich .... mein Fahrrad immer reparieren.
e .... du dich auch vom Bahnhof abholen?
f Das ist aber viel Arbeit. .... dir doch helfen!
g Hier fehlt noch die Unterschrift vom Chef. .... Sie ihn das bitte noch unterschreiben.

C1 **17 Ergänzen Sie die Sätze mit *lassen* aus 16.**

Grammatik entdecken

Anita	lässt	im Herbst die Reifen	wechseln.
	Lasst		

C2 **18 Ergänzen Sie mit *lassen* in der richtigen Form.**

a reinigen
◆ Die Jacke ist zu schmutzig. Du musst sie reinigen lassen.
○ Na gut, ich lasse sie reinigen.

b erklären
◆ Wenn du eine Aufgabe nicht verstehst, dann solltest du sie dir ....
○ Gut, ich .... sie mir ....

c wechseln
◆ Nächste Woche soll es schneien. Du musst die Reifen ....
○ Gut, ich .... die Reifen ....

d reparieren
◆ Dein Fahrrad ist jetzt schon zwei Wochen kaputt. Du solltest es ....
○ Gut, ich .... es ....

C2 19 Was passt nicht? Streichen Sie.

a	• das Öl	wechseln – kontrollieren – ~~erkennen~~
b	• die Bremsen	erledigen – überprüfen – testen
c	• einen Fehler	erkennen – kaputtgehen – machen
d	• die Elektronik	prüfen – bringen – kontrollieren

C2 20 Ergänzen Sie.

C. Yildiz

AUTO- & REIFENSERVICE

Sie brauchen Winterreifen? Sie möchten an Ihrem Auto die B r e m s en ü___ r___ ü___ oder die Elektronik k___ ll___ en lassen?
Unser kompetentes Team ist immer für Sie da.

- Insp___k___nen
- ___l wechseln
- K___r___le der Bremsen und der E___k___n___k

Wir reparieren alle Marken und Her___ll___

C3 21 Besuch mich doch mal!

Schreib-training

Lesen Sie die E-Mail von Markus und den Terminkalender von Sandra. Antworten Sie Markus. Schreiben Sie, was Sandra im Juni machen (lassen) muss.

E-Mail senden

Liebe Sandra,
wie geht es Dir?
Ich habe einen neuen Job und wohne seit zwei Wochen in Rostock. Ich finde es sehr schön hier. Besuch mich doch im Juni, dann kannst Du Rostock kennenlernen.
Viele Grüße
Markus

Lieber Markus,
vielen Dank für Deine Einladung.
Leider kann ich im Juni nicht kommen.
Ich muss …

Juni	8.–11. Handwerker: Wohnung renovieren 13.–17. Sprachkurs an der VHS 19. Friseur: Haare schneiden ☺ Schneiderin: Kleid ändern 29. Hochzeit von meiner kleinen Schwester ☺
Juli	3.–18. Urlaub

C3 **22 Tauschbörse: Sechs Personen brauchen Hilfe und suchen Angebote im Internet.**

Prüfung

Lesen Sie die Aufgaben 1–6 und die Anzeigen A–F. Welche Anzeige passt zu welcher Person? Für eine Aufgabe gibt es keine Lösung: Schreiben Sie hier X.

1 ◯ Natascha hat sich einen günstigen Stoff für ein neues Sommerkleid gekauft. Nun braucht sie Hilfe, denn sie kann nur stricken.

2 ◯ Jakub hat nur wenig Zeit und möchte seiner Nichte einen selbst gemachten warmen Wollpullover schenken.

3 ◯ Mareike und Simon renovieren ein altes Haus und haben Probleme mit der Elektrik.

4 ◯ Die Bremsen von Nikos Fahrrad funktionieren nicht mehr. Er kennt sich damit nicht aus.

5 ◯ Ilse wohnt in München und möchte sich am Montag zum Arzt fahren lassen.

6 ◯ Samir hat einen alten Küchenschrank geschenkt bekommen und möchte ihn reparieren lassen.

A **Felix – 22765 Hamburg**
Ihr Auto ist kaputt oder braucht Pflege? Ich bin Student und habe früher eine Ausbildung als Kfz-Mechatroniker gemacht. Ich helfe gern bei kleineren Reparaturen, kontrolliere Öl und Luft und wasche auch Ihr Auto. Wenn Sie mich brauchen, melden Sie sich einfach. Auch Fahrradreparaturen sind kein Problem.

B **Norbert – 22081 Hamburg**
Hallo, Sie haben kein Auto und möchten sich zum Flughafen bringen lassen? Sie möchten große Sachen wie Möbel von A nach B transportieren? Dann sind Sie bei mir richtig. Ich biete Transporte und Fahrdienste mit meinem privaten Wagen in Hamburg und Umgebung an!

C **Ali – 21073 Hamburg**
Ich biete Ihnen handwerkliche Hilfe im Bereich von Elektro- und Wasserinstallationen. Ich bin gelernter Elektriker und kann Ihnen hier bei allen Problemen in allen Bereichen helfen. Sie haben eine Frage? Dann können Sie mir einfach eine E-Mail schicken.

D **Anka – 20251 Hamburg**
Mir macht handwerkliches Arbeiten Spaß und ich bin geübt in folgenden Bereichen:
- Renovieren und Malen
- Möbelbau und -reparatur (Nur mit Elektrik kenne ich mich leider überhaupt nicht aus.)
- Nicht zu schwere Umzugsarbeiten (Als Frau kann ich beim Klavier leider nicht helfen. ☹)

E **Mutlu – 22111 Hamburg**
Du wolltest schon lange nähen lernen und eine Tasche, einen Rock oder eine Hose selbst machen? Dann melde dich doch bei mir. Als gelernte Schneiderin kann ich vom einfachen Knopf annähen bis zum Nähen von Anzügen einen Rundum-Service anbieten und dir beim Lernen helfen.

F **Karin – 21129 Hamburg**
Stricken für Kinder und auch für Erwachsene – über Jacken, Pullover, Mützen, Schals, Handschuhe, Socken bis hin zu Handytaschen und Decken. Ich stricke alles. Meldet euch einfach mit euren Wünschen. Material muss mitgebracht werden.

LERNTIPP Lesen Sie zuerst die Aufgaben und sehen Sie dann die Anzeigen kurz an: Welche Anzeige könnte passen? Lesen Sie die Anzeige dann genau und prüfen Sie: Passt die Anzeige wirklich?

D Kontoeröffnung, Kreditkarten und Geldautomat

D2 23 Geld am Automaten einzahlen

a Ordnen Sie.

- ◆ Entschuldigung, können Sie mir erklären, wie ich Geld am Geldautomaten einzahlen kann?
- ○ Ja, das kann ich Ihnen am besten am Automaten erklären.
  - ◯ Der Betrag ist nun auf Ihrem Konto.
  - (2) Dann legen Sie das Geld in das Fach.
  - (7) Ich gebe Ihnen noch eine Broschüre mit. Dort können Sie alles noch einmal nachlesen.
  - ◯ Der Automat zählt das Geld und zeigt den Betrag an.
  - ◯ Zuerst stecken Sie Ihre Karte ein.
  - ◯ Anschließend drücken Sie die Taste „Einzahlung buchen".
  - ◯ Zum Schluss müssen Sie nur noch an Ihre EC-Karte denken.
- ◆ Oh, das ist ja ganz einfach. Vielen Dank.

2 🔊 51 **b** Hören Sie und vergleichen Sie.

D3 24 Gespräche am Bankschalter

2 🔊 52–54 **a** Hören Sie die Gespräche 1 bis 3 und verbinden Sie.

	Die Kundin/Der Kunde ...
Gespräch 1	a möchte wissen, wie viel ein Girokonto kostet.
Gespräch 2	b möchte ein Girokonto eröffnen.
Gespräch 3	c möchte Informationen über Geldautomaten haben.

2 🔊 52–54 **b** Hören Sie die Gespräche noch einmal. Was ist richtig? Kreuzen Sie an.
Achtung: Manchmal gibt es mehrere Lösungen.

Gespräch 1 Wofür braucht der Kunde ein Konto? Der Kunde möchte ...

○ Geld einzahlen. ○ die Miete überweisen. ○ das Gehalt überweisen lassen.

Gespräch 2 Wie viel Geld muss jeden Monat mindestens auf ein kostenloses Girokonto kommen?

○ 1000 Euro ○ 20 Euro ○ 2000 Euro

Wofür muss man bezahlen, wenn das Girokonto nicht kostenlos ist?

○ für Überweisungen ○ für Barauszahlungen am Schalter ○ für die EC-Karte

Gespräch 3 Was kostet es, wenn man am Geldautomaten Geld holt?

○ Das ist immer kostenlos.
○ Das ist bei der eigenen Bank kostenlos.
○ Das kostet bei einer anderen Bank 2,50 Euro.

D3 25 Verbinden Sie.

a Ich habe meine Geheimzahl vergessen.	1 wie Online-Banking funktioniert?
b Ich verstehe diese Abbuchung nicht.	2 Können Sie mir da helfen?
c Entschuldigung, können Sie mir erklären,	3 Können Sie mir zeigen, wie man das ausfüllt?
d Ich verstehe dieses Formular nicht.	4 aber ich weiß nicht, was ich da tun soll.
e Ich möchte eine Kreditkarte beantragen,	5 Würden Sie sie mir bitte erklären?

E4 26 Lesen Sie den Text. Welche Lösung (a, b oder c) passt am besten? Kreuzen Sie an.

Prüfung

Maria Winter
Untere Gasse 12
03431 Hahnstein

Modernes Wohnen GmbH
Meisenweg 8
03431 Hahnstein

Heizkostenabrechnung ___1___ die Mietwohnung Untere Gasse 12

Hahnstein, 23.6.20..
Rechnungsnummer 12/06 16

___2___ Frau Winter,

für das Jahr 20.. ergibt sich folgende Heizkostenabrechnung:

Heizung, Warmwasser	1.611,49 €
Ihre Vorauszahlungen Januar – Dezember (12 x 100 €)	- 1.200,00 €
Nachzahlung	411,49 €

Bitte überweisen Sie den Betrag von **411,49 €** auf ___3___ Konto bei der Volksbank Hahnstein:
IBAN DE41231364000003137487, BIC GENODE71KA5.
Geben Sie ___4___ die Rechnungsnummer als Verwendungszweck an.
Ihre Heizkosten haben sich im letzten Jahr erhöht. ___5___ gilt ab sofort eine Vorauszahlungserhöhung von 35,– € pro Monat. Bitte zahlen Sie den erhöhten Betrag von 135,– € beginnend zum 01.07.20..

Mit freundlichen ___6___
i.A. Walter
Modernes Wohnen GmbH

1	a ○ von	b ○ für	c ○ bei
2	a ○ Sehr geehrter	b ○ Viel geehrte	c ○ Sehr geehrte
3	a ○ unser	b ○ euer	c ○ Ihr
4	a ○ gern	b ○ bitte	c ○ sofort
5	a ○ Trotzdem	b ○ Deshalb	c ○ Weil
6	a ○ Gruß	b ○ Grüße	c ○ Grüßen

E4 27 Frau Winter überweist das Geld. Lesen Sie den Text in 26 noch einmal und ordnen Sie zu.

411,49 | 12/06 16 | GENODE71KA5 | Modernes Wohnen GmbH | ~~DE41231364000003137487~~

Neue Überweisung	Konto-Nr. **31230909** (HVB Konto Klassik)
Empfänger	
IBAN	DE41231364000003137487
BIC	
Betrag	EUR
Ausführungsdatum	☒ sofort ☐ später (bis zu 90 Tage im Voraus)
Verwendungszweck	

1 Wie heißen die Wörter? Ordnen Sie zu.

1 .... /6 Punkte

WÖRTER

weiübersen toKon tragBe ~~öffernen~~ benheab zaheinlen aumatGeldto

a Ich beginne im August mit meiner Ausbildung und möchte deshalb ein .... eröffnen.

b Ich habe kein Konto und kann Ihnen das Geld nicht .... Kann ich den .... auch in bar auf Ihr Konto ....?

c Wo ist denn hier der nächste ....? Ich möchte Geld von meinem Konto ....

.... 0–3 / 4 / 5–6

2 Schreiben Sie die Sätze neu.

2 .... /4 Punkte

GRAMMATIK

a Was kostet eine Kreditkarte?
Können Sie mir sagen, was eine Kreditkarte kostet?

b Wo kann ich Geld abheben?
Darf ich fragen, ...?

c Kann ich den Fernseher auch in Raten bezahlen?
Weißt du, ...?

d Wie funktioniert Online-Banking?
Können Sie mir erklären, ...?

e Haben Sie Ihre Geheimzahl schon bekommen?
Darf ich fragen, ...?

3 Ergänzen Sie *lassen* in der richtigen Form.

3 .... /4 Punkte

a Unsere Nachbarn lassen nächste Woche ihre Wohnung renovieren.

b Morgen gehe ich zum Friseur und .... mir die Haare schneiden.

c Deine Verletzung sieht nicht gut aus. .... sie doch von einem Arzt untersuchen.

d Die Hose ist zu weit. Ich muss sie ändern ....

e Erik repariert sein Fahrrad nicht allein. Er .... sich von seinem Vater helfen.

.... 0–4 / 5–6 / 7–8

4 Verbinden Sie.

4 .... /4 Punkte

KOMMUNIKATION

a Können Sie mir helfen?
b Ich verstehe diese Abbuchung nicht.
c Ich habe meine EC-Karte verloren.
d Ich habe noch nie online Geld überwiesen.
e Oje. Das Formular ist aber kompliziert.

1 Wissen Sie, wie man es ausfüllt?
2 Können Sie mir sagen, was ich jetzt machen muss?
3 Können Sie mir zeigen, wie das funktioniert?
4 Würden Sie sie mir bitte erklären?
5 Ich möchte eine Kreditkarte beantragen.

.... 0–2 / 3 / 4

Fokus Alltag: Kommunikation mit Versicherungen

1 Welche Versicherungen kennen Sie? Sprechen Sie.

2 Wann braucht man diese Versicherungen? Verbinden Sie.

A

B

C

a Lebensversicherung	1 Man spart Geld. Das bekommt man später selbst oder eine andere Person, wenn man nicht mehr lebt.
b Kfz-Versicherung	2 Man hat bei einer anderen Person etwas kaputt gemacht.
c Haftpflichtversicherung	3 Man hat mit dem Auto einen Unfall.

3 Was ist richtig? Lesen Sie die Briefe und kreuzen Sie an.

	Brief 1	Brief 2	Brief 3
a Wer hat die Briefe geschrieben?			
Die Versicherung an eine Person / ein Mitglied.	☒	○	○
Eine Person / Ein Mitglied an die Versicherung.	○	○	○
b Welche Versicherungen sind das?			
Kfz-Versicherung	○	○	○
Lebensversicherung	○	○	○
Haftpflichtversicherung	○	○	○

1 **Beitragsrechnung**

Versicherungsschein
Nr. 801 / 283746 –X-14

Sehr geehrter Herr Körner,

hiermit erhalten Sie die Rechnung für Ihren Beitrag in diesem Jahr.
Den Betrag von 45,13 € buchen wir Ende März von Ihrem Konto 3456743 ab.

Mit freundlichen Grüßen
Ihre GVK-Versicherung

2 **Kilometerstandsmeldung**
Ihre PAV – die Versicherung für alle Fälle
70/012/4059/181

Sehr geehrte Frau Schmitz,

in Ihrem Versicherungsvertrag heißt es: Sie fahren nicht mehr als 12.000 km pro Jahr. Leider haben wir für das laufende Jahr noch keine Meldung von Ihnen erhalten. Bitte senden Sie uns das Formular ausgefüllt zurück. Oder melden Sie uns Ihren Kilometerstand einfach online schnell und bequem.

Mit freundlichen Grüßen
Ihre PAV-Versicherung

3 **Schadenmeldung**
Service-Nummer: 495843.2,
Vers.-Nr. 32694.8

Sehr geehrte Damen und Herren,

hiermit melde ich einen Schaden für meine Haftpflichtversicherung. Mein Sohn Erwin hat in der Pause einer Mitschülerin die Brille kaputtgemacht. Von den Eltern des Mädchens habe ich die Rechnung für die neue Brille bekommen. Ich schicke die Originalrechnung mit diesem Brief mit und bitten darum, dass Sie diese Rechnung bezahlen.

Mit freundlichen Grüßen
Erika Schmelzer

4 Was ist richtig? Lesen Sie die Briefe in 3 noch einmal und kreuzen Sie an.

a ○ Die Versicherung soll 45,13 € an Herrn Körner bezahlen.
☒ Die Versicherung kostet 45,13 € pro Jahr.
b ○ Frau Schmitz kann online oder in dem Formular schreiben, wie viele Kilometer sie gefahren ist.
○ Frau Schmitz muss per E-Mail schreiben, wie viele Kilometer sie gefahren ist.
c ○ Die Versicherung soll die Brille bezahlen.
○ Die Versicherung soll eine Rechnung schicken.

1 Was tun, wenn man in seinem Beruf nicht mehr arbeiten kann?

a Ioan Petrescu möchte wissen, was eine Berufsunfähigkeitsversicherung ist. Was ist richtig? Lesen Sie und kreuzen Sie an. Achtung: Manchmal gibt es mehrere Lösungen.

START | ONLINE-VERGLEICH BU | TIPPS FÜR ANTRAGSTELLER

Wenn Sie wegen Krankheit oder Unfall nicht mehr in Ihrem Beruf arbeiten können, bekommen Sie vom Staat nur wenig finanzielle Hilfe. Deshalb ist eine Berufsunfähigkeitsversicherung (BU) wichtig für alle Berufstätigen. Die Versicherung zahlt die vereinbarte Rente, wenn man nicht mehr in seinem Beruf tätig sein kann. Leider ist die Versicherung oft teuer, und wenn Sie schon krank sind, können Sie keine BU mehr bekommen. Schließen Sie eine BU am besten in jungen Jahren ab. Dann ist die Chance auf eine bezahlbare, gute Versicherung am größten.

Eine Berufsunfähigkeitsversicherung

1 ○ zahlt eine Rente, wenn man krank ist und deshalb nicht mehr in seinem Beruf arbeiten kann.
2 ○ ist günstig.
3 ○ kann jeder abschließen.
4 ○ sollte man am besten als junger Mensch abschließen.

b Ioan Petrescu möchte wissen, was eine BU-Rente von 1000 Euro pro Monat kosten würde. Sehen Sie den Mitarbeiter-Ausweis an und füllen Sie das Formular für ihn aus.

ONLINE-VERGLEICH BU

Geschlecht: ○ männlich ○ weiblich

Geburtsdatum: ....

berufliche Tätigkeit: ....

gewünschte monatliche Rente: ○ 750 EUR ○ 1000 EUR ○ 1250 EUR ○ 1500 EUR

Versicherungsschutz bis zum ○ 60. Lebensjahr ☒ 63. Lebensjahr ○ 65. Lebensjahr ○ 67. Lebensjahr

2 Ioan Petrescu möchte die günstigste Berufsunfähigkeitsversicherung abschließen.

Er ist Raucher und ledig. Welchen Tarif wählt er? Lesen Sie und kreuzen Sie an.

Berufsunfähigkeitsversicherungen im Vergleich

Versicherer / Tarif	Beitrag pro Monat	Bedingungen
○ LV 1911 / Starter	39,28 EUR	nur für Nichtraucher
○ LV 1911 / Familie	45,04 EUR	nur für Verheiratete mit mind. einem Kind
○ Leonberger / KBU A+	48,30 EUR	nur für Nichtraucher
○ Generalia / Klassik	58,12 EUR	keine
○ Generalia / Top ++	63,89 EUR	keine

A Ein richtig schöner Tag **war** das!

A1 **1 Bilden Sie Wörter und ordnen Sie zu.**

~~zu~~ liebt ~~fäl~~ schei kunft re kal fra Ent ~~lig~~ Um ge ver dung Lo Leh Zu

a Ich habe gestern _zufällig_ eine interessante .... zum Thema „Wie sehen Jugendliche ihre ....?“ gelesen.

b Mit 21 Jahren haben mein Mann und ich uns in einem .... kennengelernt und uns sofort ....

c Ich habe eine .... als Koch gemacht. Das war eine gute ...., denn mir gefällt die Arbeit sehr gut.

A2 **2 Was ist richtig? Kreuzen Sie an.**

a ◆ Wie ☒ war ○ hatte deine Kindheit auf dem Land? ○ Konntest ○ Musstest du früher deinen Eltern bei der Arbeit auf dem Bauernhof helfen?
○ Ja, ich ○ hatte ○ war leider kaum Freizeit. Meine Freunde ○ durften ○ sollten nachmittags immer Fußball spielen und ich ○ konnte ○ musste zu Hause auf dem Hof arbeiten. Das war für meine Eltern ganz normal.
◆ Aber ○ konntest ○ solltest du denn nie nachmittags deine Freunde treffen?
○ Doch, natürlich! Manchmal schon, besonders wenn das Wetter schlecht ○ hatte. ○ war.

b ◆ ○ Musstet ○ Durftet ihr Kinder am Sonntag lange schlafen?
○ Nein, leider nicht. Unsere Eltern ○ wollten, ○ sollten, dass wir um acht Uhr aufstehen und mit ihnen in die Kirche gehen.

c ◆ ○ Warst ○ Hattest du gute Noten in der Schule?
○ Ja, aber ich habe kein Abitur gemacht. Ich ○ wollte ○ musste eine Ausbildung als Tierpfleger machen. Das ○ hatte ○ war immer mein Traum.

A2 **3 Im Sprachkurs**

a Markieren Sie noch sieben Wörter.

KIRAREINSCHLAFENREMKENNENLERNENITNEREGEFALLENUTASAUSGEHEN
UTPOLERNENDIMETREFFENAWPALMACHENIVALITKONTROLLIERENASURAT

b Ergänzen Sie die Wörter aus a mit *sein* oder *haben* in der richtigen Form.

1 Im Sprachkurs _habe_ ich viele nette Leute _kennengelernt_. Wir .... uns oft auch noch am Nachmittag .... oder .... am Samstagabend zusammen ...., ins Kino oder in ein Lokal.
2 Unsere Lehrerin .... jeden Tag die Hausaufgaben ....
3 Mit ihr .... wir viele lustige Übungen und Spiele ....
4 Trotzdem .... ich einmal im Unterricht .... Das war mir sehr peinlich!
5 Insgesamt .... mir der Kurs sehr gut .... und ich .... gut Deutsch ....

◇ A2 4 Ordnen Sie zu.

gestorben ~~bin~~ erledigt war hatten aufgepasst gewohnt haben hat ~~aufgewachsen~~ gekümmert ist war hat gespielt hat

Ich *bin* in einem kleinen Dorf an einem See *aufgewachsen*. Dort ________ wir mit meinen Großeltern zusammen in einem Haus ________. Leider ________ mein Großvater mit 62 Jahren ________. Danach ________ meine Oma sehr traurig. Seitdem ________ sie sich noch mehr um uns Kinder ________: Sie ________ auf meine zwei kleinen Geschwister ________ und mit uns Großen viel ________. Meine Mutter ________ auch sehr froh, dass sie viele Aufgaben im Haushalt ________ ________. Insgesamt ________ wir eine schöne Kindheit!

❖ A2 5 Pauls Kindheit: Schreiben Sie.

A

B

C

D

E

... und jetzt Sie!
Was haben Sie gemacht?

Ⓐ *In seiner Kindheit hat Paul oft mit seinen Freunden Fußball gespielt.*
Ⓑ ...

A3 Prüfung 6 Sprechen Sie über ein Bild.

a Sie haben in einer Zeitschrift ein Foto gefunden. Sprechen Sie über Bild 1. Ihre Partnerin / Ihr Partner spricht über Bild 2.

– Was sehen Sie auf dem Foto?
– Was für eine Situation zeigt dieses Bild?

b Unterhalten Sie sich jetzt mit Ihrer Partnerin / Ihrem Partner über das Thema. Erzählen Sie.

– Was denken Sie über diese Situation?
– Würde das Foto in Ihrem Heimatland genauso aussehen?
– Welche Erfahrungen haben Sie damit gemacht?

1

2

B Dir ist es egal, **dass** ...

B1 **7 Verbinden Sie.**

a Ich kann dich nicht um 19 Uhr treffen, — 4
b Wenn du Zeit hast,
c Weißt du nicht,
d Es ist schön,
e Schlaf doch ein bisschen,
f Ich muss meine Wohnung putzen,

1 ruf mich bitte an.
2 wenn du müde bist.
3 dass wir uns bald wiedersehen.
4 weil ich noch bis 19.30 Uhr arbeiten muss.
5 weil meine Eltern zu Besuch kommen.
6 dass Mittwoch mein einziger freier Tag ist?

B2 **8 Schreiben Sie Sätze mit *weil – wenn – dass*.**

a Es ärgert mich, dass meine Frau und ich oft Streit über die Kindererziehung haben.
(Meine Frau und ich haben oft Streit über die Kindererziehung.)
b Ich gehe jetzt nach Hause, ______.
(Ich muss für die Prüfung lernen.)
c Ich finde es super, ______.
(Du hast die A2-Prüfung geschafft.)
d Ich melde mich vorher, ______.
(Ich komme zu dir.)
e Er macht viel Sport, ______.
(Er möchte fit sein.)
f Ich weiß, ______.
(Du kannst das.)

B4 **9 Heiraten**

a Wie ist die Meinung der Personen zum Thema „Heiraten“? Lesen Sie die Texte und kreuzen Sie an.

1 Diego ○ ☺ ☒ 😐 ○ ☹
2 Lisa ○ ☺ ○ 😐 ○ ☹
3 Anwar ○ ☺ ○ 😐 ○ ☹
4 Nora ○ ☺ ○ 😐 ○ ☹

HEIRATEN – JA ODER NEIN?

Diego, 28 Jahre, aus Spanien

1 Isabel und ich sind schon seit zwei Jahren ein Paar und wir sind glücklich. Wir verstehen uns sehr gut. Natürlich gibt es manchmal Streit, aber das ist doch ganz normal. Jetzt möchte sie, dass wir zusammen in eine Wohnung ziehen und heiraten. Ich möchte auch gern mit ihr zusammenwohnen, aber deshalb muss man doch nicht heiraten. Na ja, wenn wir mal Kinder haben, dann ändere ich meine Meinung vielleicht noch. Mal sehen.

Lisa, 26 Jahre, aus der Schweiz

2 Heiraten? Das ist für mich nicht wichtig. Ich lebe mit meinem Freund Marco zusammen und wir sind glücklich. Ein Vertrag oder ein weißes Kleid am Hochzeitstag mit großer Party – das ist doch nicht so wichtig. Ganz im Gegenteil: Ich brauche das nicht. Marco und ich wollen natürlich auch irgendwann Kinder, aber deshalb müssen wir doch nicht heiraten. Wir lieben uns, nur das ist wichtig.

Anwar, 31 Jahre, aus Ägypten

3 Ich habe meine Frau Taisia vor vier Jahren kennengelernt. Das war bei einem Besuch bei meinem Schwager. Ich habe sie gleich bemerkt, weil sie so sympathisch und hübsch ist. Wir haben uns beide an diesem Tag verliebt. Ein Jahr später haben wir geheiratet. Nun sind wir schon drei Jahre verheiratet und haben zwei Kinder. Es war für mich immer selbstverständlich, dass ich heiraten will. Hier in Österreich leben viele junge Paare zusammen und haben sogar Kinder, aber sie sind nicht verheiratet. Das überrascht mich.

Nora, 45 Jahre, aus Österreich

4 Wenn ich einen Mann so liebe, dass ich mit ihm mein Leben verbringen will, dann möchte ich auch heiraten. Jetzt bin ich sogar schon zum zweiten Mal verheiratet, denn mit meinem ersten Mann hat es nicht gut funktioniert. Wir haben dauernd gestritten, über die Kindererziehung, über Geld, die Arbeit im Haushalt. So wollte ich einfach nicht mehr leben. Nach der Trennung bin ich mit unseren zwei Kindern in eine kleine Wohnung umgezogen. In der Wohnung nebenan hat ein sehr netter Mann in meinem Alter gewohnt. Er hat am Anfang sogar manchmal für uns gekocht, weil ich in den ersten zwei Wochen noch keinen Herd hatte. Ja, und ganz langsam haben wir uns dann verliebt. Vor einem Jahr haben wir geheiratet und seitdem noch nie gestritten! Ich hoffe, dass das auch in der Zukunft so bleibt!

b Wer sagt was? Lesen Sie noch einmal und ergänzen Sie: Diego (D), Lisa (L), Anwar (A) oder Nora (N).

1 (A) Für mich war es immer klar, dass ich heiraten möchte.
2 ◯ Wir haben nicht immer die gleiche Meinung, aber das finde ich nicht schlimm.
3 ◯ Ich habe meinen Nachbarn geheiratet.
4 ◯ Ein weißes Kleid ist nicht so wichtig.
5 ◯ Wir haben uns bei Verwandten kennengelernt.
6 ◯ Meine Freundin möchte jetzt heiraten, aber ich nicht.
7 ◯ Ich hatte mit meinem ersten Ehemann oft Streit.
8 ◯ Wegen Kindern muss man doch nicht heiraten.

Schreibtraining

c Und Sie? Was denken Sie über das Thema „Heiraten"? Schreiben Sie einen Text wie in a.

heiraten: ja
- für Kinder wichtig!
- schönes Fest
- ...

Ich möchte auf jeden Fall später einmal heiraten.
Ich denke, das ist wichtig, besonders, wenn man Kinder haben möchte.
...

LERNTIPP Sammeln Sie zuerst Ideen und machen Sie Notizen. Schreiben Sie dann Sätze mit Ihren Notizen.

C Wir **könnten** rausgehen!

C2 **10 Ordnen Sie zu.**

~~Sie sollten unbedingt~~ | Vielleicht hast du Lust auf | Wie wäre es mit | Ich habe da einen Vorschlag: | Ihr könntet abends | Fahr doch

a *Sie sollten unbedingt* das neue Museum ansehen!
b .... einem Ausflug in die Berge?
c .... einen Kaffee nach der Arbeit?
d .... mit mir ins Kino gehen.
e .... Fahren wir doch am Samstag zusammen an den See!
f .... mal wieder zu deiner Tante. Sie freut sich bestimmt!

C2 **11 Positiv oder negativ reagieren**

a Ergänzen Sie ☺ oder ☹.

1 Das mache ich gern. ☺
2 Ach, ich würde eigentlich lieber … ....
3 Das ist doch langweilig! ....
4 Das ist ein toller Vorschlag! ....
5 Super! Gute Idee. ....
6 Ich finde das nicht so gut. ....
7 Einverstanden. ....
8 Okay, das machen wir. ....

b Schreiben Sie kurze Gespräche mit den Sätzen aus 10 und 11a.

1
■ zum Mittagessen kommen?
○ ☺ Wann?
■ 12 Uhr, danach Spaziergang?
○ ☹ Fussball spielen?

2
▲ morgen ruhiger Filmabend?
◻ ☺ Wo?
▲ bei mir, 18 Uhr
◻ ☺ Zeit ab 18.30 Uhr

① ■ Hallo Amir, ich habe da einen Vorschlag: …
○ …

C2 **12 Ordnen Sie zu.**

Ich würde eigentlich lieber | Einverstanden | ~~Wir könnten doch~~ | Wie wäre es mit | also, ich weiß nicht | ich habe da einen Vorschlag | da kann ich leider nicht | Das mache ich gern

max089: Hi Paula, ...: *Wir könnten doch* am Wochenende mal wieder wandern gehen. Hast Du Zeit? Oder hast Du eine andere Idee?

111paula: Wandern? Das ist doch langweilig! ☹ .... mit Dir nach Salzburg fahren. Das wollten wir doch schon lange mal zusammen machen.

max089: In eine Stadt fahren?! Hm, ... ☹. .... einem Ausflug zum Waldsee? Ein bisschen in der Sonne liegen, schwimmen … Am Samstag?

111paula: Schade, ... Aber wir können am Sonntag an den See fahren.

max089: ....! So machen wir es.

111paula: Holst Du mich ab?

max089: Na klar! .... Am Sonntag um 11 Uhr bin ich da!

D Kosenamen

D3 **13 Lesen Sie den Text im Kursbuch auf Seite 172 noch einmal.**
Was ist richtig? Kreuzen Sie an.

a ☒ Fast die Hälfte aller Deutschen nennt ihre Partnerin / ihren Partner *Schatz* oder *Liebling*.
b ○ Viele sagen *Maus* oder *Mausi* zu ihrer Partnerin / ihrem Partner.
c ○ Kosenamen aus dem Bereich Märchen sind bei Frauen besonders populär.
d ○ Runde Frauen nennen ihre Männer gern *Dickerchen*.
e ○ Viele Frauen und Männer möchten, dass man sie eher nicht mit Kosenamen anspricht.

D4 **14 Suchen Sie im Wörterbuch und ergänzen Sie.**

a ● die Ruhe
_____ig
un_____
_____los

b ● die Arbeit
arbeitslos
● _____er
● _____in

c erziehen
● _____ung
● _____er
● _____in

d ● der Dank
_____en
_____bar

D4 **15 Ergänzen Sie in der richtigen Form.**

a Schrecklich! Er redet wirklich ohne Pause. Er redet pausenlos.
b ◆ Das Rätsel ist total schwer.
○ Nein, überhaupt nicht. Ich konnte es sofort lösen. Es ist wirklich gut _____.
c ◆ Ich habe im Wetterbericht gehört, dass morgen den ganzen Tag die Sonne scheint.
○ Ja, ich glaube auch, dass es _____ wird.
d ◆ Möchtest du noch ein Stück Kuchen?
○ Vielleicht nur ein kleines _____, ich bin eigentlich schon satt.
e ◆ In welche Schule soll ich Frederik denn schicken? Ich kann mich wirklich nicht entscheiden.
○ Das verstehe ich, das ist ja auch wirklich keine leichte _____.
f ◆ Raucht Carl eigentlich noch?
○ Klar, du weißt doch, er war schon immer ein starker _____.
g Der Hund darf nicht mit ins Restaurant. Das ist leider nicht möglich! Das ist _____.
h Schau mal, die süßen kleinen Katzen dort! Ich hätte gern so ein _____.

D4 **16 Ergänzen Sie mit ● *der* – ● *das* – ● *die* und bilden Sie Wörter.**

a  + 
● die Kinder + ● der Garten
= ● der Kindergarten

b  + 
_____ + _____
= _____

c  + 
_____ + _____
= _____

d  + 
_____ + _____
= _____

E Ich **würde** gern ... **machen**.

E2 17 Vorschlag (V), Wunsch (W) oder Ratschlag (R)? Ergänzen Sie.

a (V) Wir könnten mal wieder wandern gehen!
b ◯ Ich hätte so gern ein Haustier!
c ◯ Sie sollten sich mehr bewegen!
d ◯ Ich wünsche mir ein Auto.
e ◯ Wir würden jetzt auch gern in Urlaub fahren!
f ◯ Ihr könntet doch mit uns fahren!
g ◯ Sie sollten auf Ihre Ernährung achten!
h ◯ Ich möchte einen tollen Job haben.

E2 18 Schreiben Sie Wünsche mit *gern*.

a Malika *hätte gern weniger Streit mit ihrem Mann.* (weniger Streit mit ihrem Mann haben)
b Omar ______ (seine Familie besuchen)
c Aida ______ (jetzt bei ihrer Mutter sein)
d Rachida ______ (um die Welt reisen)
e Hicham ______ (ein guter Koch sein)
f Ahmed ______ (eine andere Arbeit haben)
g Nari ______ (ein bequemes Bett haben)

◇ **E2 19 Ordnen Sie zu.**

~~würde~~ wäre hätte würde hätte würde

Mein Traum? Ich *würde* gern in einem Haus mit Garten leben. Dort ______ ich gern viele Blumen und ______ im Sommer jeden Tag im Garten arbeiten. Auch ______ ich gern einen Hund und ______ mit ihm lange Spaziergänge machen. Ach, ich ______ jetzt so gern in diesem Garten!

❖ **E2 20 Schreiben Sie Saids Wünsche.**

C

B

D

A

Said, 31

(A) *Said würde gern ans Meer fahren.*
(B) *Er ...*

E2 21 Sie hören ein Interview. Wählen Sie für die Aufgaben a–d *Ja* oder *Nein*.

2 🔊 55
Prüfung

Sie hören den Text zweimal.

a Julia reist nach dem Abitur mit ihrem Freund durch Australien. ◯ Ja ◯ Nein
b Sie freut sich auf Urlaub am Strand. ◯ Ja ◯ Nein
c Sie möchte in ihrem Beruf Kontakt mit Menschen haben. ◯ Ja ◯ Nein
d Sie möchte vielleicht auch noch Medizin studieren. ◯ Ja ◯ Nein

1 Markieren Sie noch fünf Wörter und ordnen Sie zu.

1 ...... /5 Punkte

WÖRTER

URFLSSTREITLORNZUKUNFTRELUKINDHEITANALKAT
QUARFUGEGENTEILMUSTAPAARULESIMÄRCHENHUIR

a In meiner Kindheit habe ich gern die .... aus 1001 Nacht gelesen.
b Leider gibt es in unserer Familie viel zu viel ....
c Petar und Binka sind ein nettes ...., finde ich.
d Wie heißt das .... von *modern*? – *Unmodern.*
e Was möchten Sie in der .... machen?

...... 0–2 / 3 / 4–5

2 Ergänzen Sie in der richtigen Form.

2 ...... /5 Punkte

GRAMMATIK

a Im Sprachkurs habe ich Ana kennengelernt. (kennenlernen)
b Gestern .... wir im Kino. (sein)
c Wann .... ihr letzte Woche ....? (ankommen)
d Ich .... leider nicht früher kommen. (können)
e Wo .... Sie ....? (studieren)
f Für die Prüfung .... wir sehr viel lernen. (müssen)

3 Was ist richtig? Kreuzen Sie an.

3 ...... /4 Punkte

	dass	weil	wenn	
a Ben hat mir gesagt,	☒	○	○	du einen neuen Job hast.
b Kannst du mir bitte helfen,	○	○	○	du Zeit hast? Das wäre nett.
c Ich war zu spät bei der Arbeit,	○	○	○	mein Wecker kaputt war.
d Komm doch mal vorbei,	○	○	○	du in unserer Stadt bist.
e Ich finde,	○	○	○	Clara sehr nett ist.

4 Wünsche, Vorschläge, Ratschläge: Ergänzen Sie.

4 ...... /4 Punkte

a Mama, ich hätte so gern einen kleinen Hund!
b Wir k............ euch doch mit dem Auto abholen.
c Du s............ dir endlich einen Job suchen.
d Ich w............ jetzt gern etwas essen.
e Er w............ so gern bei ihr.

...... 0–6 / 7–10 / 11–13

5 Ordnen Sie zu.

5 ...... /5 Punkte

KOMMUNIKATION

Wir sollten uns | mache ich gern | ~~Wie wäre es mit~~ | das machen wir | besuch doch | ich würde lieber

a ◆ Wie wäre es mit einem schönen Essen im Restaurant heute Abend?
○ Ach, ... zu Hause bleiben und hier kochen.
b ◆ .... unbedingt mal Inas neue Wohnung anschauen.
○ Okay, ... Wann können wir sie besuchen? Hast du sie schon gefragt?
c ◆ Gina, ... mal wieder Onkel Max. Er ist doch krank.
○ Klar, das ....

...... 0–2 / 3 / 4–5

Fokus Beruf: Ein Beratungsgespräch bei der Jobvermittlung

1 Lesen Sie die Anzeigen und machen Sie Notizen.

A **Praktikum als Maler und Lackierer**
Wir suchen ab sofort einen Praktikanten (m/w) als Maler und Lackierer.
Eine spätere Ausbildung ist möglich.
Wir bieten: Praktikum, 3 Monate
Ihr Profil: mindestens Hauptschulabschluss
Telefon: 030/1234567

B Dringend Aushilfe als **Pizzafahrer** gesucht. Sie haben einen Führerschein (Klasse A) und suchen einen Job am Wochenende und am Abend? Dann melden Sie sich unter Telefon 030/98765434

C **Friseurausbildung, Azubi gesucht**
Du bist Schulabgänger/in, hast Interesse am Friseurberuf und bist teamfähig, kreativ und motiviert? Dann bewirb dich für eine Ausbildung bei *Creativhair*. Wir bieten eine gute Ausbildung sowie ein lockeres Arbeitsklima. Bitte sende deine Bewerbungsunterlagen an Creativhair, Berliner Straße 7, 10715 Berlin

D **Fachverkäufer/in Bäckerei/Konditorei**
Wir suchen eine/n Verkäufer/in in Vollzeit (40 Stunden/Woche) für unsere Filiale in der Innenstadt.
Voraussetzung: Berufsausbildung oder Berufserfahrung als Verkäufer/in oder Servicekraft, gute Deutschkenntnisse, freundlich und offen
Ihr Aufgabengebiet: Verkauf, Backen von Fertigteigen, Arbeit als Servicekraft
Ansprechpartnerin: Dorothea Lienen,
Tel.: 030/55566677

	Anzeige A	Anzeige B	Anzeige C	Anzeige D
Beruf	Maler und Lackierer	...		
Was für eine Stelle ist es? Wie lange/Wann muss man arbeiten?	3 Monate Praktikum			
Was muss man haben/können?	mind. Hauptschulabschluss			

2 Bei der Jobvermittlung

2 56 **a** Hören Sie den Anfang des Gesprächs und kreuzen Sie an.
Achtung: Manchmal gibt es mehrere Lösungen.

1 Herr Mbarga hat in seinem Heimatland als
☒ Friseur ☒ Verkäufer ○ Maler Berufserfahrung gesammelt.
2 In Deutschland hat Herr Mbarga bei einem
○ Pizzaservice ○ Maler gearbeitet.
3 Herr Mbarga kann ○ gut ○ nicht so gut mit den Händen arbeiten.
4 Herr Mbarga spricht ○ zwei ○ drei Fremdsprachen.
5 Herr Mbarga sucht eine feste Stelle als ○ Friseur. ○ Verkäufer. ○ Maler. ○ Pizzafahrer.

2 57 **b** Welche Anzeige aus 1 passt? Was meinen Sie? Lesen Sie Ihre Notizen aus 1 und ergänzen Sie.
Hören Sie dann das Gespräch weiter und vergleichen Sie.

Anzeige: ....

1 Ela Akbas hat einen Brief von der Stadt bekommen.

Sehen Sie den Brief an. Was muss Ela Akbas tun? Kreuzen Sie an.

a ○ Sie muss sich an einer Schule anmelden.
b ○ Sie muss ihren Sohn an einer Schule anmelden.

Landeshauptstadt München – Referat für Bildung und Sport

An die Eltern von
Latif Akbas
Ackerstraße 3
81541 München

3.1.20..

Schulanmeldung für das kommende Schuljahr

Sehr geehrte Eltern,

Ihr Kind kommt im September in die Schule. Ich hoffe, Sie freuen sich schon alle darauf! Bitte kommen Sie zusammen mit Ihrem Kind

am Mittwoch, 8. April 20..
in der Zeit von 14.00 Uhr bis 19.00 Uhr

zur Schulanmeldung. So lernen Sie gleich die Schule Ihres Kindes kennen.
Die Schule für Ihr Kind ist die

Grundschule Weilerstr. 1

Anschrift:
Weilerstr. 1
81541 München

Wenn Sie noch Fragen haben, beantwortet die oben genannte Schule sie Ihnen gern.

Bitte beachten Sie auch die Informationen auf der Rückseite dieses Schreibens.

Mit freundlichen Grüßen

Sophie Wagner
Schulrätin

Informationen zur Schulanmeldung

- Bitte bringen Sie für die Schulanmeldung die Geburtsurkunde Ihres Kindes und die Bescheinigung über die gesundheitliche Untersuchung (Schuleingangsuntersuchung) mit.
- In Deutschland besteht Schulpflicht: Alle Kinder, die bis zum 30. September 6 Jahre alt sind, werden mit Beginn des kommenden Schuljahres schulpflichtig.

2 Was ist richtig? Lesen Sie den Brief in 1 und kreuzen Sie an.

a ○ Latif Akbas muss nächstes Jahr in die Grundschule.
b ○ Er muss die Grundschule Weilerstr. 1 besuchen.
c ○ Ela muss ihren Sohn am 8. April anmelden.
d ○ Ela muss zur Anmeldung nur die Geburtsurkunde von Latif mitbringen.
e ○ Wer nach dem 30. 9. Geburtstag hat, ist schulpflichtig.

8 Am Wochenende

FOTO-HÖRGESCHICHTE

2	• das Holz, ¨-er 	13–14 Uhr Holz & Hammer: Mini-Kurs „Holzarbeiten“
	• der Hammer, ¨ 	13–14 Uhr Holz & Hammer: Mini-Kurs „Holzarbeiten“
	• das Werkzeug, -e 	Mein Mann hätte gern mehr Werkzeug.
3	mit·spielen (hat mitgespielt)	Niki kommt auch und spielt mit.

A

A2	• die Disko, -s / • die Diskothek, -en	Sie wäre gern in der Disko.
A3	aus·gehen (ist ausgegangen)	Ich würde gern mal wieder abends mit Freunden ausgehen.
	verbringen (hat verbracht)	Ich würde viel Zeit mit meiner Tochter verbringen.
	• die Wäsche (Sg.)	Ich muss einkaufen, sauber machen und Wäsche waschen.
	unternehmen, du unternimmst, er unternimmt (hat unternommen)	Meine Freunde unternehmen viele schöne Dinge und ich kann nie mit.
	• das Ding, -e	Meine Freunde unternehmen viele schöne Dinge und ich kann nie mit.
	• der See, -n	Da wäre ich viel lieber im Schwimmbad oder an einem See.

B

B1	trotzdem	Tim muss lernen. Trotzdem spielt er mit Betty und Paul.
B2	• die Radtour, -en 	Was machst du denn heute? – Eine Radtour.
	• der Flohmarkt, ¨-e 	Ich gehe auf den Flohmarkt.
	erkältet sein	Aber du bist doch erkältet!
B3	ständig	Trotzdem chattet er ständig mit Freunden.

C

C1	• der Vorschlag, ¨-e	Welche Vorschläge machen Tim und Paul?
C2	• die Rundfahrt, -en	Am Sonntag mache ich eine Rundfahrt.
C3	einverstanden	Einverstanden. Das machen wir.
	positiv	Machen Sie Vorschläge und reagieren Sie positiv.
	reagieren (hat reagiert)	Machen Sie Vorschläge und reagieren Sie positiv oder negativ.
	negativ	Machen Sie Vorschläge und reagieren Sie negativ.
	• die Bar, -s 	Wir könnten am Freitag in eine Bar gehen.

D

D1	• die Kultur (Sg.)	Ich interessiere mich für Kultur.
	• die Natur (Sg.)	Ein perfektes Wochenende ist für mich ein Wochenende in der Natur.
	• die Oper, -n	Ein Besuch in einem Museum oder in der Oper – dafür nehme ich mir oft Zeit.
D3	• der Treffpunkt , -e	Treffpunkt: Rathaus.
	• das Rathaus, ¨-er	Treffpunkt: Rathaus.
	• die Teilnahme (Sg.)	Die Teilnahme ist kostenlos und man muss sich nicht anmelden.
	auf·treten (ist aufgetreten)	Mehr als 100 Musikerinnen und Musiker treten in über 20 Bars, Clubs und Restaurants auf.
	• der Jazz (Sg.)	Von Soul über Jazz bis hin zu Rock und Pop ist für alle etwas dabei.
	• die Bahn, -en	Das Ticket gilt als Fahrkarte für alle Busse und Bahnen.
	offen	Am Samstag bietet die Volkshochschule einen Tag der offenen Tür an.
	• die Volkshochschule, -n	Lukas geht zu einem Politikkurs an der Volkshochschule.
	• die Politik (Sg.)	Sie interessieren sich für Politik, Fotografie oder Sprachen?
	• die Fotografie (Sg.)	Sie interessieren sich für Politik, Fotografie oder Sprachen?

Lernwortschatz

erforderlich — Eintritt frei, keine Anmeldung erforderlich.

• das Semester, - — Jetzt einschreiben fürs Herbstsemester!

• die Wanderung, -en  — Kräuterwanderung: Gesunde Kräuter finden Sie in der Natur.

E

E1 • das Programm, -e — Ich suche eine Zeitung mit dem Freizeitprogramm für Sonntag.

• der Fan, -s — Endlich wieder Kino für alle Filmfans.

• der Künstler, -/ • die Künstlerin, -nen — 30 Straßenkünstlerinnen und -künstler zeigen ihr Können.

Europa (Sg.) — 30 Straßenkünstlerinnen und -künstler aus ganz Europa zeigen ihr Können.

• das Spielzeug, -e — Auf dem Flohmarkt finden Sie Kleidung, Spielzeug und CDs.

• die CD, -s — Auf dem Flohmarkt finden Sie Kleidung, Spielzeug und CDs.

E2 wochentags — Wochentags gibt es ein Programm für Kinder.

• die Eintrittskarte, -n  — Man kann dem Radiosender schreiben und Eintrittskarten gewinnen.

• der Sender, - — Man kann dem Radiosender schreiben und Eintrittskarten gewinnen.

Am Wochenende

• eine Wanderung machen

• in die Oper gehen

• in eine Bar gehen

• eine Rundfahrt machen

• eine Radtour machen

• auf einen Flohmarkt gehen

• in die Disko gehen

• an den See fahren

TIPP Schreiben Sie Ihre Pläne auf Deutsch:

Freitag	Samstag	Sonntag
	in die Oper gehen	an den See fahren

9 Meine Sachen

FOTO-HÖRGESCHICHTE

1 ein·richten (hat eingerichtet) — Wer möchte die Wohnung neu einrichten?

2 • das Poster, - — Das ist aber ein tolles Poster.

• die Kerze, -n — Die Kerze ist ganz schön.

scheußlich — Ich finde es scheußlich.

A

A1 bunt — Ein toller Kerzenständer vielleicht, ein paar bunte Kerzen, ...

gucken (hat geguckt) — Guck mal hier: Das sind ja tolle Saftgläser!

A2 • die Brieftasche, -n  — Das ist ja eine teure Brieftasche!

• das Feuerzeug, -e  — Das ist ja ein tolles Feuerzeug!

• die Kamera, -s — Das ist ja eine tolle Kamera!

• der Bikini, -s  — Das ist ja ein schöner Bikini!

praktisch — Das ist ja eine praktische Brieftasche!

hübsch — Das ist ja ein hübscher Bikini!

B

B2 dick — Der Tisch hat eine ca. 3,5 cm dicke Platte.

• die Platte, -n — Der Tisch hat eine ca. 3,5 cm dicke Platte.

• die Höhe, -n — Höhe: 30 cm.

• der Zustand, ¨-e — Die Lampe ist fünf Jahre alt, aber in einem guten Zustand.

• die Qualität, -en — Top-Qualität!

• das Besteck, -e — Verkaufe eine neue Salatschüssel mit einem passenden Salatbesteck.

• das Metall, -e  — Das Metallregal ist 2,20 Meter hoch.

• der Stoff, -e  — Hobbyschneiderin sucht bunte Stoffe und eine alte Nähmaschine.

Lernwortschatz

C

C2	• der Rucksack, ¨-e 	Also, ich finde einen Rucksack praktischer als einen Koffer.
	• der Hut, ¨-e	Also, ich finde einen Hut moderner als eine Mütze.
	• die Liebe (Sg.) 	Was soll ich Peter denn zum Geburtstag schenken? Einen Liebesroman vielleicht?
	• der Roman, -e	Was soll ich Peter denn zum Geburtstag schenken? Einen Liebesroman?
	spannend	Also, ich finde einen Krimi spannender als einen Liebesroman.
	als	Also ich finde eine Rucksack praktischer als einen Koffer.
C3	• das Stadion, Stadien	Am liebsten geht sie ins Fußballstadion.
	• der PC, -s	Musik für dein Handy, Tablet oder deinen PC
	• der Pudding, -s 	Am liebsten mag sie Pudding.
	• das Schaufenster, -	Wählen Sie drei verschiedene Dinge aus dem Schaufenster.
	vor·schlagen (hat vorgeschlagen)	Also, ich schlage vor, wir kaufen eine Karte fürs Kino.
C4	entfernt	Wer wohnt am weitesten entfernt?

D

D1	• die Statistik, -en	Ergänzen Sie die Statistik.
	• das Nahrungsmittel, -	Bei Nahrungsmitteln achte ich immer auf gute Qualität.
D2	• das Gas, -e	Er gibt am meisten für Miete, Auto, Gas, Versicherung aus.
	• der Kredit, -e	Sie müssen einen Kredit für eine neue Wohnung aufnehmen.
	auf·nehmen, du nimmst auf, er nimmt auf (hat aufgenommen)	Sie müssen einen Kredit für eine neue Wohnung aufnehmen.
D3	sparen (hat gespart)	Da spare ich (nicht).

E

E3	manch-	Manche erinnern uns an etwas, sie erzählen eine Geschichte.

• die Erinnerung, -en	....	Es können ganz unterschiedliche Erinnerungen sein, lustige, traurige oder schöne.
• der Gedanke, -n	....	Mein erster Gedanke war: Oje, ist die hässlich!
wertvoll	....	Die Kamera ist besonders wertvoll für mich, weil ich so viele schöne Erinnerungen damit habe.
damals	....	Damals ist es mir ziemlich schlecht gegangen.
lieb	....	Diesen Kugelschreiber habe ich von einer lieben Freundin bekommen.
deshalb	....	Er ist ganz lieb zu dir und deshalb musst du jetzt mal wieder lachen.
drin	....	Ich habe den Zettel wieder reingesteckt. Er ist heute noch drin.

Sachen und Materialien

• der Bikini, -s

• der Stoff, -e

• das Besteck, -e

• das Metall, -e

• der Hammer, -

• das Holz, ¨-er

• die (Salat-) Schüssel, -n

• das Plastik, - (Sg.)

• die Lampe, -n

• das Glas, ¨-er

• die Eintrittskarte, -

• das Papier, -e

TiPP

Finden Sie internationale Wörter und vergleichen Sie mit Ihrer Muttersprache.

Deutsch — Türkisch
der Kredit — kredi
die Statistik — istatistik
...

10 Kommunikation

FOTO-HÖRGESCHICHTE

1	• das Paket, -e 	Ich muss noch ein Paket zur Post bringen.
	• der Briefumschlag, ¨-e 	Was für einen Briefumschlag soll ich nehmen?
	• die Postkarte, -n 	Briefmarken für Briefe, Postkarten und Pakete können Sie in Deutschland bei der Post kaufen.
	• die Schere, -n 	Die Schere liegt auf dem Tisch.
	verschicken (hat verschickt)	Guten Tag, ich muss einen wichtigen Brief verschicken.
2	versenden (hat versendet)	Wir müssen es als „Maxibrief International" versenden.
	ordentlich	Nie weiß Sandra, wo ihre Sachen sind! Sie ist so unordentlich.
	• die Sendung, -en	Diese Sendung soll in fünf Tagen in Kanada sein.

A

A2	transportieren (hat transportiert)	Mit dem Flugzeug wird die Post nach Kanada transportiert.
A3	hart	Dort wird die Banane geerntet, wenn sie noch grün und hart ist.
	wiegen (hat gewogen) 	Anschließend wird sie gewogen und in einen Karton verpackt.
	verpacken (hat verpackt)	Anschließend wird sie gewogen und in einen Karton verpackt.
	• das Schiff, -e 	Die Bananenkartons werden auf ein Kühlschiff geladen.
	• die Ernte, -n 	Bis jetzt sind die Bananen seit der Ernte maximal 24 Stunden unterwegs.
	reif	Dann sind sie „reif", also gelb und weicher.
	weich	Dann sind die Bananen „reif", also gelb und weicher.
A4	• die Fantasie, -n	Machen Sie Fantasiesätze.

B

B2	was für ein-		Was für eine Möglichkeit gibt es denn da?
	• die Möglichkeit, -en		Was für eine Möglichkeit gibt es denn da?
	denn		Was für eine Möglichkeit gibt es denn da?
	• das Einschreiben, -		Dann müssen Sie diesen Brief als Einschreiben senden.
	senden (hat gesendet)		Sie müssen diesen Brief als Einschreiben senden.
	• das Päckchen, - 		Ich möchte ein Päckchen abholen.
	her/her-/-her		Geben Sie mal her.
	• der Zoll, ¨-e		Da müssen Sie diese Zollinhaltserklärung ausfüllen.
	wert		Was ist in dem Paket und was ist es wert.
B3	unbedingt		Sie haben einen wichtigen Brief. Er muss unbedingt ankommen.

C

C1	• die Sorge, -n		Sie hat immer Sorge, dass ich friere.
	frieren (hat gefroren)		Mit dem warmen Pulli frierst du bestimmt nicht mehr.
C2	• die Eisenbahn, -en 		Der Mann kauft die Eisenbahnen nur online.
	• das Blatt, ¨-er 		Kinder werden zu kleinen Sammlern z. B. von Stofftieren, schönen Steinen oder Blättern.
	• der Bär, -en 		Sammeln Sie Teddybären?
	• die Münze, -n 		Die griechische Münze findet sie am schönsten.
	• die Ente, -n		Sammeln Sie Enten?
	• das Souvenir, -e		Der Mann bringt aus jedem Urlaub ein Souvenir mit.
	• das Tier, -e		Ich sammle Tiere aus Glas: exotische Vögel.
	• der Vogel, ¨- 		Ich sammle Tiere aus Glas: exotische Vögel.
	un-		Ich sammle nichts. Sammeln finde ich uninteressant.

Lernwortschatz

C4	• der Punkt, -e		Wie heißt denn dieser Vogel mit den kleinen weißen Punkten?
	• der Elefant, -en 		In Thailand ist der Elefant ein Symbol für Glück, Kraft und Energie.
	• die Rose, -n		Kauf rote Rosen für Oma. Die mag sie so gern.
	• der Stern, -e		Mir gefällt die Dose mit den Sternen.
	• der Himmel, -		Mit 16 Jahren war ich auf meinem ersten Festival: drei Tage bei blauem Himmel und Sonne.
	orange 		Mir gefällt die orange Dose.

D

D1	• das Netzwerk, -e		Wie viele Menschen sind täglich in sozialen Netzwerken unterwegs?
	testen (hat getestet)		Testen Sie Ihr Wissen mit unserem kleinen Quiz.
	• das Wissen (Sg.)		Testen Sie Ihr Wissen mit unserem kleinen Quiz.
	• das Quiz, (Sg.)		Testen Sie Ihr Wissen mit unserem kleinen Quiz.
	• das Mobiltelefon, -e 		Wie viele Nachrichten werden per Mobiltelefon pro Tag im Durchschnitt verschickt?
	• die Mail, -s		Wie viele Mails werden weltweit jährlich verschickt?
	weltweit		Wie viele Mails werden weltweit jährlich verschickt?

E

E1	• die Mailbox, -en		Sprachnachrichten auf der Mailbox
	• der Erfolg, -e		Ich wünsche Dir viel Erfolg bei der Präsentation.
E2	• die Kneipe, -n		Sie konnten mit ihren Freunden nicht in die Kneipe gehen.
	melden (sich) (hat gemeldet)		Ich melde mich wieder.
E3	• der Elternbeirat, ¨-e		Es tut mir sehr leid, dass ich nicht zum Elternbeirat kommen kann.
	• die Grippe (Sg.)		Ich habe morgen um 15. 30 Uhr einen Termin zur Grippeimpfung.

• die Impfung, -en	....	Ich wollte morgen zur Grippeimpfung kommen.
• das Konsulat, -e	....	Ich kann nicht kommen, weil ich dringend zum Konsulat muss.
allgemein	....	Für allgemeine Fragen wählen Sie bitte die Null.

• das Paket, -e

• das Päckchen, -

• der Brief, -e

• die Postkarte, -n

• der Briefkasten, ⸚

• die E-Mail, -s

• das Mobiltelefon, -e /
• das Handy, -s

• der Chat, -s

Kommunikation

TiPP

Lernen Sie so: Was kann man damit machen?

Das Paket: verschicken, senden, packen, zur Post bringen...

11 Unterwegs

FOTO-HÖRGESCHICHTE

1	• der Zoo, -s	....	Ich gehe gern in den Zoo.
	• der Tiger, -	....	Tommy mag Tiger. Deshalb möchte er in den Zoo gehen.
	• das Zebra, -s	....	Tiger und Zebras sind meine Lieblingstiere.
2	an·schauen (hat angeschaut)	....	Was kann ich in der Stadt anschauen?

A

A2	weg·fahren, du fährst weg, er fährt weg (ist weggefahren)	....	Jemand fährt von der Tankstelle weg.

Lernwortschatz

A3	springen (ist gesprungen)	Ein Hund springt ins Auto.
	tanken (hat getankt)	Ein Mann tankt an der Tankstelle.
B		
B1	entlang	Geht rechts die Straße entlang bis zum Opernplatz.
	vorbei … an	Da kommen Sie an dem kleinen See vorbei.
	gegenüber	Der Eingang zum Zoo ist genau gegenüber der S-Bahn-Station.
B2	• die Richtung, -en	Mein Navi hat mich in die falsche Richtung geschickt.
	• der Fluss, ¨-e	Dann fährst du den Fluss entlang.
	• die Kreuzung, -en 	Immer geradeaus bis zur Kreuzung
	ab·biegen (ist abgebogen)	Dort musst du nach links abbiegen.
	• die Ausfahrt, -en	Fahr um den Kreisverkehr herum und nimm die dritte Ausfahrt.
B3	• der Kopierer, -	Wo ist der Kopierer?
	• die Cafeteria, Cafeterien	Wo ist die Cafeteria?
C		
C2	• der Stau, -s 	Ich stehe im Stau. Deshalb schaffe ich es nicht zur Teambesprechung.
	• der Bürgersteig, -e	Mama, ich bin auf dem Bürgersteig gestürzt.
	stürzen (ist gestürzt)	Mama, ich bin auf dem Bürgersteig gestürzt.
	• der Radfahrer, - 	Ich bin auf dem Bürgersteig gestürzt, weil so ein blöder Radfahrer nicht aufgepasst hat.
	• das Knie, -	Mein Knie blutet.
	kleben (hat geklebt)	Kleb gleich ein Pflaster darauf.
	• das Pflaster, -	Kleb gleich ein Pflaster darauf.
	• das Rad, ¨-er	Ein super Rad!
	• der Liebling, -e	Hallo, Liebling. Ich komme heute später.
	stehen bleiben (ist stehen geblieben)	Das Auto ist plötzlich stehen geblieben.

	• das Benzin (Sg.)	....	Zuerst habe ich gedacht: kein Benzin mehr.
	• die Batterie, -n	....	Der Mann vom Pannendienst sagt, dass die Autobatterie leer ist.
	leer	....	Der Mann vom Pannendienst sagt, dass die Autobatterie leer ist.
	rechtzeitig	....	Stefan kommt nicht rechtzeitig, weil er im Stau steht.
C3	• der Verkehr (Sg.)	....	In Deutschland gibt es viel weniger Verkehr.
	• die Baustelle, -n 	....	Auf der Autobahn ist eine Baustelle.
	• die Spur, -en	....	Deshalb müssen die Autos auf der linken Spur fahren.
	überholen (hat überholt)	....	Deshalb müssen die Autos auf der linken Spur fahren und können nicht überholen.
	• die Fahrbahn, -en	....	Tiere sind auf der Fahrbahn.
	vorsichtig	....	Deshalb soll man vorsichtig fahren.
C4	wegen	....	Wegen Bauarbeiten gibt es Stau auf der A3.

D

D1	• das Eis (Sg.)	....	Sturm und Eis haben gestern für Chaos auf Deutschlands Straßen gesorgt.
	• der Nebel, -	....	Dichter Nebel verhindert Starts und Landungen am Flughafen.
	• der Sturm, ¨-e	....	Sturm und Eis haben gestern für Chaos auf Deutschlands Straßen gesorgt.
	• das Gewitter, -	....	In der Nacht gibt es dann Gewitter und Starkregen.
D2	neblig	....	In Luzern ist es zurzeit jeden Morgen so neblig, dass man die Hand vor den Augen nicht sieht!
	• das Chaos (Sg.)	....	Sturm und Eis haben gestern für Chaos auf Deutschlands Straßen gesorgt.
	sorgen (hat gesorgt)	....	Sturm und Eis haben gestern für Chaos auf Deutschlands Straßen gesorgt.
	• die Situation, -en	....	Besonders schlimm war die Situation in Sachsen.

Lernwortschatz

komplett		In der Nacht war die Autobahn A72 zwischen Wildenfels und Hartenstein komplett gesperrt.
stundenlang		Die Autofahrer mussten stundenlang in ihren Wagen warten.
• der Wagen, - 		Die Autofahrer mussten stundenlang in ihren Wagen warten.
• die Region, -en		Ab Wochenbeginn steigen die Temperaturen in der Region um Hamburg.
• die Hitze (Sg.)		Nach der Hitze kommen von Westen immer mehr Wolken.
• das Teil, -e		Schon heute Abend gibt es zum Teil kräftigen Wind.
kräftig		Schon heute Abend gibt es zum Teil kräftigen Wind.
vermeiden (hat vermieden)		Vermeiden Sie Autofahrten.
• die Gefahr, -en		Es besteht Gefahr vor umstürzenden Bäumen.
• der Bürger, - / • die Bürgerin, -nen		Am Wochenende sind die Bürger zu einem Fest eingeladen.
• die Aussicht, -en		Auch die Wetteraussichten für das Event sind gut.
versprechen, du versprichst, er verspricht (hat versprochen)		Die Meteorologen versprechen Sonnenschein und sommerliche Temperaturen.
sommerlich		Die Meteorologen versprechen Sonnenschein und sommerliche Temperaturen.
dicht		Dichter Nebel verhindert Starts und Landungen am Flughafen.
verhindern (hat verhindert)		Dichter Nebel verhindert Starts und Landungen am Flughafen.
• der Start, -s		Dichter Nebel verhindert Starts und Landungen am Flughafen.
• die Landung, -en		Dichter Nebel verhindert Starts und Landungen am Flughafen.
• der Flughafen, ⸚n 		Dichter Nebel verhindert Starts und Landungen am Flughafen.

	starten (ist gestartet)	Zurzeit können keine Maschinen starten oder landen.
	landen (ist gelandet)	Zurzeit können keine Maschinen starten oder landen.
	voraussichtlich	Deshalb kommt es voraussichtlich zu Verspätungen.
	• der Abflug, ¨-e 	Es kommt zu Verspätungen bei Abflügen und Landungen.
	gefährlich	Man soll nicht mit dem Auto fahren, weil es zu gefährlich ist.

E

E1	auf·fallen, du fällst auf, er fällt auf (ist aufgefallen)	Was fällt Ihnen am Straßenverkehr in Deutschland auf?
	• das Moped, -s	In meiner Heimat ist das Moped ein sehr wichtiges Verkehrsmittel.
	• das Verkehrsmittel, -	In meiner Heimat ist das Moped ein sehr wichtiges Verkehrsmittel.
	hupen (hat gehupt)	Immer hupt jemand.
	bremsen (hat gebremst)	Bei uns bremst kein Autofahrer für einen Fußgänger.
	• der Fußgänger, - / • die Fußgängerin, -nen 	Bei uns bremst kein Autofahrer für einen Fußgänger.
	• der Strafzettel, -	Mir ist aufgefallen, dass viele einen Strafzettel für zu schnelles Fahren riskieren.
	• die Strafe, -n	Weil die Strafen so niedrig sind.
	anstrengend	Das Autofahren in Deutschland finde ich sehr anstrengend.
	furchtbar	Das finde ich furchtbar,...
	öffentlich	Ich fahre lieber mit den öffentlichen Verkehrsmitteln.
	reden (hat geredet)	Die Leute reden nicht so viel.
E2	• der Unterschied, -e	Gibt es Unterschiede zwischen Stadt und Land?
	• das Land (Sg.) 	Gibt es Unterschiede zwischen Stadt und Land?
	• das Tempo (Sg.)	Ein Freund musste 100 Franken wegen zu hohem Tempo zahlen.

Lernwortschatz

Verkehr

• das Moped, -s

• der Fußgänger, -
• die Fußgängerin, -nen

• der Strafzettel, -

• der Wagen, -

• die Baustelle, -n

• das Rad, ¨-er

• der Stau, -s

• die Kreuzung, -en

• die Autobahn, -en

• das Tempo (Sg.)

TIPP

Merken Sie sich zehn neue Wörter. Schreiben Sie die Wörter auf. Wie viele Wörter haben Sie sich gemerkt?

1. der Verkehr
2. der Fußgänger
3. das Moped
...

12 Reisen

FOTO-HÖRGESCHICHTE

2	• die Ostsee (Sg.)	....	Das ist an der Ostsee.
	• die Wahl (Sg.)	....	Meine Urlaubsidee: Keine Wahl, keine Qual!
	besichtigen (hat besichtigt)	....	Wir könnten nach Österreich fahren und Wien besichtigen.
3	dagegen	....	Was spricht dagegen?
	begeistert	....	Davon ist Lara nicht besonders begeistert.
	• die Unterkunft, ¨-e	....	Es gibt keine preiswerten Unterkünfte.
4	• der Traum, ¨-e	....	Das ist schon lange mein Traum.

A

A1	• die Küste, -n	Es war sehr windig an der Atlantikküste.
	• die Insel, -n 	Jedes Jahr fahren wir auf die Insel Hiddensee.
	• das Gebirge, - 	Am Wochenende fahren wir ins Gebirge.
A3	Luxemburg	Wir leben in Luxemburg und fahren jedes Jahr in den Süden.
	baden (hat gebadet)	Sie baden und spielen den ganzen Tag im Sand.
	• der Sand (Sg.)	Sie baden und spielen den ganzen Tag im Sand.
	weiter	Nach drei Wochen fahren wir weiter zur Familie von meinem Mann Milan in die Berge.
	kühl	Es ist kühler und ruhiger, das mag ich sehr.
	• der Bauernhof, ⸚e	Wir haben für zwei Wochen eine Ferienwohnung auf einem Bauernhof gemietet.
	• die Kuh, ⸚e 	Dort ist es kinderfreundlich und es gibt viele Tiere: Kühe, Pferde, Schafe, Hunde und Katzen.
	• das Pferd, -e 	Dort ist es kinderfreundlich und es gibt viele Tiere: Kühe, Pferde, Schafe, Hunde und Katzen.
	• das Schaf, -e 	Dort ist es kinderfreundlich und es gibt viele Tiere: Kühe, Pferde, Schafe, Hunde und Katzen.
	• das Boot, -e	Man kann am See auch Boote mieten.
	• das Festival, -s	Ich möchte dort ein Festival besuchen.
	• die Sehenswürdigkeit, -en	Ich möchte ein paar Sehenswürdigkeiten anschauen.
	vor allem	Aber vor allem möchte ich sehen, wie meine Freunde leben.
	echt	Dann fahren wir an den Atlantik. Aber für mich ist das kein „echtes" Meer, weil das Wetter dort sehr schlecht ist.
A4	trocken	Ach, im Süden ist es zu trocken.

Lernwortschatz

B

B2	• die Pension, -en	………	Pension Meerblick – Familienfreundliche Pension in ruhiger Lage
	• der Blick, -e	………	Familienfreundliche Pension in ruhiger Lage mit schönem Blick aufs Meer
	• das Einzelzimmer, -	………	Alle Einzelzimmer und Doppelzimmer mit Bad, Dusche/WC
	• das Doppelzimmer, -	………	Alle Einzelzimmer und Doppelzimmer mit Bad, Dusche/WC
	• das WC, -s	………	Alle Zimmer mit Bad oder Dusche/WC
	• die Halbpension	………	Auf Wunsch auch Halbpension!
	• das Camping (Sg.) 	………	Almtal Camping: Wunderschöner Campingplatz direkt am See im Almtal
	• die Tour, -en	………	Erleben Sie schöne Wandertouren in Berg und Tal.
	• das Tal, ¨-er	………	Erleben Sie schöne Wandertouren in Berg und Tal.
	• die Wiese, -n	………	Entspannen Sie sich auf unserer Badewiese direkt am See!
	romantisch	………	Romantische Berghütte mit schönem Blick ins Tal
	• die Lage, -n	………	Pension Meerblick – Familienfreundliche Pension in ruhiger Lage
	• das Schloss, ¨-er	………	Nur fünf Minuten zum Schloss
	historisch	………	Nur fünf Minuten ins historische Zentrum
	zahlreich	………	Nur fünf Minuten ins historische Zentrum mit zahlreichen Sehenswürdigkeiten
	• die Übernachtung, -en	………	Billige Übernachtung direkt neben dem Dom
	berühmt	………	Billige Übernachtung direkt neben dem berühmten Dom
	• der Dom, -e 	………	Der Dom ist eine bekannte Sehenswürdigkeit in Köln.
	• die Jugendherberge, -n	………	Moderne Jugendherberge für Jung und Alt

C

C1	inklusive		Städtereisen ab 189 Euro inklusive Bahn und Hotel.
	• der Aufenthalt, -e		Er hat über eine Stunde Aufenthalt in Berlin.
	buchen (hat gebucht)		Frau Joost möchte eine Städtereise für vier Tage buchen.
C2	• das Reisebüro, -s		Informieren Sie sich in einem Reisebüro und buchen Sie eine Busfahrt.
	• der Spezialist, -en		Bus Müller – Ihr Spezialist für Busreisen.
	• der Angestellte, -n / • die Angestellte, -n		Die Angestellte im Reisebüro gibt Auskunft über günstige Busreisen.
	• die Verbindung, -en		Ist das eine Direktverbindung?

D

D1	natürlich		Wir könnten aber natürlich auch Kanufahren oder Surfen.
	surfen, (wind)surfen (ist gesurft)		Wir könnten aber natürlich auch Kanufahren oder Surfen.
	• die Führung, -en		Oder hast du eher Lust auf eine Stadtführung?
	• die Altstadt, ¨-e		Die Altstadt hier ist wunderschön.
	• die Ausstellung, -en		Wir können aber auch eine Ausstellung ansehen ...
	bekannt		Du musst unbedingt die bekannte Nikolaikirche und die Thomaskirche sehen.
	nirgends		Nirgends schmeckt es besser als bei uns.
	ein·packen (hat eingepackt)		Ich packe auf jeden Fall die Wanderstiefel ein.

E

E1	einigen (hat geeinigt)		Worauf einigen sich die beiden?
	übernachten (hat übernachtet)		Wo übernachten sie?
E2	dagegen sein		Ich bin dagegen.
	dafür sein		Ich bin dafür.

	an·nehmen, du nimmst an, er nimmt an (hat angenommen)	Ich nehme deinen Vorschlag an.
	ab·lehnen (hat abgelehnt)	Lehnen Sie den Vorschlag ab.
E3	faulenzen (hat gefaulenzt)	Ich möchte am Wochenende faulenzen.

Eine Reise buchen

- **das Reiseziel, -e**
- das Gebirge, -
- die Insel, -n
- die Küste, -n

- **die Unterkunft, ⸚e**
- das Camping (Sg.)
- der Bauernhof, ⸚e
- das Einzelzimmer, -
- das Doppelzimmer, -
- die Pension, -en
- die Jugendherberge, -n

- **die Aktivitäten**
- Sehenswürdigkeiten ansehen
- die Altstadt besichtigen
- eine Ausstellung ansehen
- eine Stadtführung machen

- **im Reisebüro**
- eine Reise buchen
- der / die Angestellte, -n
- die Auskunft

TIPP

Ein Wort = viele Wörter
Schreiben Sie so:

das Reisebüro:
die Reise, das Büro,
das Eis,
das Ei

13 Auf der Bank

FOTO-HÖRGESCHICHTE

1	der Betrag, ⸚e	Man bezahlt nicht die ganze Summe auf einmal, sondern z. B. monatlich einen bestimmten Betrag.
2	das Konto, Konten	Sie möchte gern ein Konto eröffnen.
	eröffnen (hat eröffnet)	Sie möchte gern ein Konto eröffnen.
3	beantworten (hat beantwortet)	Zum Schluss wird sogar Frau Sicinskis Frage zu der Abbuchung beantwortet.

4	besorgen (hat besorgt)	Was du heute kannst besorgen, das verschiebe nicht auf morgen.
	verschieben (hat verschoben)	Was du heute kannst besorgen, das verschiebe nicht auf morgen.

A

A2	• die EC-Karte, -n 	Wie lange muss man auf die EC-Karte warten?
	ab·heben (hat abgehoben)	Wo kann man Geld abheben?
	kriegen (hat gekriegt) 	Wo kriege ich Kontoauszüge?
A3	• der Geldautomat, -en	Wo ist der nächste Geldautomat?
	• das Girokonto, -en	Was kostet ein Girokonto bei deiner Bank?

B

B1	ob	Darf ich fragen, ob Sie Ihren Personalausweis dabei haben?
B2	• das Bargeld (Sg.) 	Am Geldautomaten kann man Bargeld abheben.
	• die Summe, -n	Man bezahlt nicht die ganze Summe auf einmal.
	sondern	Man bezahlt nicht die ganze Summe auf einmal, sondern z. B. monatlich einen bestimmten Betrag.
	monatlich	Man bezahlt monatlich einen bestimmten Betrag.
	• die Zinsen (Pl.)	Da musst du ganz schön Zinsen zahlen.
B3	akzeptieren (hat akzeptiert)	Akzeptieren Sie auch Kreditkarten?
B4	• das Taschengeld (Sg.) 	Hast du als Kind Taschengeld bekommen?
	erledigen (hat erledigt)	Erledigst du deine Bankgeschäfte online?

C

C2	kontrollieren (hat kontrolliert)	Was wird bei der Inspektion kontrolliert?
	• die Kontrolle, -n	Sie bringen ihr Auto vor dem Urlaub zur Kontrolle in eine Werkstatt.
	kaputt·gehen (ist kaputtgegangen)	Schließlich soll es ja unterwegs nicht kaputtgehen.

	erkennen (hat erkannt)	Sie können hohe Reparaturkosten sparen, weil Fehler früh erkannt werden.
	• der Hersteller, -	Manche Hersteller empfehlen eine Inspektion nach 20.000 gefahrenen Kilometern.
	• das Öl (Sg.)	Bei einer Inspektion wird zum Beispiel das Öl kontrolliert und gewechselt.
	• die Bremse, -n	Außerdem werden die Bremsen getestet.
	überprüfen (hat überprüft)	Außerdem werden die Bremsen getestet sowie Batterie und Lichter überprüft.
C3	renovieren (hat renoviert) 	Unsere Nachbarn lassen nächste Woche die Wohnung renovieren.
	ändern (hat geändert)	Die Hose ist zu weit. Ich muss sie ändern lassen.
	schneiden (sich) (hat geschnitten)	Morgen gehe ich zum Friseur und lasse mir die Haare schneiden.

D

D1	ein·zahlen (hat eingezahlt)	Herr Marzouki möchte Geld einzahlen.
	• die Broschüre, -n 	Per Post bekommt er eine Broschüre.
	• das Gehalt, ¨-er	Der Kunde möchte das Gehalt überweisen lassen.
	• der Gehaltsnachweis, -e	Er zeigt dem Bankangestellten seinen Gehaltsnachweis.
D2	tippen (hat getippt)	Tippen Sie Ihre Geheimzahl ein.
D3	überweisen (hat überwiesen)	Bitte überweisen Sie den Betrag von 411,49 € auf unser Konto.

E

E1	• das Menü, -s 	Sie lassen sich von mir ein ganzes Menü bringen und haben kein Geld dabei?
	• der Ober, - 	Der Ober will die Polizei rufen.
E2	• die Polizei (Sg.)	Der Ober will die Polizei rufen.
	böse	Der Autofahrer ist böse, weil er einen Strafzettel bekommt.
E4	• die Laune, -n	Warum hat der Eisverkäufer gute Laune?

• die Erhöhung, -en — Er hat heute eine Gehaltserhöhung bekommen.

Auf der Bank

• die EC-Karte, -n • der Geldautomat, -n • das Bargeld (Sg.)

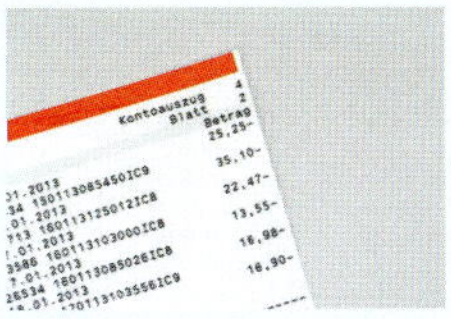

• die Zinsen (Pl.) • der Kontoauszug, ¨-e • die Broschüre, -n • Geld abheben

TiPP

Schreiben Sie wichtige Sätze. Hängen Sie die Sätze in der Wohnung auf. Sprechen Sie.

Können Sie mir sagen, wie man das Formular ausfüllt?
...

14 Lebensstationen

A

A1	• die Umfrage, -n	Unsere Umfrage der Woche: Welches Foto haben Sie immer dabei?
	kaum	Wir sehen uns also kaum.
	• die Zukunft (Sg.)	Das ist schön! Mal sehen, was uns die Zukunft bringt.
	• die Entscheidung, -en	Sie sagten immer, dass es eine gute Entscheidung war.
	sterben, du stirbst, er stirbt (ist gestorben)	Vor fünf Jahren ist Oma gestorben.
	• die Kindheit, -en	Meine beste Freundin Katrin und ich kennen uns schon seit der Kindheit.

Lernwortschatz

	nebenan	....	Katrin hat im Haus nebenan gewohnt.
	verlieben (sich) (hat sich verliebt) 	....	Später haben wir uns in dieselben Jungen verliebt.
	• der Quatsch (Sg.)	....	Mit niemandem konnte ich so viel lachen wie mit Katrin. Wir haben viel Quatsch zusammen gemacht.
	• die Lehre, -n	....	Nach dem Abitur hat Katrin eine Lehre als Friseurin gemacht.
	zufällig	....	Vor vier Jahren haben wir uns zufällig auf der Straße getroffen.
	• das Lokal, -e	....	Vor vier Jahren haben wir uns zufällig in einem Lokal getroffen.
	seitdem	....	Seitdem sind wir wieder beste Freundinnen.
A4	einzig-	....	Ich bin das einzige Kind von Helga und Gerd.

B

B1	• das Gegenteil, -e	....	Im Gegenteil. Dich ruft alle fünf Minuten jemand an.
	egal	....	Dir ist es egal, dass ich das nicht machen kann?
B2	• der Streit (Sg.) 	....	Ich hatte mit meinem ersten Ehemann oft Streit.
	• das Paar, -e	....	Petar und Binka sind ein nettes Paar finde ich.
	• die Erziehung (Sg.)	....	Darüber streiten Paare in Deutschland: Kindererziehung, ...
B4	• die Meinung, -en	....	Wir haben nicht immer die gleiche Meinung, aber das finde ich nicht schlimm.

C

C2	• der Ratschlag, ¨e	....	Ein Ratschlag: Sie sollten sich mehr bewegen.

D

D1	• die Maus, ¨e 	....	Viele sagen Maus oder Mausi zu ihrer Partnerin / ihrem Partner.
D3	eher	....	Die Deutschen sind bei der Wahl von Kosenamen eher einfallslos.
	populär	....	Auch Kosewörter aus der Tierwelt sind sehr populär.

	• der Raucher, - / • die Raucherin, -nen		Er war schon immer ein starker Raucher.
	• das Märchen, -		Beliebt sind außerdem Begriffe aus den Bereichen Märchen und Essen.
	dankbar		Eine Befragung hat gezeigt, dass viele Leute dankbar sind, wenn man sie mit ihrem richtigen Namen anspricht.
	an·sprechen (hat angesprochen)		Viele Frauen und Männer möchten, dass man sie eher nicht mit Kosenamen anspricht.
D4	danken (hat gedankt)		Viele Leute sind dankbar, wenn man sie mit ihrem richtigen Namen anspricht.
	• der Einfall, ¨-e		Die Deutschen sind bei der Wahl von Kosenamen eher einfallslos.
	• die Welt, -en		Rachida würde gern um die ganze Welt reisen.

E

E1	• das Haustier, -e	Wenn ich noch einmal zwanzig wäre, hätte ich ein Haustier.
	ernst	Wenn ich noch einmal zwanzig wäre, würde ich das Leben nicht so ernst nehmen.
E2	bequem	Ich hätte gern ein bequemes Sofa.

Entscheidungen und Zukunft

• die Kindheit, -en
• das Paar, -e
• die Entscheidung, -en
• die Umfrage, -n
• die Welt, -en

• die Zukunft (Sg.)
• der Streit (Sg.)
• der Ratschlag, ¨-e
• die Meinung, -en
• der Einfall, ¨-e

TiPP

Notieren Sie Wörter mit *-ung* (immer • die) und mit *-chen* (immer • das).

• die Bestätigung
• die Besprechung
...

• das Brötchen
• das Märchen

Artikelwörter und Pronomen

Frageartikel: *Was für ein ...?* Lektion 10

	Nominativ	Akkusativ	
Was für	• ein	• einen	Aufkleber ...?
	• ein	• ein	Formular ...?
	• eine	• eine	Verpackung ...?
	• --	• --	Briefmarken ...?

ÜG 10.03

Adjektive

Adjektivdeklination: indefiniter Artikel Lektion 9

Nominativ	Akkusativ	Dativ
• ein neuer Laden	• einen neuen Laden	• einem neuen Laden
• ein schönes Licht	• ein schönes Licht	• einem schönen Licht
• eine schöne Wohnung	• eine schöne Wohnung	• einer schönen Wohnung
• – braune Möbel	• – braune Mobel	• – braunen Möbeln

ÜG 4.01

auch so nach: mein-, dein- ...; kein-;
aber:
⚠ meine/keine braunen Möbel

Komparation Lektion 9

Positiv +	Komparativ ++	Superlativ +++
schön	schöner	am schönsten
interessant	interessanter	am interessantesten → ⚠ -d/-t + esten
⚠		
groß	größer	am größten
lange/lang	länger	am längsten
dumm	dümmer	am dümmsten
hoch	höher	am höchsten

ÜG 4.04

Vergleichspartikel: *als, wie* Lektion 9

schöner/praktischer/... als ...	≠
Dorina mag Rockmusik lieber als Jazz.	

(genau)so gern/schön/... wie ...	=
Sie geht genauso gern ins Kino wie ins Theater.	

ÜG 4.04

Adjektivdeklination: definiter Artikel Lektion 10

Nominativ	Akkusativ	Dativ
• der grüne Schal	• den grünen Schal	• dem grünen Schal
• das alte Handy	• das tolle Handy	• dem tollen Handy
• die große Uhr	• die große Uhr	• der großen Uhr
• die verschiedenen Bierdeckel	• die verschiedenen Bierdeckel	• den verschiedenen Bierdeckeln

ÜG 4.02

Adjektivdeklination ohne Artikel Lektion 12

Nominativ	Akkusativ	Dativ
• schöner Blick	schönen Blick	schönem Blick
• leckeres Frühstück	leckeres Frühstück	leckerem Frühstück
• schöne Lage	schöne Lage	schöner Lage
• regionale Produkte	regionale Produkte	regionalen Produkten

ÜG 4.03

Verben

Konjunktiv II: Konjugation Lektion 8

ich	wäre
du	wär(e)st
er/es/sie	wäre
wir	wären
ihr	wär(e)t
sie/Sie	wären

ich	hätte
du	hättest
er/es/sie	hätte
wir	hätten
ihr	hättet
sie/Sie	hätten

ich	würde	... spielen
du	würdest	
er/es/sie	würde	
wir	würden	
ihr	würdet	
sie/Sie	würden	

ich	könnte	... spielen
du	könntest	
er/es/sie	könnte	
wir	könnten	
ihr	könntet	
sie/Sie	könnten	

ÜG 5.17

Konjunktiv II: Wunsch Lektion 8

Ich	wäre	gern	am Meer.	
Sie	hätte	gern	viel Geld.	
Wir	würden	gern	Gitarre	spielen.

ÜG 5.17

Konjunktiv II: Vorschlag Lektion 8

Du	könntest	ins Kino gehen.
Wir	könnten	

ÜG 5.17

Passiv: Präsens Lektion 10

	werden	Partizip
er/es/sie	wird	reingeschrieben
sie	werden	

Das wird reingeschrieben. = Man schreibt das rein.

ÜG 5.13

Verb: Konjugation Lektion 13

	lassen
ich	lasse
du	lässt
er/es/sie	lässt
wir	lassen
ihr	lasst
sie/Sie	lassen

	Position 2		Ende
Sie	lässt	ihr Konto	prüfen.
Sie	sollten	vor dem Winter die Reifen	wechseln lassen.

ÜG 5.15

Grammatikübersicht

Perfekt Lektion 14

regelmäßige und unregelmäßige Verben	trennbare Verben
gemacht	kennengelernt
getroffen	mitgekommen

nicht-trennbare Verben	Verben auf *-ieren*
bekommen	telefoniert
	studiert

ÜG 5.03, 5.04, 5.05

Präteritum Lektion 14

	sein	haben	wollen	dürfen	können	müssen
ich/er/sie	war	hatte	wollte	durfte	konnte	musste

ÜG 5.06

Konjunktiv II Lektion 14

Wunsch	Vorschlag
Ich hätte (gern) ...	Wir könnten ... rausgehen.
Ich wäre (gern) ...	**Ratschlag**
Ich möchte ...	Du solltest ... ansehen.
Ich würde (gern) ...	

ÜG 5.17

Präpositionen

Lokale Präpositionen auf die Frage *Woher?* + Dativ Lektion 11

aus + Dativ 		von + Dativ 	
• aus dem	Bus	• vom	Arzt/Fußballplatz
• aus dem	Hotel	• vom	Meer
• aus der	S-Bahn	• von der	Tankstelle

ÜG 6.03

Lokale Präpositionen Lektion 11

mit Akkusativ	mit Dativ
• durch den Park	• an dem See vorbei
• über die Straße	• bis zum Westend
• die Straße entlang	• gegenüber der S-Bahn-Station / der S-Bahn-Station gegenüber
• um die Oper (herum)	

ÜG 6.03

Lokale Präpositionen Lektion 12

	Wo? – Dativ		Wohin? – Akkusativ	
an	• am	Atlantik	• an den	Atlantik
	• am	Meer	• ans	Meer
	• an der	Küste	• an die	Küste
auf	• auf dem	Land	• aufs	Land
	• auf der	Insel	• auf die	Insel
in	• im	Schwarzwald	• in den	Schwarzwald
	• im	Gebirge	• ins	Gebirge
	• in der	Wüste	• in die	Wüste
	• in den	Bergen	• in die	Berge

ÜG 6.02

Temporale Präpositionen Lektion 12

von ... an + Dativ	über + Akkusativ
Von Oktober an gibt es wieder freie Plätze.	Er hat über eine Stunde Aufenthalt in Berlin.

ÜG 6.01

Modale Präposition *ohne* + Akkusativ Lektion 12

den → ohne lauten Verkehr

ÜG 6.04

Konjunktionen

Konjunktion: *trotzdem* Lektion 8

		Position 2	
Eva hat keine Zeit.	Trotzdem	soll	sie reinkommen.
	Sie	soll	trotzdem reinkommen.

ÜG 10.05

Konjunktion: *deshalb* Lektion 11

Grund	Resultat/Konsequenz		
		Position 2	
Tommy mag Tiger.	Deshalb	möchte	er in den Zoo gehen.
	Er	möchte	deshalb in den Zoo gehen.

ÜG 10.05

Satzverbindungen mit *wenn – weil – dass* Lektion 14

Ich fühle mich unwohl,	wenn	ich mein Handy nicht dabei	habe.
Ich fühle mich unwohl,	weil	ich dann nicht erreichbar	bin.
Dir ist es egal,	dass	ich das nicht machen	kann?

ÜG 10.06, 10.08, 10.09

Grammatikübersicht

Sätze

Indirekte Fragen mit Fragepronomen Lektion 13

	Fragepronomen (W-Fragen)		Ende
Können Sie mir sagen,	was	ich da	tun muss?
Wissen Sie (noch),	was	ich	gesagt habe?
	wo	man Geld	abheben kann?

auch so: wie, wann, warum, ...

ÜG 10.03

Indirekte Fragen bei Ja-/Nein-Fragen Lektion 13

	ob		Ende
Darf ich fragen,	ob	Sie Ihren Ausweis dabei	haben?
Können Sie mal nachsehen,	ob	das Kriminelle	sind?

ÜG 10.03

Wortbildung

Lektion 9, 11

Nomen	→	Adjektiv
die Arbeit	→	arbeitslos (= ohne Arbeit)
der Sturm	→	stürmisch
das Eis	→	eisig

ÜG 11.02

Lektion 11

Verb	→	Adjektiv
benutzen	→	benutzbar

Lektion 10, 14

Adjektive	Nomen
Nomen/Verb → Adjektiv danken → dankbar Lust → lustig Einfall → einfallslos	**Komposita: Nomen + Nomen** die Arbeit + der Kollege → der Arbeitskollege
Adjektiv → Adjektiv angenehm → unangenehm	**Nomen → Nomen** Partner → ● die Partnerin Bär → ● das Bärchen
	Verb → Nomen rauchen → ● Raucher befragen → ● die Befragung
	Adjektiv → Nomen schön → ● die/ ● der Schöne

ÜG 11.01, 11.02

Lösungen zu den Tests

Lektion 8

1 **b** machen **c** ansehen **d** verbringen **e** fahren **f** verbringen **g** fahren
2 **b** Trotzdem fährt er ins Büro. **c** Trotzdem arbeitet er acht Stunden. **d** Trotzdem geht er morgens joggen. **e** Trotzdem schwimmt er im See.
3 **a** hätte, wäre, könnte **b** würde, könnte, hätte **c** wäre, würde, hätte, wäre
4 **1** könnten mal wieder **3** Tut mir leid **4** Einverstanden **5** Um wie viel Uhr **6** das geht bei mir

Lektion 9

1 **a** Hut **b** Kamera, Brieftasche, Feuerzeug, Rucksack **c** Stoff, Metall
2 **a** dick**en** **b** breit**en**, bunt**en** **c** schmal**e**, gut**en** **d** klein**e**, schön**en** **e** hell**es**, passend**en**
3 **a** am gesündesten **b** älter als, am ältesten **c** billiger als, Am billigsten **d** genauso langweilig wie **e** genauso hoch wie
4 **b** ist ... wichtig **c** spare ich **d** Sehr viel **e** am meisten **f** Am liebsten **g** überhaupt nicht

Lektion 10

1 **a** Postkarten, Pakete **b** verschieben, unbedingt, Mailbox **c** Vogel, Punkten **d** Souvenir, Münze
2 **b** wird verschickt **c** wird verpackt **d** werden ausgefüllt **e** wird verschoben **f** wird geplant **g** werden gewogen
3 **a** gelb**en** **b** eine, grau**en**, weiß**e** **c** einen, lecker**en** **d** /, rote **e** einen, braun**en**
4 **von oben nach unten:** 2, 5, 7, 4, 6, 1, 3

Lektion 11

1 **a** Nebel, Gewitter, Hitze **b** Kreuzung, Ausfahrt, Wagen
2 **B um den** Kreisverkehr **herum C durch das** Zentrum **D den** Fluss **entlang**
3 **b** Deshalb geht er zum Arzt. **c** Deshalb gibt der Arzt Drago nur eine Salbe mit. **d** Deshalb kann Drago wieder trainieren. **e** Deshalb ist er glücklich.
4 **b** Nein, das ist zu gefährlich. **c** In der Stadt gibt es natürlich viel mehr Verkehr. **d** Die meisten Leute fahren mit einem Moped. **e** Mir ist aufgefallen, dass die Autofahrer weniger hupen.

Lektion 12

1 **a** Sehenswürdigkeiten, besichtigen, Unterkunft, übernachten **b** buchen, Reisebüro **c** Führung, Ausstellung
2 in den, am, auf der, im, in der, an die, nach
3 **a** gut**er**, groß**em** **b** günstig**e**, groß**er** **c** Günstig**es**, Ruhig**es**, schön**e**
4 **b** 6 **c** 5 **d** 2 **e** 4 **f** 1

Lektion 13

1 **a** Konto **b** überweisen, Betrag, einzahlen **c** Geldautomat, abheben
2 **b** wo ich Geld abheben kann **c** ob ich den Fernseher auch in Raten bezahlen kann **d** wie Online-Banking funktioniert **e** ob Sie Ihre Geheimzahl schon bekommen haben
3 **b** lasse **c** Lass **d** lassen **e** lässt
4 **b** 4 **c** 2 **d** 3 **e** 1

Lektion 14

1 **a** Märchen **b** Streit **c** Paar **d** Gegenteil **e** Zukunft
2 **b** waren **c** seid ... angekommen **d** konnte **e** haben ... studiert **f** mussten
3 **b** wenn **c** weil **d** wenn **e** dass
4 **b** könnten **c** solltest **d** würde **e** wäre
5 **a** ich würde lieber **b** Wir sollten uns, das machen wir **c** besuch doch, mache ich gern

Quellenverzeichnis

Kursbuch

Cover: © Hueber Verlag/Bernhard Haselbeck S. III: Klappe © Thinkstock/iStock/popcic S. 95: Klappe © Thinkstock/iStock/popcic S. 96: A2: A © Thinkstock/Hemera/Cathy Yeulet; B © Thinkstock/iStock; C © Thinkstock/Blend Images/JGI S. 97: Barbara © Thinkstock/iStock/dolgachov; Lorenzo © Thinkstock/iStock/bst2012; Agnieszka © Thinkstock/iStock/Wavebreakmedia S. 99: C2 © Thinkstock/iStock/seb_ra S. 100: Skater © Thinkstock/iStock/Steffen Berk; Musiker © Thinkstock/iStock/cookelma; VHS © Thinkstock/Stockbyte; Kräuter © Thinkstock/iStock/Maria_Andeevna S. 101: E1: B © Thinkstock/iStock Editorial/allg; C © Thinkstock/iStock Editorial/littleny; D © fotolia/fuxart S. 103: Klappe © Thinkstock/iStock/popcic S. 104: Klappe © Thinkstock/iStock/popcic; Spiel © Thinkstock/Wavebreak Media S. 105: Ü1: A © Thinkstock/iStock/Milenko Bokan; B © ullstein bild/Werner OTTO; C © Thinkstock/iStock/Lauri Patterson; D © fotolia/Jeanette Dietl; E © ullstein bild/Wolfgang Kunz S. 106: Klappe © Thinkstock/iStock/popcic S. 107: Klappe © Thinkstock/iStock/popcic S. 109: B2: A © Thinkstock/iStock/Syldavia; B © Thinkstock/iStock/OZ_Media; C © fotolia/Alexandre Zveiger; D © Thinkstock/iStock/alexeywp; E © Thinkstock/iStock/naruedom S. 110: C1: Smileys © Thinkstock/iStock/Tigatelu S. 111: C3a © Thinkstock/Eyecandy Images; C3b: London © MEV/Pawlitzki Micha; Prag © Thinkstock/iStock/pulpitis; Istanbul © Thinkstock/iStock/Evgeny Sergeev; Tennisschläger, Rock © Thinkstock/iStockphoto; Tischtennisschläger © iStockphoto/Lobsterclaws; Ball © Thinkstock/iStock/Andrey_Kuzmin; Kinokarte © fotolia/N-Media-Images; Eintritt Fußball © iStock/Charles Mann; Eintritt Theater © PantherMedia/pertusinas; Jazz © iStockphoto/Bayram TUNÇ; Hip-Hop © Thinkstock/iStock/kzenon; Pizza © Thinkstock; Dessert © iStockphoto/avdeev007; Salat © Thinkstock/iStock/barol16 S. 112: D2: a, b © Thinkstock/iStock/XiXinXing; c © Thinkstock/Photodisc/Jack Hollingsworth; d © Hueber Verlag/Florian Bachmeier S. 113: © Hueber Verlag/Florian Bachmeier S. 115: Klappe © Thinkstock/iStock/popcic S. 116: Flohmarkt © Thinkstock/Getty Images; Scrabble © iStock/lenscap67; Wecker © Thinkstock/iStock/Anetlanda; Pullover © Thinkstock/iStock/taratata; Comic © Thinkstock/iStockphoto S. 117: Asche © Thinkstock/iStock/Buriy; Moos © Thinkstock/Zoonar/P.Jilek; Kies © Thinkstock/iStock/mbolina; Kohle © Thinkstock/iStock/sanapadh; Mäuse © Thinkstock/iStock/EmiSta; Knete © Thinkstock/iStock/john_99; Schotter © iStock/DonNichols S. 118: Klappe © Thinkstock/iStock/popcic S. 119: Bild 8: © Hueber Verlag/Franz Specht; Pad © Thinkstock/iStock/Pixsooz; Klappe © Thinkstock/iStock/popcic S. 120: A2: A © Deutsche Post AG; B © iStock/tirc83; D © Thinkstock/iStock Editorial/igmarx S. 122: C1: Ben © Hueber Verlag/Franz Specht; Bierdeckel © Hueber Verlag/Iciar Caso; Schal © Thinkstock/Zoonar RF; Handy © Thinkstock/iStock/Nik_Merkulov; Uhr © Thinkstock/iStock/alex-mit; C2: Bahn © Fotolia/t2sk5; Blatt © Thinkstock/Fuse; Bär © Thinstock/iStock/RG-vc; Münze © Thinkstock/iStock/claudiodivizia; Ente © Thinkstock/iStock/Craig Wactor; Muschel © Thinkstock/iStock/rep0rter; Dose © Thinkstock/iStock/EdnaM, Marke © fotolia/berlin2020 S. 125: E1: 1 © iStockphoto/TriggerPhoto; 2 © Clipdealer/Darren Baker; 3 © Thinkstock/moodboard S. 127: Klappe © Thinkstock/iStock/popcic S. 128: alle © Hueber Verlag/Alexander Keller S. 129: Hören: 1 © Thinkstock/iStock/IR_Stone; 2 © Thinkstock/iStock/marinovicphotography; 3 © Thinkstock/iStock/DGLimages; 4 © iStock/Claudiad S. 130: Klappe © Thinkstock/iStock/popcic S. 131: Klappe © Thinkstock/iStock/popcic S. 132: A4 © Thinkstock/Digital Vision/Jack Hollingsworth; Illu Würfel wo, wohin: Gisela Specht, Weßling S. 133: B2 Smiley © fotolia/DigiClack S. 134: C2: Handy © Thinkstock/iStock/chaofann; A © iStock/Nikada; B © Thinkstock/iStock; C © Thinkstock/iStock/Yury Gubin; D © MEV S. 135: C3: A © Thinkstock/iStock/Jelena83; B © Thinkstock/iStock/costasss; C © iStock/jalala; D © DIGITALstock/O. Specht S. 136: D1: A © Thinkstock/iStock/Miha9000; B © iStock/ES3N; C © fotolia/Jose Ignacio Soto; D © PantherMedia/Pavel Losevsky; E © fotolia/kwasny221; F © iStockphoto/abzee; D2.2 © Thinkstock/iStock/Wonderfulpixel S. 137: E1: Mann © Thinkstock/Getty Images; Frau © iStockphoto/asiseeit; E2 © iStock/MattiaATH S. 139: Klappe © Thinkstock/iStock/popcic S. 140: Film © Hueber Verlag/Kraus-Film; Klappe © Thinkstock/iStock/popcic S. 141: Lesen von oben: © Thinkstock/iStock/kieferpix; © Thinkstock/iStock/Westersoe; © action press/BE&W AGENCJA S. 142: Hintergrund Bild 5 © Thinkstock/iStock/kzenon; Hintergrund Bild 6 © Thinkstock/iStock/William Perugini; Klappe © Thinkstock/iStock/popcic S. 143: Hintergrund Bild 3 © Thinkstock/Ingram Publishing; Hintergrund Bild 4 © PantherMedia/Michael Overkamp; Hintergrund Bild 7 © Thinkstock/Fuse; Klappe © Thinkstock/iStock/popcic S. 144: Hintergrund Kopfzeile © Thinkstock/iStock/kzenon; A3 © iStockphoto/Razvan S. 145: 2 © fotolia/Vitaly Sokolovskiy; 3 © iStock/IS_ImageSource S. 146: B2: 1 © Thinkstock/iStockphoto; 2 © Thinkstock/iStock/anela; B2.c © Thinkstock/iStock/xyno S. 147: C1: Zug © Thinkstock/iStock/scanrail; Bus © Thinkstock/iStock/Steve Mcsweeny; Auto © Thinkstock/Hemera/Jaak Kadak S. 148: D1: 1 © Thinkstock/iStock/bluejayphoto; 2: oben © Thinkstock/iStock/claudiodivizia; unten © Thinkstock/ Eising; 3 © Thinkstock/iStock/Oliver Hoffmann S. 149: E1: Heide © Thinkstock/iStock/pictureimpressions; Lübeck © Thinkstock/Medioimages/Photodisc; Ostsee © MEV S. 151: Landschaft © iStock/Veni; Klappe © Thinkstock/iStock/popcic S. 152: Film © Hueber Verlag/Franz Specht; Klappe © Thinkstock/iStock/popcic; Kelheim © Glowimages/BAO;

Wappen © Stadt Kelheim S. 153: Donaudurchbruck © Thinkstock/iStock/bitbeerdealer; Befreiungshalle © Thinkstock/iStock/LianeM; Wappen © Stadt Kelheim; Kanal © Glowimgages/imagebroker.com; Bier © Thinkstock/iStock/venemama S. 154: Klappe © Thinkstock/iStock/popcic S. 155: Klappe © Thinkstock/iStock/popcic S. 156: A2 © iStock/YinYang S. 157: B3: a © Thinkstock/Photodisc/Digital Vision; b © Hueber Verlag/Alexander Keller S. 159: D1 © Thinkstock/Photodisc/Keith Brofsky; D2: A, H ©Thinkstock/iStock/sanjagrujic; B © Thinkstock/Goodshoot/Jupiterimages; C © Thinkstock/Wavebreak Media Ltd; D © Thinkstock/iStock/m-gucci; E ©Thinkstock/iStock/PashaIgnatov; F, G ©Thinkstock/iStock/dobok S. 163: Klappe © Thinkstock/iStock/popcic S. 164: Spiel © Hueber Verlag/Florian Bachmeier S. 166: Klappe © Thinkstock/iStock/popcic S. 167: Klappe © Thinkstock/iStock/popcic S. 168: Handy © Thinkstock/iStock/chaofann; 2 © Thinkstock/Hemant Mehta; 3 © Thinkstock/iStock/sanjagrujic; 4 © Thinkstock/iStock/nyul S. 171: C1: 1 © Thinkstock/iStock/LiudmylaSupynska; 3 © Thinkstock/Photodisc/Matt Henry Gunther; A © Thinkstock/Getty Images/Oli Scarff; B © Thinkstock/Zoonar/J.Wachala; C © Thinkstock/Design Pics S. 173: E1: junger Mann © Thinkstock/PHOTOS.com/NA; Lara © Hueber Verlag/Bernhard Haselbeck; Rentner © Thinkstock/iStock/GaryRadler S. 175: Klappe © Thinkstock/iStock/popcic S. 176: Lesen © Thinkstock/iStock/RuslanGuzov S. 177: © Thinkstock/Wavebreak Media

Arbeitsbuch

S. AB 96: A1 © Thinkstock/iStock/gzorgz S. AB 97: © Thinkstock/Stockbyte/Jupiterimages S. AB 100: © Thinkstock/Wavebreakmedia Ltd S. AB 101: Katinka © Thinkstock/iStock/MarynaYakovchuk; Abdul © Thinkstock/Hemera/Pedro antonio Salaverría calahorra; Stefan © Thinkstock/iStock/subarashii21; Lukas © Thinkstock/iStock/Vingeran; Vanessa © Thinkstock/iStock/AvatarKnowmad S. AB 102: D3 © Thinkstock/Stockbyte/Brand X Pictures S. AB 103: © Thinkstock/iStock/Jovanovic Jasmina S. AB 105: Ü1: A: Welt, Alpen © Thinkstock/iStockphoto; Peru © Thinkstock/iStock/filrom; Wal © Thinkstock/iStock/MR1805; B © iStock/swilmor; C: Studio © Thinkstock/iStock/withgod; Reichstag © irisblende.de; Flagge © Thinkstock/Stockbyte; D © kicker-sportmagazin S. AB 106: 1 © Thinkstock/XiXinXing S. AB 108: Ü8 © Thinkstock/iStock/Ivanko_Brnjakovic S. AB 109: Ü9 © Thinkstock/iStock/Oleg Lopatkin; Ü11 © Thinkstock/iStock/Jovanmandic S. AB 110: Ü15 © Thinkstock/BananaStock S. AB 111: Ü16 © Thinkstock/iStock/Ljupco S. AB 112: Ü21 © Thinkstock/iStock/varin36 S. AB 113: Ü24 von links nach rechts: © iStock/evemilla; © Thinkstock/iStock/mihalis_a; © Thinkstock/iStock/venusphoto; Ü25 © Thinkstock/iStock/DAJ S. AB 114: Ü28 © Thinkstock/iStock/monkeybusinessimages S. AB 115: Ü31: Laptop © fotolia/Fatman73; Camcorder © Thinkstock/iStock/Zeffss1; Digitalkamera © Thinkstock/iStock/Bet_Noire; Handy © Thinkstock/iStock/scanrail; Pad © Thinkstock/iStock/maxkabakov; Kamera © Thinkstock/iStock/Alexey Arkhipov S. AB 116: Ü33: Schlüssel © Thinkstock/iStock/Michael Fair; Kopfhörer © Thinkstock/iStock/servickuz; Kamera © Thinkstock/iStock/Sensay; Kuli © Thinkstock/iStock/NatureNow; 1 © Thinkstock/iStock/ismailciydem; 2 © Thinkstock/iStock/g-stockstudio; 3 © Thinkstock/Huntstock; 4 © Thinkstock/iStock/IPGGutenbergUKLtd S. AB 118: Ü1 © Thinkstock/iStock/Monkey Business; Ü2 © Thinkstock/iStock/tadamichi S. AB 120: Ü2 © iStock/DragonImages S. AB 121: Ü5: a: 1 © iStock/AdrianHancu; 2 © Thinkstock/iStock/vichie81; 3 © Thinkstock/iStock/Yeko Photo Studio; 4 © Thinkstock/iStock/gavran333; 5 © Thinkstock/Ablestock.com; 6 © fotolia/Sven Ostheimer; b: 1 © Thinkstock/iStock/AndreyPopov; 2 © Thinkstock/iStock/TAGSTOCK1; 3 © Thinkstock/DigitalVision/Noel Hendrickson; 4 © iStock/Ken Wiedemann S. AB 122: Ü9 © Hueber Verlag/Kiermeir S. AB 123: © Thinkstock/iStock/kostsov S. AB 124: Ü16 © imago/Niehoff; Ü18 © Thinkstock/iStock/dnberty S. AB 125: Ü22: Strohhut © fotolia/Claudia Paulussen; Hut © Thinkstock/iStock/meral yildirim; Mantel © Thinkstock/iStock/fototeller; Jacke © fotolia/BEAUTYofLIFE; Shirt rot © Thinkstock/iStock/ekremguduk; Shirt Muster © Thinkstock/iStock/urfinguss; Schal Muster © Thinkstock/iStock/Lalouetto; Schal grün © fotolia/adisa; Ü23: A © Thinkstock/iStock/anyaivanova; B © MEV/Wendler Martin; C © Thinkstock/iStock/Michael Peak; D © Thinkstock/iStockphoto; E © Thinkstock/iStock/AnjelaGr S. AB 126: Ü25: 1 © Thinkstock/iStock/hilmi_m; 2 © Thinkstock/iStock/rozmarina; 3 © Thinkstock/iStock/Sylverarts S. AB 127: © Thinkstock/iStock/AnnaFrajtova S. AB 128: Ü29 © Thinkstock/Purestock S. AB 130: Ü1 © iStock/PeopleImages.com S. AB 131: Ü1 © Thinkstock/iStock/Cathy Yeulet S. AB 136: Ü13 © PantherMedia/Igor Zhorov; Ü16 © Thinkstock/Blend Images/Jose Luis Pelaez Inc S. AB 137: Ü17 © Thinstock/iStock/Sabine Katzenberger S. AB 138: Ü19 © Thinkstock/Valueline/Medioimages/Photodisc S. AB 139: Ü23 © iStock/Lilechka75 S. AB 140: Ü25: A © Thinkstock/iStock Editorial/filmfoto; B © fotolia/philipus; C © iStock/ollo; D © Thinkstock/iStock Editorial/DarthArt; E © Thinkstock/iStock/GypsyGraphy; F © iStock; G © Thinkstock/iStock/JSBeuk S. AB 143: Mann © Thinkstock/Fuse; Kennzeichen: Schild © fotolia/Dark Vectorangel , Buchstaben © fotolia/WoGi; Brief © PantherMedia/Peter Jobst; Schein © fotolia/casi; HU-Bericht © fotolia/Bernd Leitner S. AB 144: Ü1 Mann © Thinkstock/iStock/MaxRiesgo S. AB 146: Ü6 © MEV S. AB 147: A © Bildunion; B © fotolia/kamasigns; C © Thinkstock/iStock/SerrNovik; D © Thinkstock/iStock/AlinaMD;

Quellenverzeichnis

E © iStockphoto/ChristineDraheim; F © Thinkstock/iStock/anyaberkut S. AB 148: Ü10 A © Thinkstock/iStock/scanrail; B © Thinkstock/iStock/Tinieder; C © Thinkstock/iStock/Mariha-kitchen; D © Thinkstock/iStock/Frank Lichert; Ü12 © fotolia/schulzfoto S. AB 149: A © Thinkstock/iStock/karammiri; B © Thinkstock/iStock/EdnaM; C © Thinkstock/PhotoObjects.net/Hemera Technologies; D © Thinkstock/iStock/ConstantinosZ; E © Thinkstock/Hemera/Goce Risteski; F © Thinkstock/Photodisc/Ryan McVay S. AB 150: Ü15 © Thinkstock/Wavebreak Media; Ü17 © iStock/pressdigital S. AB 151: Text „Die Ameisen“: Das Gesamtwerk von Joachim Ringelnatz erscheint im Diogenes Verlag S. AB 152: © fotolia/mirubi S. AB 153: © fotolia/Christian Deppisch S. AB 154: Ü25 © Thinkstock/iStock/koi88 S. AB 156: Foto © Hueber Verlag/Florian Bachmeier S. AB 157: © Thinkstock/iStock/Achim Prill S. AB 158: © fotolia/ISO K°-photography S. AB 159: Ü5 © Thinkstock/AbleStock.com/Hemera Technologies S. AB 160: © iStockphoto/YinYang S. AB 163: © Thinkstock/Wavebreak Media S. AB 165: © fotolia/yamix S. AB 169: Ioan © Thinkstock/iStockphoto; Bagger © Thinkstock/iStock/Weenee S. AB 170: © Thinkstock/iStock/IvonneW S. AB 171: Ü6: Party © Thinkstock/Hemera/Dmitriy Shironosov; Picknick © Thinkstock/Eyecandy Images S. AB 172: Diego © Thinkstock/iStock/Ridofranz; Lisa © Thinkstock/iStock/Gewitterkind S. AB 173: Anwar © fotolia/shock; Nora © Thinkstock/PHOTOS.com/Jupiterimages; Illu © Thinkstock/iStock/beakraus S. AB 174: Ü10 © Thinkstock/Hemera/Mark Hunt S. AB 176: Ü19 © Thinkstock/Polka Dot/Jupiterimages; Ü20: A © Thinkstock/iStock/Maksimchuk Vitaly; B © Thinkstock/iStock/vkoletic; C © Thinkstock/iStock/Marc Dufresne; D © Thinkstock/PHOTOS.com/Hemera Technologies; Said © Thinkstock/iStock/AlexanderImage S. AB 178: Ü2 © Thinkstock/iStock/Sportstock S. AB 179: © Hueber Verlag/Florian Bachmeier

Lernwortschatz

S. LWS 31: Wandern © Thinkstock/iStock/dulezidar; Oper © Thinkstock/iStock/Hermsdorf; Bar © iStockphoto/sjlocke; Rundfahrt © irisblende.de; Radtour © Thinkstock/iStock/warrengoldswain; Flohmarkt © Hueber Verlag/Alexander Keller; Disco © Thinkstock/Hemera/Dmitriy Shironosov; See © DigitalStock S. LWS 35: Kuvert: Gisela Specht, Weßling S. LWS 36: Münze: Gisela Specht, Weßling S. LWS 43: Moped © Thinkstock/iStock/JSBeuk; Fußgänger © Thinkstock/PHOTOS.com/Jupiterimages; Strafzettel © PantherMedia/Daniel Hohlfeld; Wagen © fotolia/zimtzicke63; Baustelle © fotolai/Irina Fischer; Rad © iStock/Nikada; Stau © fotolia/Kara; Kreuzung © iStock/lp3; Autobahn © PantherMedia/Claus Lenski; Tempolimit © Thinkstock/iStock/Majoros Laszlo S. LWS 50: Karten © fotolia/lowtech24; Geldautomat © irisblende.de; Bargeld © fotolia/Kati Molin; Zinsen © fotolia/nmann77; Auszug © fotolia/M. Schuppich; Broschüre © Thinkstock/iStock/BrianAJackson; abheben © irisblende.de S. LWS 52: E2 © fotolia/Regormark

Alle anderen Bilder © Hueber Verlag/Matthias Kraus

Der Verlag bedankt sich für das freundliche Entgegenkommen bei den Fotoaufnahmen bei: Madal Bal GmbH – Sewa, München und der VR Bank Weßling – Filiale der VR Bank Starnberg-Herrsching-Landsberg